普通高等教育"十三五"规划教材
汽车类高端技能人才实用教材

汽车整车电路识读及故障分析

薛 燕 主编

電子工業出版社
Publishing House of Electronics Industry
北京·BEIJING

内 容 简 介

全书共 5 章，内容包括汽车电路基本知识、汽车电路读图基础、汽车电路的识图方法、典型车系汽车电路识图方法、汽车电路常见故障及诊断方法。分别介绍了汽车电路特点与组成，汽车线路、线束与继电器，汽车电路图类型与识读方法或技巧，汽车电路故障的检查方法。本书体系完整，理论和实际联系密切，注重汽车电路识读能力和故障分析能力的培养。

本书可作为汽车工程类高职高专的教材，也可作为汽车类工程技术人员、中等职业学校电子专业和汽车专业教师的参考书。

未经许可，不得以任何方式复制或抄袭本书之部分或全部内容。
版权所有，侵权必究。

图书在版编目（CIP）数据

汽车整车电路识读及故障分析 / 薛燕主编．—北京：电子工业出版社，2017.9
汽车类高端技能人才实用教材
ISBN 978-7-121-32384-3

Ⅰ．①汽… Ⅱ．①薛… Ⅲ．①汽车－电路分析－高等学校－教材 Ⅳ．①U463.6

中国版本图书馆 CIP 数据核字（2017）第 183817 号

策划编辑：竺南直
责任编辑：竺南直
印　　刷：北京虎彩文化传播有限公司
装　　订：北京虎彩文化传播有限公司
出版发行：电子工业出版社
　　　　　北京市海淀区万寿路 173 信箱　邮编 100036
开　　本：787×1092　1/16　印张：15.25　字数：390 千字
版　　次：2017 年 9 月第 1 版
印　　次：2025 年 2 月第 7 次印刷
定　　价：38.00 元

凡所购买电子工业出版社图书有缺损问题，请向购买书店调换。若书店售缺，请与本社发行部联系，联系及邮购电话：(010) 88254888，88258888。
质量投诉请发邮件至 zlts@phei.com.cn，盗版侵权举报请发邮件至 dbqq@phei.com.cn。
本书咨询联系方式：davidzhu@phei.com.cn。

出版说明

自 2002 年起，中国汽车行业开始进入爆发式增长阶段。2009 年，中国取代美国成为世界上最大的汽车销售市场，当年中国的汽车产量超过了日本和美国的总和，成为名副其实的汽车产销量双重世界第一。2011 年，平均每月产销量突破 150 万辆，全年汽车销售超过 1850 万辆，再次刷新全球历史纪录。未来十年自主品牌将完成从"中国制造"到"中国创造"的发展过程。预计未来十年，我国汽车市场年均增长率将达到 7.1%，到 2020 年中国汽车市场的销量有望占据全球汽车总销量的一半以上，中国汽车市场前景非常广阔。汽车行业突飞猛进的发展对汽车专业人才特别是高端技能型人才的培养提出了前所未有的高要求：一个是行业的发展和扩张在人才数量上的要求，全国每年汽车专业高端技能型人才的缺口在数十万人；另一个是技术的进步和发展对于人才培养质量的要求，大量新技术、新工艺的应用对于从业技术人员在学科基础理论和职业技能方面提出了更高的要求。

作为全国最大的汽车类高等职业学校，西安汽车科技职业学院近年来根据汽车行业发展的需要，紧贴职业岗位，引进吸收德国奥迪、瑞典沃尔沃、英国捷豹路虎等世界顶尖企业汽车职业教育的先进理念和思想，深入开展教学改革，形成了一套独特的课程体系和教学模式。"汽车类高端技能人才实用教材"就是我们近年来教学改革成果的总结，是课程改革和新的教学模式的具体体现。

这套系列教材具有以下几个特点：

一是实用性。在编写过程中，从企业岗位需求和学生发展空间两个方面考虑编排内容，既注重专业基础和专业理论的系统性，又重点考虑了职业技能训练的需求，对于学习汽车类专业的学生而言，是一套学习效率很高的教材。

二是通俗性。在编写过程中，充分考虑到高职学生文化基础的现实状况，降低对学生文化基础知识的要求，让大多数学生能够学得懂。

三是系统性。从机械和电子技术基础课程，到汽车的基本理论、汽车的各种技术，再到汽车的最新技术的介绍；从基本的电工、机械实验，到专业实习，再到职业技能实训，形成了一整套较为完备的汽车理论教学和实训教学的体系。

四是适度超前性。除了涉及目前已经应用的各种汽车技术和技能知识之外，还在新能源汽车、先进车载网络技术等方面进行了介绍，为学生开拓了视野，为其将来向行业的深度和广度发展具有一定的引导作用。

五是实践性。力图采用项目教学和任务驱动教学等方法进行编排，强调理论验证实验、基本专业技能实习和职业技能实训的重要性，将实践教学环节贯穿于课程教学的始终。

本套教材紧紧把握高职教育的方向和培养目标，严格按照新的国家职业标准对人才的要求编排内容，贯彻以技能训练为主，着重提高学生操作技能的原则。在技能训练的内容安排上富有弹性，在保证教学的前提下积极培养学生的创新能力。

本套教材内容丰富、图文并茂、体例饱满，选材来源于最新的技术手册；难易适中、应用性强，有利于知识的吸收和技能的迅速提高。可作为高等职业技术院校或应用型本科汽车类各专业的必修课教材，也可作为成人高校汽车类各专业的教材，同时可作为相关从业人员的参考用书。

教材编写过程中，由于各种原因，疏漏和不尽如人意之处在所难免，敬请广大师生提出宝贵意见，以便再版时修订完善。

"汽车类高端技能人才实用教材"编委会

前　言

近些年，随着汽车工业的不断发展，电子技术在汽车各个控制系统中的应用也越来越广泛，汽车电路因其较高的技术含量而变得日趋复杂。要修好汽车电器设备，必须读懂和掌握汽车电路图，如何快速而准确地识读汽车电路图是我们值得研究的问题。

汽车整车电路分析是汽车类专业的专业核心课程，在专业课程体系中占据非常重要的位置。主要培养学生从事汽车电路分析、电气系统调试的职业技能与职业素养。通过本课程的学习，使学生理解并掌握汽车电气系统主要部件的功能、结构、使用性能及检修方法等基础专业知识，获得汽车电路与电气系统维护、故障诊断、故障零部件装调及全车电气系统线路识图，全车线路检测调试及更换等专业技能。

全书共5章，包括：第1章、汽车电路基本知识；第2章、汽车电路读图基础；第3章、汽车电路图的识图方法；第4章、典型车系汽车电路识图方法；第5章、汽车电路常见故障及诊断方法。分别介绍了汽车电路特点与组成，汽车线路、线束与继电器，汽车电路图类型与识读方法或技巧，汽车电路故障的检查方法。

本书可作为汽车工程类高职高专的教材，适用于汽车电子技术专业、汽车检测与维修专业、汽车运用与维修专业、新能源汽车方向等专业学生学习，也可作为汽车类工程技术人员、中等职业学校电子专业和汽车专业教师的参考书。

本书由西安汽车科技职业学院薛燕担任主编。本书在编写过程中，李勇、赵军科、张晓峰等老师做了大量前期工作，积累了初始资料，在编写过程中还参阅和引用了大量的相关文献资料，由于时间仓促，未能一一与著作者协商，在此表示衷心的感谢，并致以歉意。

由于编者水平有限，书中难免有疏漏和错误之处，恳请读者和专家批评指正，交流讨论，提出宝贵意见，以便我们改正提高。

编　者
2017年6月于西安

目 录

第1章 汽车电路基本知识 1
本章内容概要 1
本章学习目标 1
1.1 汽车电路图的组成和特点 1
 1.1.1 汽车电路的组成 1
 1.1.2 汽车电路的基本特点 2
1.2 汽车电路基本元件 4
 1.2.1 导线 4
 1.2.2 线束 10
 1.2.3 开关和继电器 14
 1.2.4 熔断器和熔断器盒 22
习题1 27

第2章 汽车电路读图基础 31
本章内容概要 31
本章学习目标 31
2.1 汽车电路图的种类及组成 31
 2.1.1 布线图 32
 2.1.2 原理图 35
 2.1.3 线束图 37
2.2 汽车电路图的图形符号及文字符号 39
 2.2.1 国产汽车电路图形符号及文字符号 39
 2.2.2 进口汽车电路图形符号 48
2.3 汽车电路图的接线端子 57
 2.3.1 接线端子的标记原则 57

    2.3.2 接线端子标记的含义 57
    2.3.3 电控单元接线端子 67
  习题 2 74

第 3 章 汽车电路图的识图方法 77
  本章内容概要 77
  本章学习目标 77
  3.1 汽车电路图的识读要点 77
  3.2 汽车电路图的识图方法 81
    3.2.1 汽车电路原理图的识图方法 81
    3.2.2 汽车布线图的识图方法 83
    3.2.3 汽车线束图的识读方法 84
  3.3 大众系列汽车电路图识读 85
    3.3.1 大众系列汽车电路图识读方法 85
    3.3.2 大众汽车电气线路符号 91
    3.3.3 大众汽车电路原理图识读实例 104
  习题 3 122

第 4 章 典型车系汽车电路识图方法 126
  本章内容概要 126
  本章学习目标 126
  4.1 通用系列汽车电路图的识读 126
    4.1.1 通用系列汽车电路图的识读方法 126
    4.1.2 通用汽车电路图识读实例 132
  4.2 丰田系列汽车电路图的识读 134
    4.2.1 丰田汽车电路图的特点 134
    4.2.2 丰田汽车电路图表示方法 139
    4.2.3 丰田系列汽车电路图识读实例 141
  4.3 本田系列汽车电路图的识读 149
    4.3.1 本田系列汽车电路图的特点 149
    4.3.2 本田汽车电路图识读实例 153
  4.4 马自达轿车电路图的识读 164
    4.4.1 马自达轿车电路图的特点 164
    4.4.2 马自达轿车电路图的表示方法 168

  4.4.3 马自达轿车电路实例 170
4.5 日产轿车电路图的识读 172
  4.5.1 日产轿车电路图的特点 172
  4.5.2 日产轿车电路图识读实例 174
4.6 现代系列汽车电路图的识读 176
  4.6.1 现代汽车电路图的特点 176
  4.6.2 索纳塔轿车电路图识读实例 182
4.7 雪铁龙汽车电路图的识读 189
  4.7.1 雪铁龙电路图的识读方法 189
  4.7.2 雪铁龙汽车电路图识读实例 194
4.8 福特汽车电路图的识读 198
  4.8.1 福特汽车电路图的识读方法 198
  4.8.2 福特汽车电路图识读实例 200
4.9 宝马汽车电路图的识读 202
习题4 203

第5章 汽车电路常见故障及诊断方法 205

本章内容概要 205

本章学习目标 205

5.1 汽车电路常用故障诊断工具及诊断方法 205
  5.1.1 汽车电路基本故障 205
  5.1.2 常用的故障诊断工具 206
  5.1.3 常用的诊断方法 213
5.2 汽车电路常见故障及诊断流程 217
  5.2.1 电源系统常见故障及诊断流程 217
  5.2.2 起动系统常见故障及诊断流程 220
  5.2.3 照明与信号系统常见故障及诊断流程 220
  5.2.4 电动刮水器常见故障及诊断流程 225
  5.2.5 电动车窗常见故障及诊断流程 226
  5.2.6 电动后视镜常见故障及诊断流程 228
  5.2.7 中控门锁常见故障及诊断流程 229
  5.2.8 空调常见故障及诊断流程 231

参考文献 233

第 1 章 汽车电路基本知识

本章内容概要

- 汽车电路的基本组成
- 汽车电路的基本特点
- 汽车电路的基本组成元件

本章学习目标

- 了解汽车电路的基本组成
- 了解汽车电路的基本特点
- 能够识别电路的基本组成元件
- 能清楚了解各基本组成元件的功能与特点
- 能够对汽车电路基础元件进行检测、判断其性能的好坏
- 具有安全文明操作的良好职业素养

1.1 汽车电路图的组成和特点

1.1.1 汽车电路的组成

为了使汽车的电器设备工作,应按照它们各自的工作特性及相互间的内在联系,用导线和车体把电源、电路保护装置、控制器件及用电设备等装置连接起来,构成能使电流流通的路径,这种路径称为汽车电路。

汽车电路主要由电源、电路保护装置、控制器件、用电设备及导线组成。

(1) 电源

汽车上装有两个电源,即蓄电池和发电机,其功能是保证汽车各用电设备在不同情况下都能投入正常工作。

(2) 电路保护装置

电路保护装置主要有熔断丝(俗称保险丝)、电路断电器及易熔线等,其功能是在电路中起保护作用。当电路中流过超过规定的电流时切断电路,防止烧坏电路连接导线和用电设备,并把故障限制在最小范围内。

(3) 控制器件

除了传统的各种手动开关、压力开关、温控开关外,现代汽车还大量使用电子控制器件,包括简单的电子模块(如电子式电压调节器等)和微电脑形式的电子控制单元(如发动机电控单元、自动变速器电控单元等)。电子控制器件和传统开关在电路上的主要区别是电子控制器件需要单独的工作电源及需要配用各种形式的传感器。

(4) 用电设备

包括电动机、电磁阀、灯泡、仪表、各种电子控制器件和部分传感器等。

(5) 导线

导线用于将以上各种装置连接起来构成电路。此外,汽车上通常用车体代替部分从用电器返回电源的导线。

1.1.2 汽车电路的基本特点

1. 低压

汽车电气系统的标称电压有 12V、24V 两种,轿车普遍采用 12V,而重型柴油车多采用 24V。对发电装置而言,12V 系统的额定电压为 14V。低压系统的主要优点是:安全、蓄电池单格数少,对减少蓄电池的质量和尺寸有利。

2. 直流

汽车采用直流系统的原因是发动机要靠起动机起动,起动机由蓄电池供电,而蓄电池的电能消耗后又必须用直流电充电,所以汽车电气系统为直流系统。

3. 单线制

单线制是指从电源到用电设备只用一根导线连接,用汽车底盘、发动机等金属机体作为另一根共用导线,线路简化清晰,安装和检修方便,且电器部件也不需与车体绝缘,所以现代汽车普遍采用单线制,但在特殊情况下,有时也需采用双线制。

4. 并联

为了让各用电器能独立工作，互不干扰，各用电器均采用并联方式连接，每条电路均有自己的控制器件及保险装置。控制器件保证每条电路的独立工作，保险装置用来防止因电路短路或超载而引起导线及用电器的损坏。

5. 负极搭铁

采用单线制时，蓄电池的一个电极接到车体上，称为"搭铁"。若蓄电池的负极与车体连接，则称为负极搭铁；反之，则称为正极搭铁。现在国内外汽车均统一采用负极搭铁。

6. 由相对独立的分系统组成

汽车电路由相对独立的分系统组成，全车电路一般包括以下几部分。

（1）电源电路

由蓄电池、发电机及电压调节器组成，其主要任务是对全车所有用电设备供电并维持供电电压稳定。

（2）起动电路

由起动机、起动继电器、起动开关及起动保护装置等组成，其主要任务是将发动机由静止状态转变为自行运转状态。

（3）点火电路

由传感器、电子点火控制器、点火线圈、火花塞及点火开关等组成，其主要任务是控制发动机缸体内火花塞产生足以击穿电极间隙的电压，同时按发动机工作顺序将高压电送至各缸火花塞，点燃混合气，使发动机做功。

（4）照明与信号电路

由前照灯、雾灯、示宽灯、转向灯、制动灯、倒车灯等及其控制继电器和开关组成，其主要任务是控制各种照明灯的启闭及各种信号的输出。

（5）仪表与报警电路

由仪表、指示表、传感器、各种报警器及控制器等组成，其主要任务是控制各种仪表显示信息参数及报警。

（6）辅助电器电路

由各种辅助电器及其控制继电器和开关等组成，其主要任务是根据需要控制各种辅助电器的工作时机和工作过程。

（7）空调控制电路

由空调压缩机、电磁离合器、空调控制器、控制开关及风机控制电路等组成，其主要任务是根据环境温度和空气质量控制调节车内的温度和空气质量，以满足乘员舒适度的要求。

（8）电子控制系统电路

由电子控制器（ECU）根据车辆上所装用的电控系统内容不同采用不同的控制方式完成控制功能。

1.2 汽车电路基本元件

1.2.1 导线

汽车电路是用导线连接起来的,而其导线是用电器从电源获得电能必不可少的元件。

汽车电气设备的连接导线,按承受电压的高低,可分为高压导线和低压导线两种。其中低压导线按其用途,又可分为普通低压导线、屏蔽线、起动电缆和蓄电池搭铁电缆。

1. 低压导线

(1) 普通低压导线

①普通低压导线的型号与规格

普通低压导线一般为铜质多丝软线,根据外包绝缘包层的材料不同又分为 QVR 型(聚氯乙烯绝缘低压线)和 QFR 型(聚氯乙烯-丁腈复合物绝缘低压线)两种。这两种绝缘层的耐低温性、耐油性和阻燃性都比较好,尤其以后者为佳,如表 1.1 所示。

表 1.1 汽车用普通低压导线的型号与规格

型号	名称	标称截面积 /mm²	心线结构 根数	心线结构 直径/mm	绝缘层标称厚度/mm	电线最大外径 /mm
QVR	聚氯乙烯绝缘低压线	0.5			0.6	2.2
		0.6			0.6	2.3
		0.8	7	0.39	0.6	2.5
		1	7	0.43	0.6	2.6
		1.5	17	0.52	0.6	2.9
		2.5	19	0.41	0.8	3.8
QFR	聚氯乙烯-丁腈复合物绝缘低压线	4	19	0.52	0.8	4.4
		6	19	0.64	0.9	5.2
		8	19	0.74	0.9	5.7
		10	49	0.52	1	6.9
		16	49	0.64	1	8
		35	133	0.58	1.2	11.3
		50	133	0.68	1.4	13.3

我国汽车用低压导线的结构与规格见表 1.2;日本汽车用低压导线的结构与规格见表 1.3。

表 1.2　我国汽车用低压导线的结构与规格

标称截面积/mm²	线芯结构 根数	线芯结构 单根直径/mm	绝缘层标称厚度/mm	导线最大外直径/mm	允许载流量/A
0.5			0.6	2.2	
0.6			0.6	2.3	
0.8	7	0.39	0.6	2.5	
1.0	7	0.43	0.6	2.6	11
1.5	17	0.52	0.6	2.9	14
2.5	19	0.41	0.8	3.8	20
4	19	0.52	0.8	4.4	25
6	19	0.64	0.9	5.2	35
8	19	0.74	0.9	5.7	
10	49	0.52	1.0	6.9	50
16	49	0.64	1.0	8.0	
25	98	0.58	1.2	10.3	
35	133	0.58	1.2	11.3	
50	133	0.68	1.4	13.3	

注：允许载流量与导线的长度、散热条件和通电时间有关。

表 1.3　日本汽车用低压导线的结构与规格

截面积/mm²	股数线径/（mm）	电阻值 20℃/（Ω·m⁻¹）	许用电流/A
0.5	7/0.32	0.03250	11.3
0.85	11/0.32	0.02050	14.8
1.25	16/0.32	0.01410	18.3
2	26/0.32	0.00867	25.4
3	41/0.32	0.00550	34.2
5	65/0.32	0.00347	45.9
8	50/0.45	0.00228	58.8
15	81/0.45	0.00136	82.8
20	41/0.80	0.00087	110.9

注：允许通过电流的数值随导线的长度、散热条件和通电时间不同而不同。

美国线规（AWG）系统规定了统一的导线号码。线规号码越大，导线越细。例如 14 号线比 10 号线细。导线通过电流越大，线规号码就越小。

12V 电气系统初级电路的电流范围见表 1.4。美国汽车 12V 电气系统主要电路线规推荐值见表 1.5。米制导线截面积与美制线规对照见表 1.6。

表 1.4　12V 电气系统初级电路的电流范围

电气设备	电流/A	电气设备	电流/A	电气设备	电流/A
点火装置	1.5~5	仪表灯	1.5~3	电动门锁	3~5
加热器和除霜器	6~10	顶灯	1	电动座椅	25~50
空调器	13~20	后扬声器	1	电动车窗	2~20

续表

电气设备	电流/A	电气设备	电流/A	电气设备	电流/A
电动天线	6~10	行李箱灯	0.5	前照灯变光器	9.7
电动雨刮器	3~6	拍照灯	0.5	起动机	75~300
电子钟和灯光	0.3	停车灯	3.5~4	起动电磁开关	10~12
收音机	2~4	尾灯	0.5	后除霜器	20~25
电喇叭	18~20	倒车灯	3.5~4	前照远光灯	13~15
点烟器	10~12	示宽灯	1.3	前照近光灯	8~9
仪表	0.7~1	驻车灯	1.3		

表1.5 美国汽车12V电气系统主要电路线规推荐值

电路名称	收音机和扬声器导线	小灯泡和短引线	尾灯、汽油表、转向信号灯及雨刮器	电喇叭、收音机电源线、前照灯、点烟器及制动灯	前照灯开关到熔丝盒导线、点烟器及电动门锁	发动机到蓄电池导线
美国线规AWG号码	20~22	18	16	14	12	10

表1.6 米制导线截面积与美制线规对照

米制截面积/mm²	0.22	0.35	0.5	0.8	1.0	2.0	3.0	5.0	8.0	13.0	19.0	32.0
美制线规（AWG）号码	24	22	20	18	16	14	12	10	8	6	4	2

② 普通低压导线的正确选择

汽车上各种电气设备所用的连接导线，根据用电设备的负载电流大小适当选择导线的截面积。其选择原则是：长时间工作的电气设备可选用实际载流量60%的导线；短时间工作的用电设备可选用实际载流量60%~100%的导线。

在选用导线时，还应考虑电路中的电压降和导线发热等情况，以免影响用电设备的电气性能和超过导线的允许温度。对于一些工作电流很小的电器，为保证正常工作导线应具有一定的机械强度，汽车电气系统中导线截面积至少不小于 $0.5mm^2$。各种低压导线截面积所允许的负载电流见表1.7；12V电气系统初级电路的电流范围见表1.8；我国汽车12V电气系统主要电路导线截面积的推荐值见表1.9。

表1.7 汽车用低压导线允许载流量

导体标称截面积/mm²	0.5	0.8	1	1.5	2.5	4	6	10	16	25	35	50
允许电流值/A(60%)	7.5	9.6	11.4	14.4	19.2	25.2	33	45	63	82.8	102	129
允许电流值/A(100%)	12.5	16	19	24	32	42	55	75	105	138	170	215

表 1.8　12V 电气系统初级电路的电流范围

电气设备	电流/A	电气设备	电流/A	电气设备	电流/A
点火装置	1.5~5	仪表灯	1.5~3	电动门锁	3~5
加热器和除霜器	6~10	顶灯	1	电动座椅	25~50
空调器	13~20	后扬声器	1	电动车窗	2~20
电动天线	6~10	行李箱灯	0.5	前照灯变光器	2.2
电动雨刮器	3~6	拍照灯	0.5	起动机	75~300
电子钟和灯光	0.3	停车灯	3.5~4	起动电磁开关	10~12
收音机	2~4	尾灯	0.5	后除霜器	20~25
电喇叭	18~20	倒车灯	3.5~4	前照远光灯	13~15
点烟器	10~12	示宽灯	1.3	前照近光灯	8~9
仪表	0.7~1	驻车灯	1.3		

表 1.9　我国汽车 12V 电气系统主要电路导线截面积的推荐值

电路名称	尾灯、指示灯、仪表灯、牌照灯、雨刮器电动机及电子钟	转向灯、制动灯 停车灯 及分电器	前照灯的近光灯及电喇叭（3V 以下）	前照灯的近光灯及电喇叭（3V 以上）	其他 5A 以上的电路	电热塞	电源线	起动电路
标称截面积 /mm²	0.5	0.8	1	1.5	1.5~4	4~6	4~25	16~95

③普通低压导线的颜色

随着汽车用电设备的增加，导线数量也在不断增多，为便于识别和检修汽车电气设备，低压线通常以不同的颜色加以区分。根据 JB/Z116—75（汽车、拖拉机电线颜色选用规则）的规定，低压电路的电线选用有以单色线为基础和以双色线为基础的两种选用原则。

若以单色线为基础选用时，其单色线的颜色与代号如表 1.10 所示；双色线的主、辅色的搭配及其代号如表 1.11 所示，其中的黑色（B）专门作为接地（搭铁）线用。

表 1.10　汽车低压导线的颜色和代号

颜色	代号												
	国家或汽车制造厂商								部分车类				
	中国	英国	美国	日本	波罗乃兹	德国	奥地利	法国	波兰	罗马尼亚	斯堪尼亚	奥托山大客	奥迪4缸5缸6缸	本田/现代	帕萨特	奔驰	宝马
黑	B	Black	BLK	B	NERO	SW	S	BL	N	N	1	b	8w	BLK	BK	BK	SW

续表

颜色	代号														
	国家或汽车制造厂商									部分车类				
	中国	英国	美国	日本	波罗乃兹	德国	奥地利	法国	波兰	罗马尼亚	斯堪尼亚	奥托山大客	奥迪4缸5缸6缸	本田/现代	帕萨特	奔驰	宝马
白	W	White	WHT	W	BLANCO	WS	C	W	B	A	5	W	WB	WHT	WT	WT	WS
红	R	Red	RED	R	ROSSO	RT	A	R	R	R	2	r	ro	RED	RD	RD	RT
绿	G	Green	GRN	G	VERDE	GN	F	GN	V	V	3	g		GRN	GN	GN	GN
深绿		Dark green	DK	CRN											DKGN		
淡绿		Light green	DKGRN	Lg										LTGRN	LTGN		
黄	Y	Yellow	YEL	Y	GLALLO		D	Y	G	G	4	w	ga	YEL	YL	YL	GE
蓝	BL	Blue	BLU	L	BLU	BL	I	BU	A	B	8	B	bl	BLU	BU	BU	BL
淡蓝		Light blue	LTBLU	Sb	AZZUNNO		K		L			A		LTBLU	LTBU		
深蓝		Deep blue	DKBLU											DKBU	DKBU		
粉红	P	Pink	PNK	P	ROSA		N		S			P		PNK	PK	PK	RS
紫	V	Violet	PPL	PU	VIOLA	VI	G	VI	Z	Vi	9	V	li	PUR	PL（YI）	VI	VI
橙	O	Orange	ORN	Or	ARANCIO		L		C			o		ORN	OC		OR
灰	GR	Grey	GRY	Gr	GRIGIO			G	H	C	7	gt	gr	GRY	GY	GY	GR
棕	Br	Brown	BRN	Br	MARRONE	BK		M				br	hr	BBN	BN	BR	BR
棕褐		Tan	TAN					BR							TN		
无色		color	CLR												CR		

表1.11 汽车用双色低压线颜色搭配与代号

序号	1	2	3	4	5	6	序号	1	2	3	4	5	6
导线颜色	B	BW	BY	BR			导线颜色	Y	GrW	YB	YG	YBl	YW
	W	WR	WB	WBl	WY	WG		Br	BrW	BrR	BrY	BrB	
	R	RW	RB	RY	RC	RBl		Bl	BlW	BlR	BlY	BlB	BlO
	G	GW	GR	GY	GB	GBl		Gr	GrR	GrY	GrBl	GrG	GrB

若以双色为基础选用时，各用电系统的电源线为单色，其余为双色，其双色线的主色如表1.12所示。

表 1.12 汽车各用电系统双色低压线主色的规定

序号	系统名称	电线主色	代号	序号	系统名称	电线主色	代号
1	电气装置接地线	黑	B	6	仪表及报警指示系统和喇叭系统	棕	Br
2	点火、起动系统	白	W	7	前照灯、雾灯等外部灯光照明系统	蓝	Bl
3	电源信号	红	R	8	各种辅助电动机及电气操纵系统	灰	Gr
4	灯光信号系统（包括转向指示灯）	绿	G	9	收音机、电子钟、点烟器等辅助装置系统	紫	V
5	防空灯系统及车身内部照明系统	黄	Y	10		橙	O

双色导线的 2 种颜色对比要强烈，如黑白、白黄等，并且主色所占比例大一些，辅色所占比例小些；辅色和主色条纹沿圆周表面所占的比例为 1:3～1:5。双色线的颜色标准主色在前，辅色在后。汽车用小截面积双色低压线主、辅色的搭配如表 1.13 所示。

表 1.13 汽车用小截面积双色低压线主、辅色的搭配

主色	辅色						
	红（R）	黄（Y）	白（W）	黑（B）	棕（N）	绿（G）	蓝（U）
红（R）	——	○	○	○	——	○	○
黄（Y）	○	○	○	○	△	△	△
蓝（U）	○	○	○	△	——	——	
白（W）	○	○		○	○	○	△
绿（G）	○	○	○	○	○		○
棕（N）	○	○	○		○	○	○
紫（P）	○	○	○	○	○	○	△
灰（S）	○	○	○	○	○	○	○

注：○：允许搭配的颜色；△：不推荐搭配的颜色。

（2）屏蔽线

屏蔽线也称同轴射频电缆，在外层绝缘层中带有金属纺织网管或很多股导线装在一层编织金属网内，再在网管外套装一层护套，称为屏蔽网。其作用是将导线与外界的磁场隔离，避免导线受外界磁场影响而产生干扰，尤其在防止汽油发动机高压点火干扰方面非常有效。屏蔽线常用于低压微弱信号线路，如天线连接线及各种传感器和电子控制单元之间的通信，在爆燃信号电路、曲轴位置信号电路、氧传感器信号电路等方面使用普遍。

（3）起动电缆

起动电缆用来连接蓄电池与起动机开关的主接线柱，截面积有 25mm²、35mm²、50mm²、70mm² 等多种规格，允许电流达 500～1000A。为了保证起动机正常工作，并发出足够的功率，要求在线路上每 100A 的电流，电压降不得超过 0.1～0.15V。

（4）蓄电池搭铁电缆

蓄电池搭铁电缆是由铜丝编织而成的扁形软铜线，国产汽车常用的搭铁线长度有 300mm、450mm、600mm 和 760mm 4 种。

2. 高压导线

高压导线是指点火系统中承担高电压传送任务的导线。由于工作电压一般在 15kV 以上，电流强度较小，因此高压导线绝缘包层厚，线芯截面积小，耐压性能高。

（1）高压导线的种类

汽车用高压导线有铜芯高压线和高压阻尼线两种，其型号和规格如表 1.14 所示。

表 1.14 高压点火线的型号及规格

型号	名称	线芯结构 根数	线芯结构 单线直径/mm	标称外径/mm
QCV	铜芯聚乙烯绝缘高压点火线			
QGXV	铜芯橡胶绝缘聚乙烯护套高压点火线	7	0.39	7.0±0.3
QCX	铜芯橡胶绝缘丁橡胶护套高压点火线			
QCZ	全塑料高压阻尼点火线	1	2.3	
QGZV	电抗性高压阻尼点火线	1		

注：QCZ 全塑料高压阻尼点火线芯由聚氧乙烯塑料加炭黑及其他辅料混炼塑料经注塑成型。

高压阻尼线又称为半导体塑芯高压线，线芯具有一定的电阻，通常要求不大于 20kΩ/m。带阻尼的高压线可抑制和衰减点火系统产生的高频电磁波，降低对无线电设备及电控装置的干扰。

（2）高压导线的电气性能

高压导线的绝缘性能是高压导线的主要指标，因此选择高压导线的依据是导线应有足够的耐压值。高压导线的耐压值应在 15kV 以上。高压导线耐潮湿性能良好，将其浸入温水中保持 3h，取出后以 50Hz、15kV 的交流电压实验 5min，导线不应被击穿。

高压导线应在-40℃～70℃的环境温度中仍能正常工作。一般正常的车用寿命为 $4.5～5×10^4$km。

1.2.2 线束

为了全车电路规整、安装方便和保护导线的绝缘，汽车上的全车电路除高压线、蓄电池电缆和起动机的电缆外，一般将同区域不同规格的导线用棉纱或聚氯乙烯带缠绕包扎成束，即为线束。

同一种车型的线束在制造厂里按车型设计好后，用卡簧或绊钉固定在车上的既定位置，这样抽头就刚好在各电器设备的接线柱附近，安装时按线号装在对应的接线柱上，同一车型线束按发动机、底盘和车身分为多个线束。如图 1.1 所示是美国 Chrysler 汽车公司的汽车仪表线束。

第1章 汽车电路基本知识 11

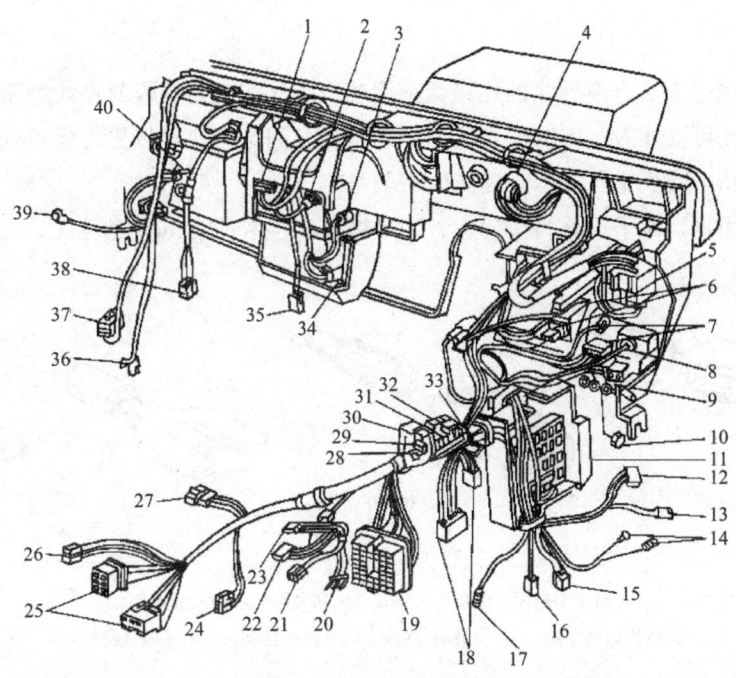

图 1.1 美国 Chrysler 汽车公司的汽车仪表线束

1.立体声系统接线；2.收音机接线；3.烟灰缸照明灯；4.印制电路板插接器；5.灯光开关；6.后窗加热器开关；7.后窗刮水器和洗涤器开关及照明灯；8.灯泡；9.接门窗升降器；10.搭铁；11.熔断器盒；12.接立体声扬声器；13.接左门扬声器；14.接左门踏步灯开关；15.接后窗刮水洗涤器；16.接后窗玻璃加热器；17.接天窗电动机；18.接车身线束；19.分开的中央可过线的插线器；20.接车速控制伺服系统；21.接车速控制离合开关；22.接车速控制制动线路；23.接车速控制开关电路；24.接停车灯开关；25.接点火开关；26.接前照变光开关；27.接附件灯泡；28.接转向信号开关；29.接间歇式挂水器；30.接点火开关照明灯；31.接刮水器开关；32.接钥匙照明灯；33.接钥匙忘拔蜂鸣器；34.点烟器；35.暖风电动机变速电阻；36.接右边前门电阻；37.接空调鼓风电动机变速电阻；38.接暖风；39.接踏步灯开关；40.杂物箱照明灯

安装汽车线束，一般都事先将仪表板和车灯总开关及点火开关等连接好，然后再往汽车上安装。

1. 安装汽车线束注意事项

（1）线束应用卡簧或绊钉固定，以免松动磨坏。

（2）线束不可拉得过紧，尤其在拐弯处更要注意，在绕过锐角或穿过金属孔时，应用橡胶或套管保护，否则容易磨坏线束而发生短路、搭铁，并有烧毁全车线束、酿成火灾的危险。

（3）连接电器时，应根据插接器的规格以及导线的颜色或接头处套管的颜色，分别接于电器上；若不易辨别导线的头尾时，一般可用试灯区别，最好不用刮火法。

汽车线束在汽车电器中占有重要位置，尤其是近年来，随着汽车电器与电子设备的增多，线束总成的结构与电路也越来越复杂，因此对线束的结构、功能、适用性及可靠性都提出了更高的要求。

现代汽车的线束总成由导线、端子、插接器及护套等组成。

2. 端子

端子连接线是为了方便导线的连接而应用的,它其实就是一段封在绝缘塑料里面的金属片,两端都有孔可以插入,可以任意选择导线数目及间距,使连接更方便更快捷,大大减少电子产品的体积,减少生产成本,提高生产效率。

根据用途不同,端子可分为快接头、叉形接头、卢卡(Lucar)型接头、孔眼式接头,如图1.2所示。

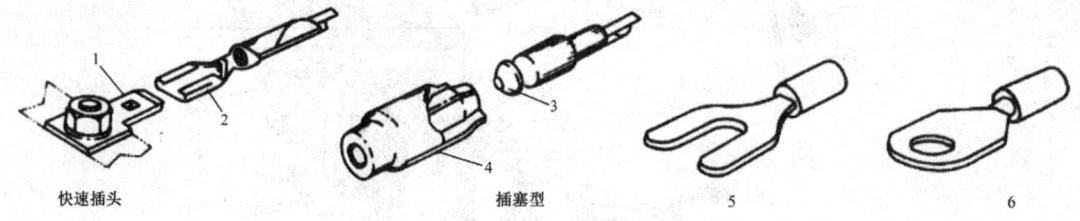

图1.2 导线接头

1.固定在设备上的插入式接头; 2.压接导线的凹入式接头;
3.线缆焊接在接头上; 4.橡胶绝缘套; 5.叉形插接片; 6.孔眼式插接片

3. 插接器

插接器也称连接器,是汽车电路中线束的中继站,线束与线束(或导线与导线)、线束(导线)与电器设备之间的连接一般采用插接器。插接器由插头和插座组成,现代汽车上使用很普遍。

为了防止插接器在汽车行驶中脱开,所有的插接器均采用了闭锁装置。

(1) 插接器的表示方式

插接器的表示方式如图1.3(a)、(b)所示(这里仅以6线插头和8线插座为例,其他插头或插座的表示方法与此类同,仅是导线数量不同),图1.3(c)为其实物示意图。

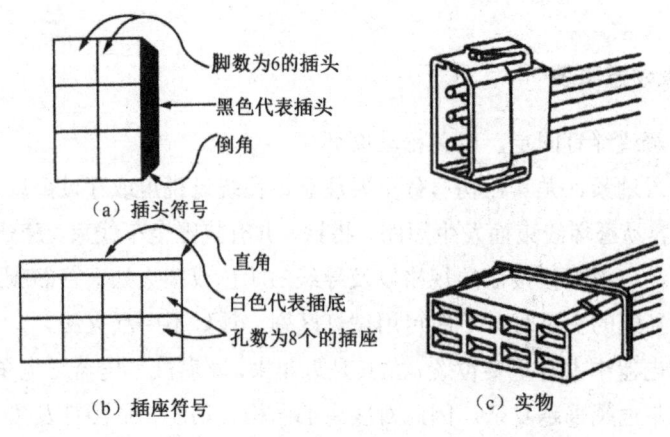

图1.3 插接器的表示方式和实物示意图

（2）插接器的识别方法

①插头的识别

如图1.3（a）所示，一般在表示插头脚数的方格（长方格或正方格）的一边画一深黑色长方框，方格的数量表示插头的引脚数。长方框有不倒角或倒角两种，倒角表示插头采用针式接线端子，不倒角表示插头采用片式接线端子。

②插座的识别

如图1.3（b）所示，一般在表示插座脚数的方格（长方格或正方格）的一边用白色（不涂黑色）画一不倒角或倒角的长方框，方格的数量表示插座的引脚数。

③其他插座、插座的识别

根据插头、插座连接导线数目的多少，常用的有二线插接器、三线插接器、四线插接器，其形状如图1.4所示。其表示方式总的识别原则是：涂黑标记的通常都表示为插头；不涂黑（白色）标记的通常都表示为插座。

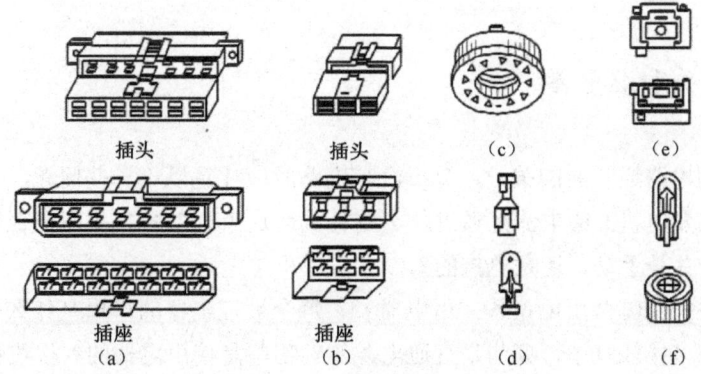

图1.4 其他插接器的形状

（3）插接器的连接方法

插接器一般都有导向槽，导向槽是为了使插接器接合正确而设置的凸凹轨。插接器接合时，应把插头与插座的导向槽重叠在一起，使插头和插孔对准，然后平行插入即可十分牢固地连接在一起。

插接器连接后，其导线的连接关系如图1.5所示。例如A线的插孔①与a线的插头①'是相配合的，其余以此类推。

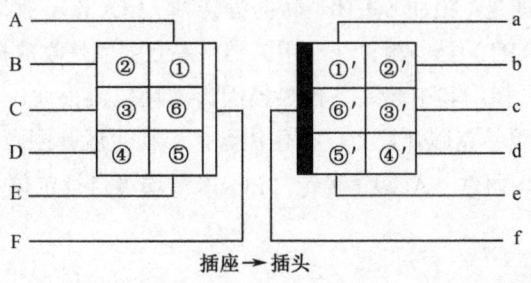

图1.5 插接器的连接方法

（4）插接器的拆卸方法

为了防止汽车在行驶过程中插接器脱开，所有的插接器均采用闭锁装置。如图1.6所示，要拆开插接器时，首先要解除闭锁，然后把插接器拉开，不允许在未解除闭锁的情况下用力拉导线，这样会损坏闭锁装置或连接导线。

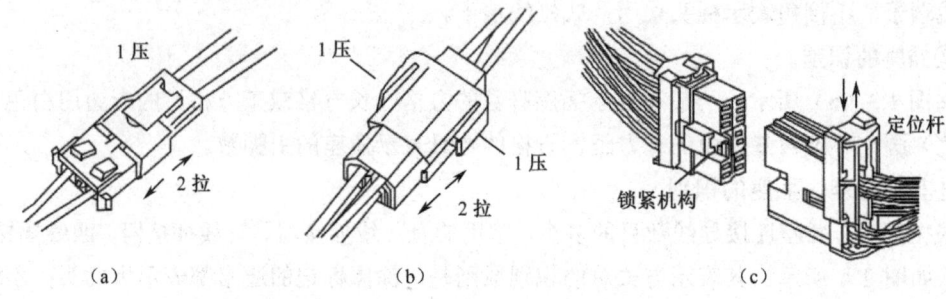

图1.6　插接器的拆卸方法

1.2.3　开关和继电器

开关是控制电路通、断的关键，分析汽车电路时应注意以下一些问题。

①电池（或发电机）的电流是通过什么路径到达这个开关的？中间是否经过别的开关和熔断器？这个开关是手动，还是电控的？

②这个开关控制哪些用电设备（用电器）？每个被控电器的作用是什么？

③开关的许多接线柱中，哪些是直通电源的？哪些是接用电器的？接线柱的旁边是否有接线符号？这些符号是否常见？

④开关共有几个挡位？在每一挡中，哪些接线柱有电？哪些无电？

⑤在被控的用电器中，哪些电器应经常接通？哪些应短暂接通？哪些应先接通？哪些应后接通？哪些应单独工作？哪些应同时工作？哪些电器不允许同时接通？

1. 点火开关

点火开关的结构及表示方法如图1.7所示。

点火开关是汽车电路中最重要的开关，也是各条电路分支的控制枢纽，还是多挡、多接线柱开关，它的主要功能是：锁住（关闭）转向盘转轴（LOCK），接通点火仪表指示灯（ON或IG），起动（S或START）挡、附件（专用）挡（Acc主要是收放机专用），如果用于柴油车则增加预热（HEAT）挡。其中起动、预热挡因为消耗电流很大，开关不宜接通过久，所以这两挡在操作时必须用手克服弹簧力，扳住钥匙，一松手就弹回点火挡，不能自行定位；其他挡，如点火（ON）、附件（Acc）、锁定（LOCK）均可自行定位。

第1章 汽车电路基本知识

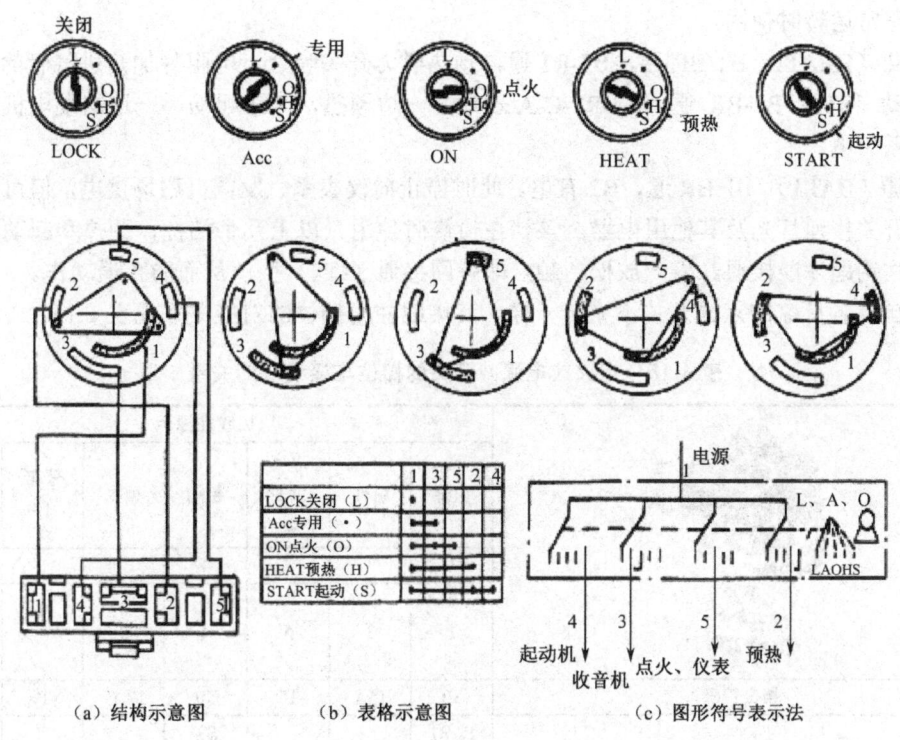

图1.7 点火（电源）开关的结构及表示方法

日本有些柴油汽车常将电源、预热、起动等多种功能由一个开关控制，而灯光开关单设。

开关上接线符号用字母表示：B—接蓄电池（B1—直通蓄电池火线；B2—经蓄电池总开关接蓄电池火线）；BR—接蓄电池总开关的磁力线圈；R（或Q）—接预热装置的磁力开关线圈；C（或S）—接起动机吸拉、保持线圈；Acc（或M）—接仪表、发电机调节器至励磁线圈。其接线方案如图1.8所示。

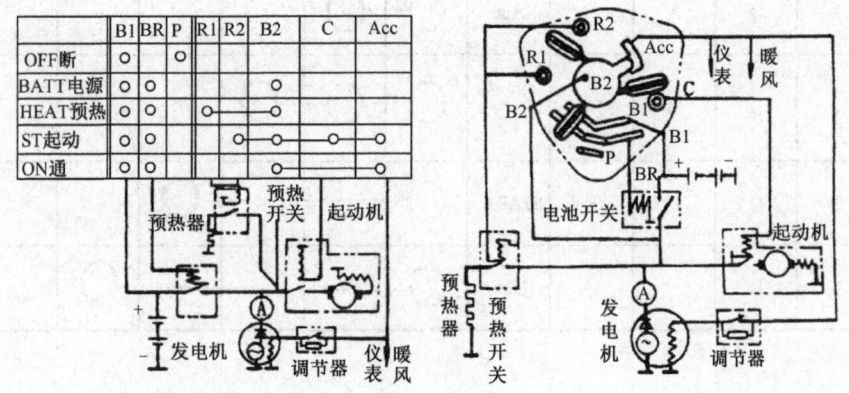

图1.8 点火开关接线方案

断（OFF）：全车无电，B1-P通，P可接驻车灯和示宽灯。

通（ON）：B1-BR通，蓄电池总开关吸合，并使B2-Acc通，则仪表系、发电机磁场通电，在正常运转时使用。

预热（HEAT）：B1-BR 通，B2-R1 通，预热磁力开关吸合，电阻片加热进气管的空气。

起动（ST）：B1-BR 通，B2-R2-C-Acc 通，一边预热，一边起动，一边向发电机激磁并向仪表系供电。

电源（BATT）：B1-BR 通，B2 有电。此时停止向仪表系、发电机磁场供电，但可以通过各自的开关接通灯光及其他用电器。该挡在检修时使用。以上几个挡位，预热和起动挡都要用手扳住钥匙才能接通，手一放松，触点即弹回接通（ON）挡，从而防止误动作。

各国、各厂家的点火开关不完全一样，其接线柱与挡位的对应关系见表1.15。

表 1.15 点火（电源）开关的挡位与接线柱的关系

					接线柱标示					
					电源	附件	点火仪表指示灯	起动	预热	停车灯	厂家车型
					1	3	2	4			解放
					1	3	5	4	2		跃进
挡位符号					30	15A	15	50	17.19	P	依维柯
	解放CA1092	跃进	富康	依维柯	日产、丰田	B, B1 B2, B3 AM1 AM2	A A Acc	IG 11 13 IG	ST C ST1 ST2	H R1R2	日本日产丰田
锁定	O	S	O	STOP	LOCK	○				○	
断开	O	S	O	STOP	OFF	○					
附件（专用）	3	O		A	Acc	○—○					
点火（工作）	1	D	M	MAR	ON 或 IG	○—○—○					
起动	2	Q	D	AVV	START	○		○	○		
预热	4	H			HEAT	○				○	

2. 灯光总开关

（1）国产汽车

某些国产汽车的灯光总开关如图1.9所示，它具有0，Ⅰ，Ⅱ三个挡位。

0挡：1、2、4接线柱有电，除制动灯(经制动开关)的线常有电外，其余均无电，为白天工作状态。

Ⅰ挡：1、2、4、3、5 接线柱有电，制动灯、仪表灯(或顶灯)、后灯和示宽灯亮，为夜间、市内行驶工作状态。

Ⅱ挡：1、2、4、3、6 接线柱有电，小灯灭，大灯亮，其余与Ⅰ挡相同，为夜间在路上高速行驶的工作状态。

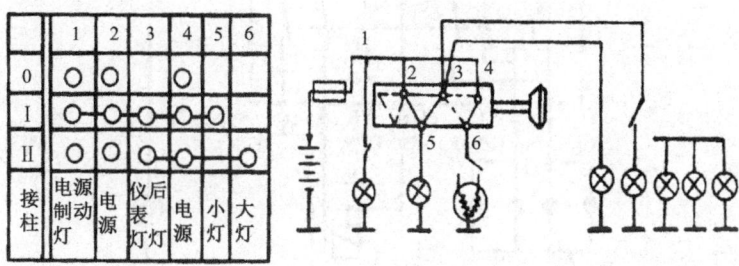

图 1.9　某些国产汽车灯光总线开关及其接线示意图

（2）欧洲某些国家汽车

欧洲国家例如捷克、波兰、匈牙利等国的汽车，其灯光总开关常采用如图 1.10 所示的灯光组合式开关，共有 4 个挡位：0、1、2、3 挡。其开关上的接线符号常用数字表示：30—接蓄电池火线；15/54—接发电机火线、起动开关、仪表系；56—接大灯；58—接仪表灯、牌照灯、后灯；57—接示宽灯（小灯）；31—接地（搭铁）。欧洲国家有些汽车还有使用蓄电池电压转换开关的。平时将两个 12V 的电池并联起来，接受 12V 发电机的充电；起动时将这两个蓄电池串联起来以 24V 向起动机供电，用提高电压的方法加大起动机功率。

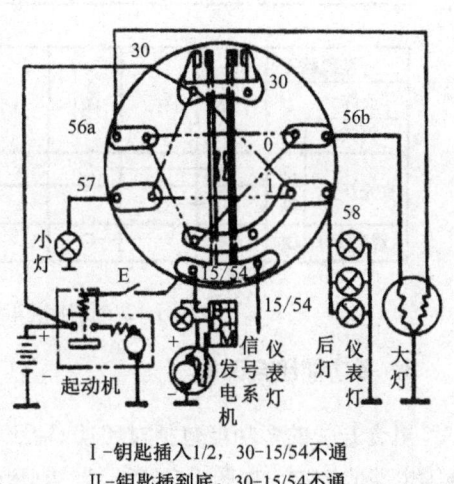

图 1.10　欧洲某些国家汽车的灯光总开关

（3）日本汽车

日本汽车典型的灯光开关及其控制电路如图 1.11 所示，日本汽车照明与信号灯开关及其连接器如图 1.12 所示。

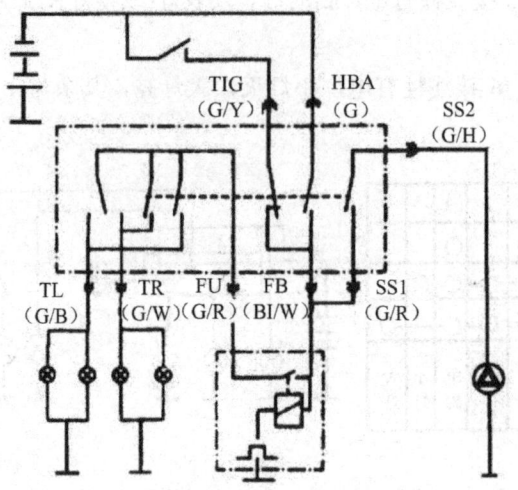

图 1.11　日本汽车灯光开关及其控制电路

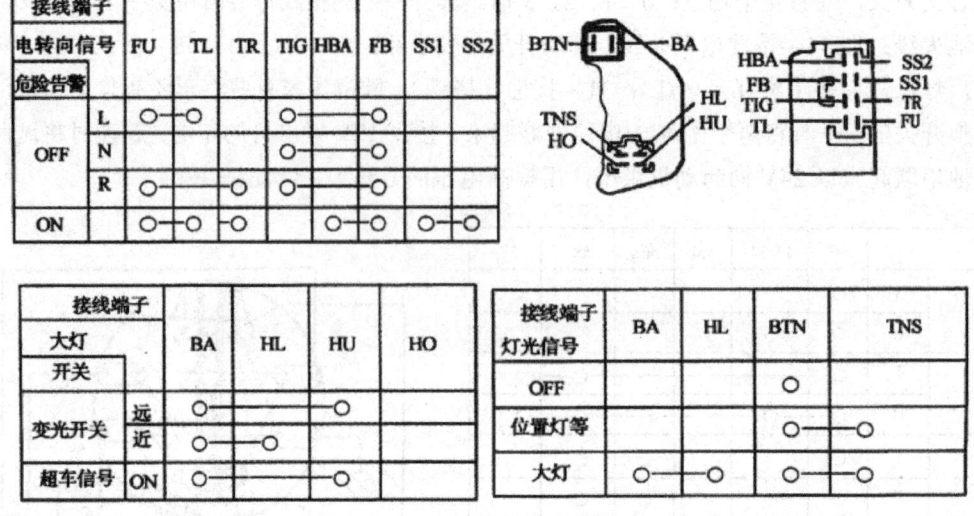

图 1.12　日本汽车照明与信号灯开关及其连接器

3. 多功能组合开关

组合开关的多功能包括对照明（前照灯）、信号（转向、危险警告、超车）、刮水器/洗涤器等电路的控制。如图 1.13 所示为某型汽车采用的多功能组合开关，其内部接线、连接器和挡位如图 1.14 所示。

由图 1.13 和图 1.14 可见，前照灯电流从 8N 端子引进，若与 9N 端子接通则为近光，若与 10N 端子接触则为远光。超车灯开关 4 的电流从 7N 端子引进，若与 10N 端子接触则为超车信号，此时远光灯丝短暂接通，发出闪光信号。而转向灯信号闪光器电流从 14N 端子引进，若 14N—16N 通则为左转向，14N—15N 通则为右转向。当发出危险警告信号时，通过拉钮使三角形铜片平移，将 14N—15N—16N 三触点连通，则左、右转向闪光灯一起闪亮。刮水、洗涤器开关的通断情况如图 1.13 或图 1.14 所示。

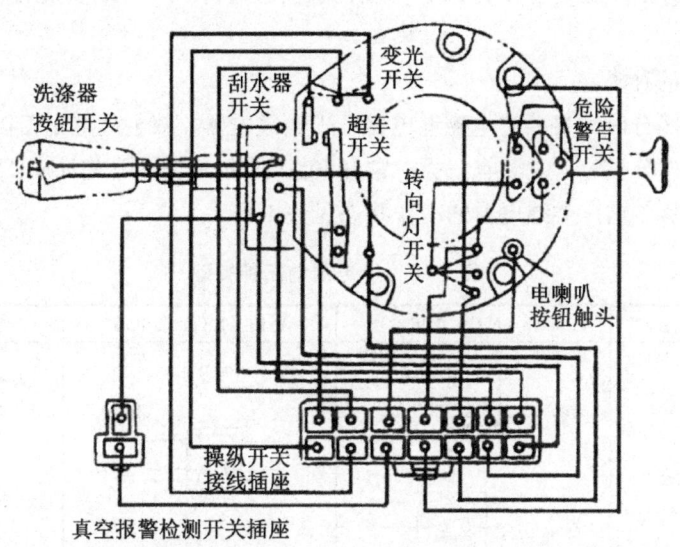

图 1.13　某型汽车采用的多功能组合开关

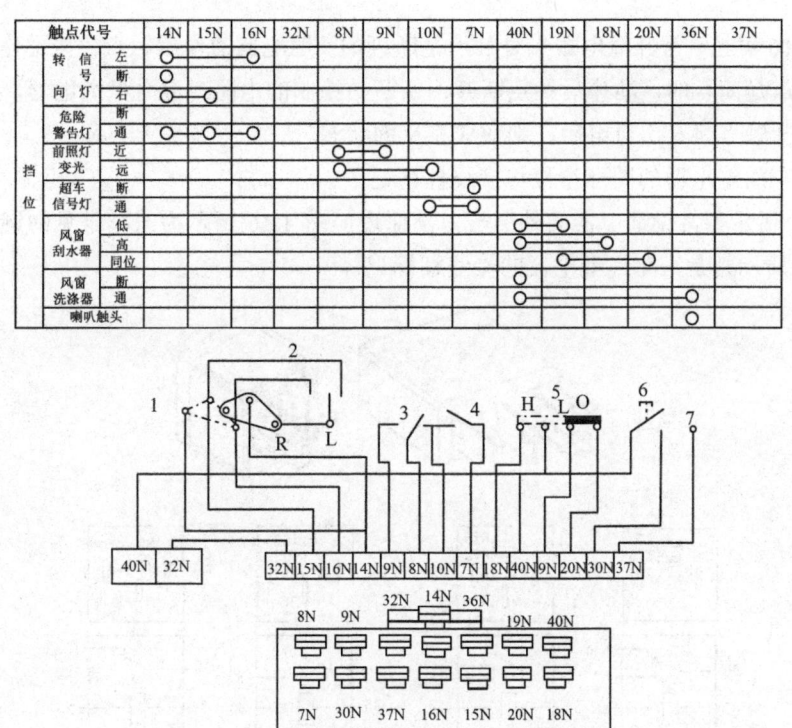

1.危险警告灯开关；2.转向灯开关；3.变光开关；4.超车灯开关；5.刮水电动机开关；6.洗涤器开关；7.喇叭按钮触头

图 1.14　多功能开关内部接线、连接器及挡位

4. 继电器

继电器是自动控制电路中常用的一种元器件，它属于开关的范畴。其工作是利用电磁或机电原理或其他方法（如热电或电子），实现自动接通或切断一对或多组触点，以完成某个电路开与关的功能。

（1）继电器的种类

按结构原理区分时，主要有电磁继电器、干簧继电器、双金属继电器以及电子继电器；按继电器通常状态分类时，主要有三类：常开（N.O）继电器，常闭（N.C）继电器和常开、常闭混合型继电器。这三类继电器的动作状态见表1.16。

表 1.16 继电器的三种类型

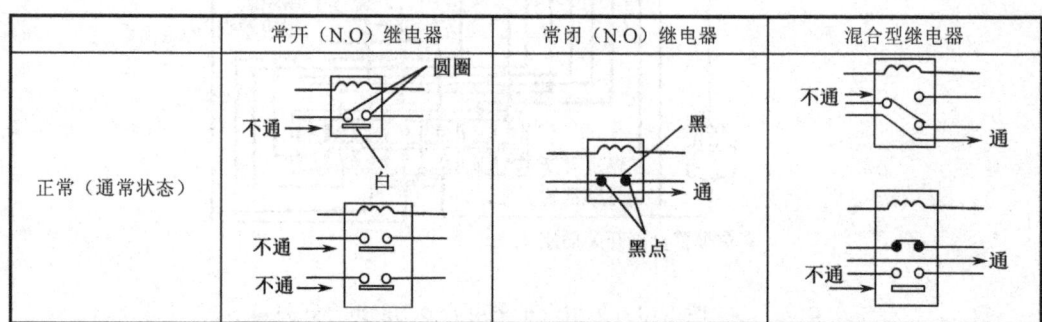

由表1.16可见，常开继电器平时触点是断开的，继电器动作后触点才接通电路；常闭继电器平时触点是闭合的，动作后触点断开，切断被控制的电路；混合型继电器，平时常闭触点接通，常开触点断开，通电后，则变成相反的状态。

（2）汽车用继电器的图形符号与接线柱标记

图1.15所示为常见继电器的外形与内部原理，图1.16所示为汽车常见的继电器图形符号，表1.17所示则是汽车用继电器的接线柱标记。

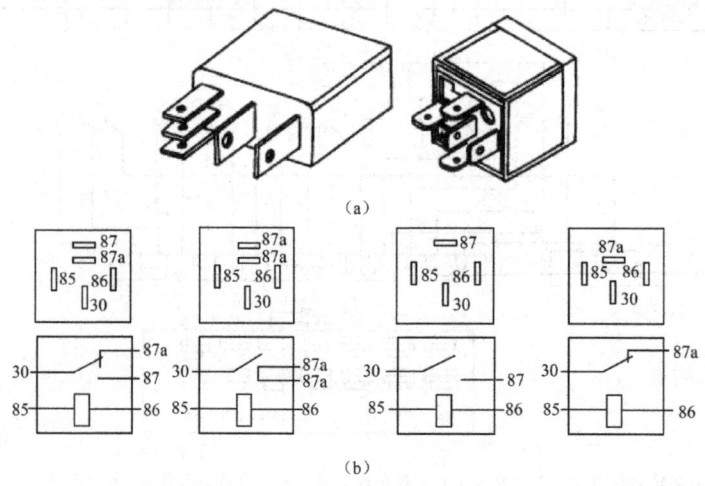

图 1.15 常见继电器的外形与内部原理

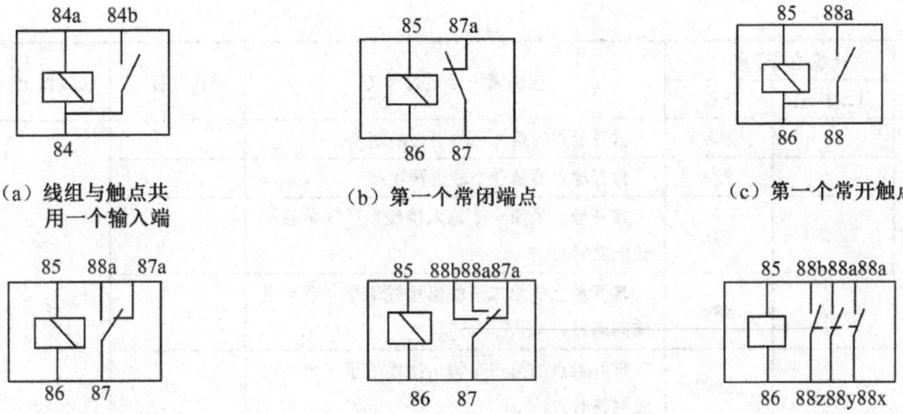

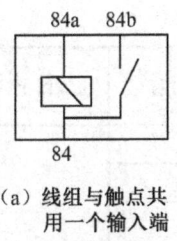 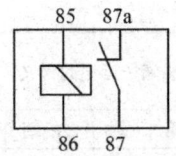 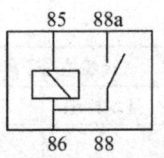

(a) 线组与触点共用一个输入端　　(b) 第一个常闭端点　　(c) 第一个常开触点

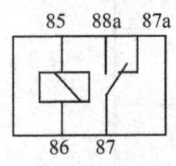 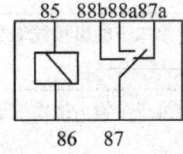 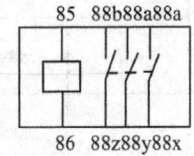

(d) 第一组转换触点　　(e) 第二组转换触点　　(f) 第三个常开触点

图1.16　汽车常见的继电器图形符号

表1.17　继电器的接线柱标记

电器	接线柱端子标记		接线端子标记的含义	曾用过标记	接线图上应用示例
	基本标记	下标			
继电器（专用继电器除外）	84		继电器上，绕组始端和触点共同输入接线端子		见图1.16
		84a	继电器上，绕组末端输出接线端子		
		84b	继电器上，触点输出接线端子		
	85		继电器上，绕组末端输出接线端子		
	86		继电器上，绕组始端输入接线端子		
	87		继电器上，动断触点和转换触点的输入接线端子		
		87a	常闭触点的第一个输出接线端子（转换触点在常闭触点一侧）		
		87b	常闭触点的第二个输出接线端子（转换触点在常闭触点一侧）		
		87c	常闭触点的第三接线端子（转换触点在常闭触点一侧）		
		87z	常闭触点和转换触点的第一个输入接线端子		
		87y	常闭触点和转换触点的第二个输入接线端子		
		87x	常闭触点和转换触点的第三个输入接线端子		
	88		继电器上，常开触点的输入接线端子		
		88a	常开触点的第一个输出接线端子		

续表

电器	接线柱端子标记		接线端子标记的含义	曾用过标记	接线图上应用示例
	基本标记	下标			
		88b	常开触点的第二个输出接线端子		
		88c	常开触点的第三个输出接线端子		
		88z	常开触点的第一个输入接线端子（单独电流回路时）		
		88y	常开触点的第二个输出接线端子（单独电流回路时）		
		88x	常开触点的第三个输出接线端子（单独电流回路时）		

1.2.4 熔断器和熔断器盒

保险装置主要指的是保护电气线路或用电设备的易熔线、熔断器（保险丝）和电路断电器。

1. 易熔线

易熔线是一种线路保护装置，它是一小段标准的铜绞线，要比同规格的导线粗，易熔线通常用来保护电源和大电流干线，它在5s内熔断的电流和普通熔丝相比，相当于有200～300A电流通过，因此绝对不允许换用比规定容量大的易熔线。当其熔断时要仔细查找原因，彻底排除故障。易熔线由截面积为 0.3mm^2，0.5mm^2，0.85mm^2 和 1.25mm^2 的熔线构成，其熔流及允许通过的电流见表1.18。

表1.18 易熔线的规格

颜色	尺寸/mm²	心线结构	长度1m时的电阻值/Ω	连续通电电流/A	5s以内熔断时的电流/A
茶	0.3	φ0.32×5股	0.0475	13	约150
绿	0.5	φ0.32×7股	0.0325	20	约200
红	0.85	φ0.32×11股	0.0205	25	约250
黑	1.25	φ0.5×7股	0.0141	33	约300

易熔线被熔断后，若找到故障原因，但无相同规格的熔线可代换，暂时可以用同容量的熔断器串接在电路上或用粗导线代用，过后一定及时换用符合要求的熔线。

易熔线的绝缘层能承受较高的温度。一般情况下，如表层已膨胀或鼓泡，说明易熔线已断，而表层仍完好。因此为判明易熔线的状况，还要用仪表测试。易熔线的安装位置应尽可能靠近蓄电池。

2. 熔断器（保险丝）

（1）熔断器的分类

熔断器盒一般安装在仪表盘附近或发动机罩下面，常与继电器组装在一起，构成全车电路的中央接线盒。由于全车电路被点火开关和其他开关（如灯光开关）分成火线（30号线）、点火仪表指示灯线（15号线）和附件专用线（Acc线或15A线），还可以再由继电器灯光开关分成小灯、尾灯线（58号线）、前照灯线（56a线、56b线），所以相应的熔断器也可分成几类。可以用试灯或电压表将熔断器分类：

- 所有开关都断开时就有电的熔丝为30号线所接；
- 点火开关在ON位时有电的熔丝为15号线所接；
- 在附件专用挡有电的熔丝为Acc线所接。

普通熔断器通过电流为110%额定值时不熔断；通过的电流为135%额定值时，在60s以内熔断；流过的电流为150%额定值时，20A以内的熔断器应在15s以内熔断，30A熔断器应在30s以内熔断。

（2）熔断器的检查

熔断器熔断一般通过观察便可发现。对于较隐蔽的故障，需要进行详细检查。方法是用万用表测量熔断器是否熔断，也可用试灯方法检查。检查熔断器的要求如下：①熔断器熔断后，必须真正找到故障原因，彻底排除故障。②更换熔断器时，一定要与原规格相同。特别要注意，不能使用比规定容量大的熔断器。在汽车上增加用电设备时，不能随意改用容量大的熔断器。对于这类情况，最好另外安装熔断器。③熔断器支架与熔断器接触不良会产生电压降和发热现象，因此，特别要注意检查有无氧化现象和脏污。若有脏污和氧化物，必须用细砂纸打磨光，使其接触良好。

（3）熔丝熔断后的应急处理方法

熔断器熔断后，在没有备用熔断器的情况下，绝对不能使用香烟盒上的锡箔纸代替熔断器。如果装上铝箔纸，即使流过锡箔纸50A以上的电流，锡箔纸除了会发热变红之外，也不会熔断，这将会引起火灾，那是十分危险的。在应急时可用细导线代替熔断器，把汽车上使用的0.5 mm² 乙烯树脂多股绞合线拆开，使用其中的一股。这种细导线一般相当于大约15A的熔断器。进行应急处理后，代用的熔丝或细导线必须及时换用符合规定的熔断器。

3. 电路断电器

对于那些在平常工作时容易过载的电路，一般用电路断电器保护。有些电路断电器须手工复原，如图1.17所示，有些则必须撤了电源才能复原，如图1.18所示。循环式电路断电器是自己复原的，如图1.19所示，此种电路断电器利用双金属片对过电流起反应的特性。当出现过载或电路故障引起过电流时，双金属片被流过的大电流加热而弯曲，触点随之张开。触点一旦张开，电流便不再流过双金属片，双金属片自然冷却而再次将触点闭合。如果电路仍然引起过电流，电路断电触点再次张开，如此，电路断电器便周期性地张开和闭合，直至不过载为止。

电路断电器和熔断器不同,后者一旦断路,就必须进行检修或更换,而电路断电器在电流中断后,因温度降低,触点能重新闭合,使电路恢复通电。电路断电器通常用于影响行车安全的电路。例如前照灯电路就应使用断电器,而不宜使用熔断器。因为前照灯电路中任何一处短路或搭铁,都会形成过大电流。如使用熔断器,电流中断后不能很快恢复通电,就可能发生事故。而断电器使电路断开后又能迅速恢复通电,因此在意外情况下还能在短时间内部分地保证前照灯的工作。

还有一些电路,如电动座椅、门窗、车窗等,由于其电流波动较大,也应使用断电器,才能保证其正常工作。

断电器如果连续不停地断、通,说明电路已短路,应立即进行检修。

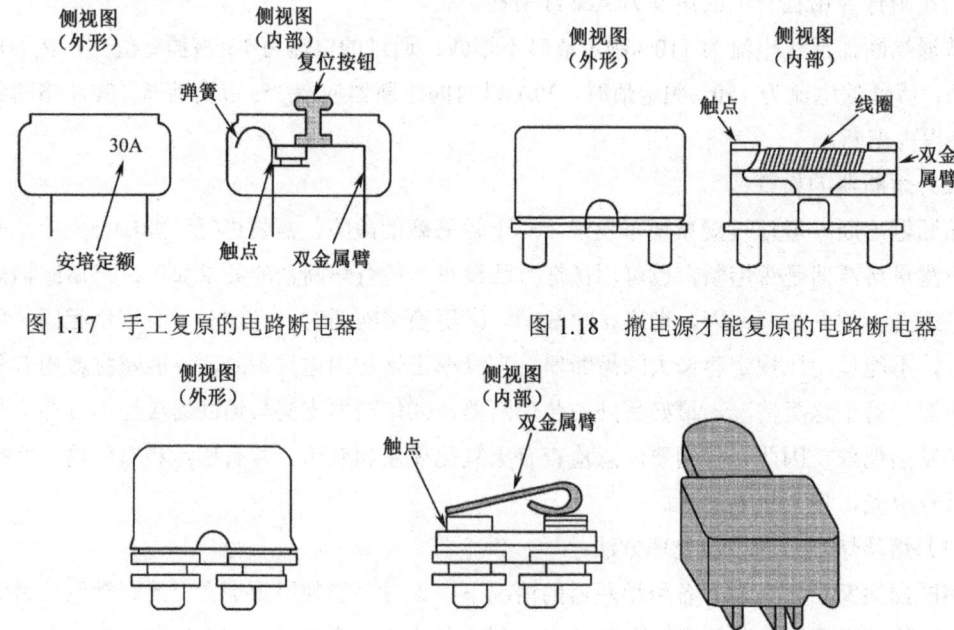

图 1.17　手工复原的电路断电器　　　图 1.18　撤电源才能复原的电路断电器

图 1.19　双金属片循环式电路断电器

4．汽车配电盒

汽车配电盒实质上是一个具有过载保护装置的各种照明设备和辅助设备的配电板,也叫中央配电盒,汽车电气系统以中央配电盒为核心进行控制。大部分继电器和熔断器都安装在中央配电盒正面,在电路短路时能保护各用电设备免遭损坏,当产生故障时,便于更换和检修。

(1) 汽车配电盒的组成

汽车配电盒又称为汽车接线盒、熔断丝/继电器盒或熔断丝/继电器盒,汽车电气系统以配电盒为核心进行控制。大部分继电器和熔断丝都安装在汽车配电盒正面,当发生故障时,便于更换和检修。汽车配电盒上一般标有线束和导线插接位置的代号及接点的数字号,主线束从汽车配电盒背面插接后通往各用电设备。

（2）汽车配电盒的识别

桑塔纳轿车汽车配电盒的正面如图 1.20 所示。在汽车配电盒下方安装有 22 个熔断丝，各熔断丝都标明了该熔断丝的编号、被保护的电路和额定电流，如表 1.19 所示（备注：车型不同和出厂年代不同，熔断丝数量和安装装置有所不同）。

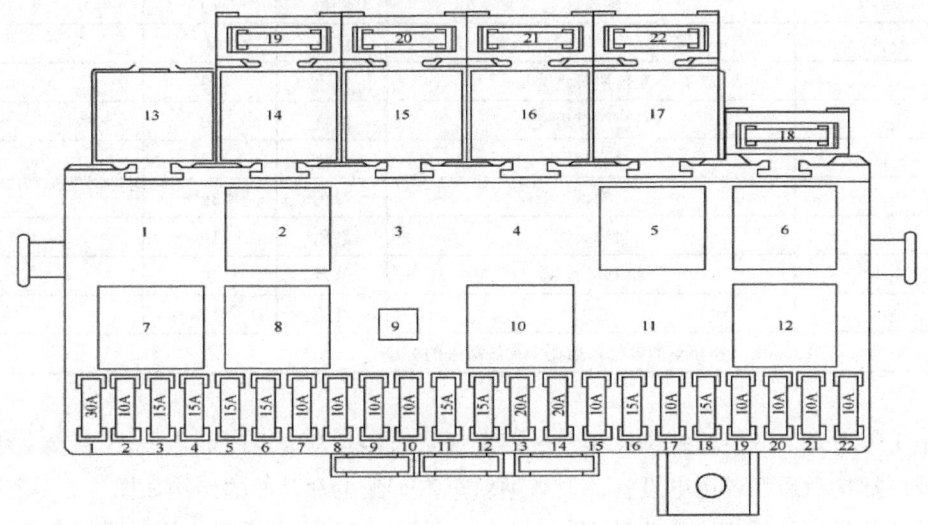

图 1.20 桑塔纳轿车汽车配电盒正面图

表 1.19 桑塔纳轿车中央线路板上熔断丝的编号、被保护的电路和额定电流

编号	被保护的电路	颜色	额定电流/A	备注
S_1	冷却风扇电动机	绿色	30	
S_2	制动灯	红色	10	
S_3	点烟器，收音机，时钟，室内灯，后备箱灯	蓝色	15	
S_4	危险报警灯	蓝色	15	
S_5	燃油泵	蓝色	15	
S_6	前雾灯	蓝色	15	
S_7	左示宽灯，左尾灯	红灯	10	
S_8	右示宽灯，右尾灯	红灯	10	
S_9	右前照灯远光	红色	10	
S_{10}	左前照灯远光	红色	10	
S_{11}	刮水器和洗涤器	蓝色	15	
S_{12}	电动门窗电动机	蓝色	15	
S_{13}	后窗除霜器	黄色	20	
S_{14}	鼓风机（空调）	黄色	20	
S_{15}	倒车灯，车速传感器	红色	10	

续表

编号	被保护的电路	颜色	额定电流/A	备注
S_{16}	双音喇叭	蓝色	15	
S_{17}	怠速截止电磁阀,进气预热器	红色	10	
S_{18}	驻车制动,阻风门指示灯	蓝色	15	
S_{19}	转向灯	红色	10	
S_{20}	牌照灯,杂物箱照明灯	红色	10	
S_{21}	左前照灯近光	红色	10	
S_{22}	右前照灯近光	红色	10	
S_{23}	后雾灯	红色	10	
S_{24}	空调	绿色	30	
S_{25}	自动天线	红色	10	
S_{26}	电动后视镜	紫色	3	
S_{27}	ECU	红色	10	

注：$S_{23\sim27}$ 为桑塔纳 2000GSi 型轿车的编号,插在中央线路板的旁边

中央配电盒上一般标有线束和导线插接位置的代号及节点的数字号,主线束从中央配电盒背面插接后通往各用电设备。桑塔纳轿车汽车配电盒背面的结构如图 1.21 所示,各种插接器的插座均固定在中央线路板背面上,与相应的线束插头连接后通往各个电器部件。每个插座的位置代号均用英文字母标注在线路板上,各连接器的颜色及插座与线束插头代号见表 1.20。插接线束插头时,线束插头字母代号必须与相同字母的插座连接,以便检查与维修。

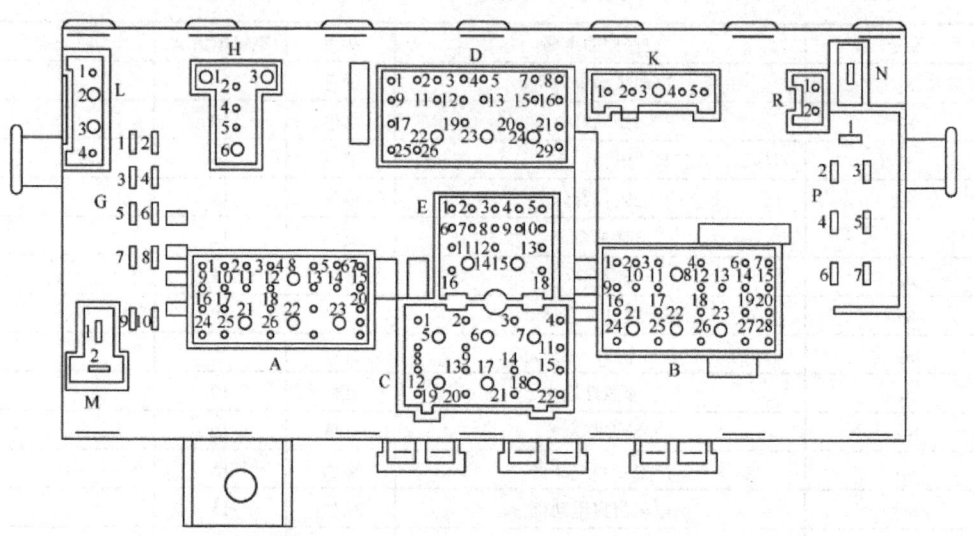

图 1.21 桑塔纳轿车汽车配电盒背面结构图

表 1.20 中央线路板上连接器插座代号及其连接线束的名称

插接器代号	颜色	连接对象
A	蓝色	仪表盘线束
B	红色	仪表盘线束
C	黄色	发动机室左侧线束
D	白色	发动机室右侧线束
E	黑色	车辆的后部线束
G	不定	单端子插座（主要用于连接冷却液不足指示控制器电源线）
H	棕色	空调系统线束
K	不定	安全带与报警系统线束
L	灰色	喇叭线束
M	黑色	车灯开关"56"端子与变光开关56b端子线束
N	不定	单端子插座（主要用于连接进气预热加热电阻电源线）
P	不定	单端子插座（连接蓄电池与中央线路"30"号电源，中央线路板"30"端子与点火开关"30"端子电源线）
R		备用连接器插座

习题 1

一、填空

1．汽车电路主要由电源、_____、控制器件、_____及_____组成。

2．汽车上装有两个电源，即_____和_____。其功能是保证汽车各用电设备在不同情况下都能投入正常工作。

3．汽车电路的特点是低压、_____、_____、单线制、_____、由相对独立的分系统组成。

4．汽车电气设备的连接导线，按承受电压的高低，可分为_____和_____两种。

5．低压导线按其用途，又可分为普通低压导线、_____、_____和蓄电池搭铁电缆。

6．屏蔽线也称_____，在外层绝缘层中带有金属纺织网管或很多股导线装在一层编织金属网内。

7．插接器也称_____，是汽车电路中线束的中继站，线束与线束（或导线与导线）线束（导线）与电器设备之间的连接一般采用插接器。插接器由_____和_____组成。

8．点火开关是汽车电路中最重要的开关，它的主要功能是：_____、接通点火仪表指示灯（ON 或 IG）、_____、_____，如果用于柴油车则_____挡。

9．多功能组合开关的多功能包括对_____、_____、刮水器/洗涤器等电路的控制。

10．继电器的种类按结构原理区分时，主要有_____、干簧继电器、_____，以及_____。

11．高压导线是指点火系统中承担高电压传送任务的导线。由于工作电压一般在_____以上，电流强度较_____，因此高压导线绝缘包层_____，线芯截面积_____，耐压性能高。

12．双色导线中面积比例大的颜色称为_____，面积比例小的颜色称为_____色。

13．端子根据用途不同可分为_____、叉形接头、_____、孔眼式接头。

14．为防止汽车在行驶中插接器脱开，所有插接器均采用_____装置。

15．在本田轿车电路图中，符号"WHT/BLK"表示导线颜色的底色是_____，而条纹部分为_____。

二、判断题

（　）1．汽车电路的基本组成是电、导线和用电器。
（　）2．部分用电设备都经过熔断丝，而且受其保护。
（　）3．在汽车上，蓄电池和发电机两者只要有一个作为电源就可以。
（　）4．电路中一切电器元件都是独立存在的，相互之间没有联系。
（　）5．熔断器熔断后，在没有备用熔断器的情况下，可以使用香烟盒上的锡箔纸代替熔断器。
（　）6．高压导线绝缘包层厚，线芯截面积小，耐压性能高。
（　）7．为了防止汽车在行驶过程中插接器脱开，所有的插接器均采用闭锁装置。
（　）8．多功能组合开关的多功能包括对照明（前照灯）、信号（转向、危险警告、超车）、刮水器/洗涤器等电路的控制。
（　）9．在照明设备中，前照灯有特殊的光学要求和结构，其他灯光无严格要求。
（　）10．黑色导线除作为搭铁线外，没有其他用途。

三、选择题

1．为保证一定的机械强度，一般低压导线截面积不小于（　　）
A．0.25mm^2　　　　B．0.5 mm^2　　　　C．0.5cm^2

2．汽车电路是单线制，各用电器之间应相互（　　）。
A．串联　　　　　　B．并联　　　　　　C．都行

3．电路保护装置中，可恢复的保险装置是（　　）。

A．易熔线　　　　　　B．熔断器　　　　　　C．断电器

4．（　　）表示导线截面积为 1.0mm² 的双色导线，主色为绿色，辅助色为黄色。

A．1.0RW　　　　　　B．1.0GY　　　　　　C．1.0YB

5．继电器属于（　　）范畴

A．开关　　　　　　　B．保险　　　　　　　C．电源

6．低压导线的选择原则是：长时间工作的电气设备可选用实际载流量（　　）的导线；短时间工作的用电设备可选用实际载流量60%～100%的导线。

A．10%　　　　　　　B．60%　　　　　　　C．100%

7．高压导线是指点火系统中承担高电压传送任务的导线。由于工作电压一般在（　　）以上，电流强度较小，因此高压导线绝缘包层厚，线芯截面积小，耐压性能高。

A．15kV　　　　　　　B．50kV　　　　　　　C．100kV

8．按继电器通常状态分类时，主要有三类：（　　）、常闭混合型继电器。

A．ON.与CN.　　　　　B．MO.与MC.　　　　　C．IO.与IC.

9．汽车电器设备中的一些电路，如电动座椅、门窗、车窗等，由于其电流波动较大，应使用（　　），才能保证其正常工作。

A．易熔线　　　　　　B．熔断器　　　　　　C．断路器

10．（　　）表示导线截面积为 1.0mm² 的双色导线，主色为绿色，辅助色为黄色。

A．1.0RW　　　　　　B．1.0GY　　　　　　C．1.0YB

四、改画电路图

1．下面是POLO汽车的点火开关，用开关矩阵的表格法表示。

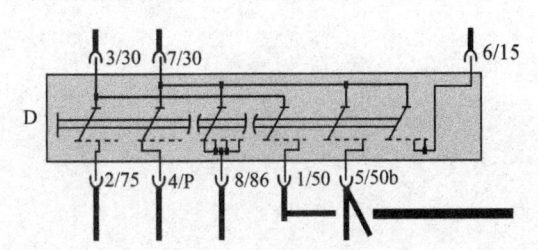

	3/30	7/30	2/75	4/P	8/86	1/50	5/50b	6/15
LOCK（锁住）								
OFF（关闭）								
ON（点火）								
START（起动）								

2. 把下面柴油车点火开关用表格图表示出来。

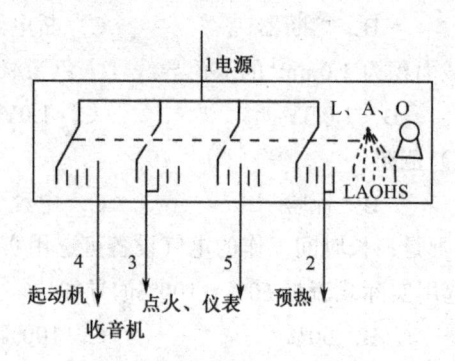

	1	3	5	2	4
LOCK 锁住					
Acc 专用					
ON 点火					
HEAT 预热					
START 起动					

第 2 章 汽车电路读图基础

本章内容概要

- 汽车电路图的种类及组成
- 国产汽车电路图的图形符号及文字符号
- 进口汽车电路图的图形符号

本章学习目标

- 了解汽车电路图的种类及组成
- 熟悉国产汽车电路图的图形符号
- 掌握国产汽车电路图的文字符号
- 掌握进口汽车电路图的图形符号

2.1 汽车电路图的种类及组成

对于同一辆汽车，其整车电路可以有多种表达形式，比如布线图(又称电气线路图)、电路原理图、线束图等。

一般情况下，汽车具体采用哪种形式的电路图大多从实用出发，也因习惯而异。最先绘制出某型汽车电路图的人是汽车厂的设计师们，他们除了将各种电器安置在汽车的适当部位，标定它的主要性能参数外，还要设计全车布线及线束总成，选定汽车电线的长度、截面积、颜色和各种插接器，编制汽车电线束的制造工艺流程。所以最翔实可靠的汽车电路图常常是以表现电线分布为主的布线图。汽车电路图有多种画法，通常将其分为布线图、原理图、线束图几类。每一种画法都有其不同的特点，因此识读汽车电路图时，应根据其特点，结合图形符号的意义、不同颜色导线的代码等进行识读，分析出电路的工作原理。

2.1.1 布线图

布线图就是汽车电线在车上、线束中的分布图,如图2.1和图2.2所示。

布线图是按照汽车电器在车身上的大体位置来进行布线的。它将汽车电器在车上的实际位置相对应地用外形简图的形式表示在电路图上,再用线条将电源、开关、保险、装置等和用电器一一连接起来,它是较直观的展开连线分布图。其特点是:全车的电器数量明显且准确,电线的走向清楚,有始有终,便于循线跟踪。布线图是按线束编制的,将电线分配到各条线束中去与各个插接件的位置严格对号。在各开关附近用表格法表示开关的接线柱与挡位之间的控制关系,表示熔断器与电线的连接关系,表明电线的颜色与截面积等。

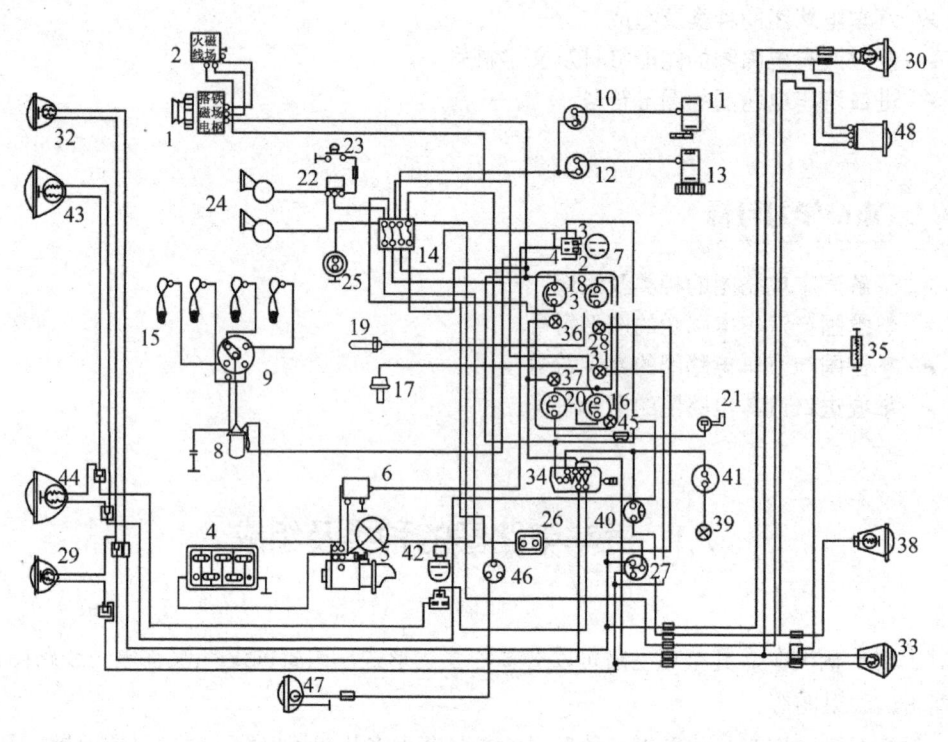

图 2.1 国产汽车常见的电气系统布线图

1. 发电机;2. 电压调节器;3. 电流表;4. 蓄电池;5. 起动机;6. 起动继电器;7. 点火开关;8. 点火线圈;9. 分电器;10. 刮水器开关;11. 刮水电动机;12. 暖风开关;13. 暖风电动机;14. 熔断器盒;15. 火花塞;16. 机油压力表(油压表);17. 油压传感器;18. 水温表;19. 水温传感器;20. 燃油表;21. 燃油传感器;22. 喇叭继电器;23. 喇叭按钮;24. 电喇叭;25. 工作灯插座;26. 转向灯闪光器;27. 转向灯开关;28,31. 转向指示灯;29,32. 前小灯;30,33. 室灯;34. 车灯开关;35. 牌照灯;36,37. 仪表灯;38. 制动灯;39. 阅读灯;40. 制动灯开关;41. 阅读灯开关;42. 变光器(变光开关);43,44. 前照灯;45. 远光指示灯;46. 防空/雾灯开关;47. 防空/雾灯;48. 挂车电源插座

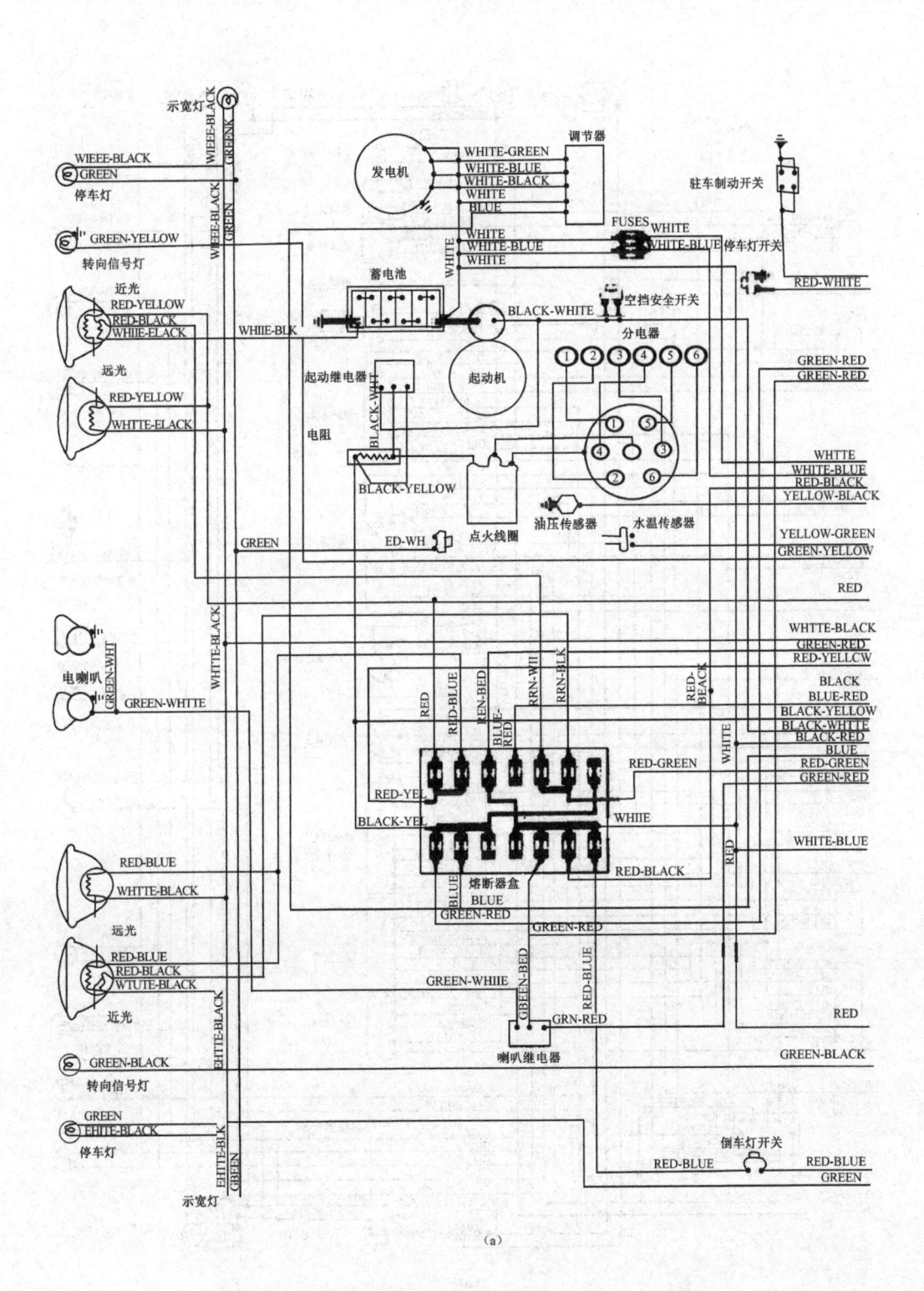

图 2.2　国外汽车常见电气系统布线图（日本丰田 皇冠）

(b)

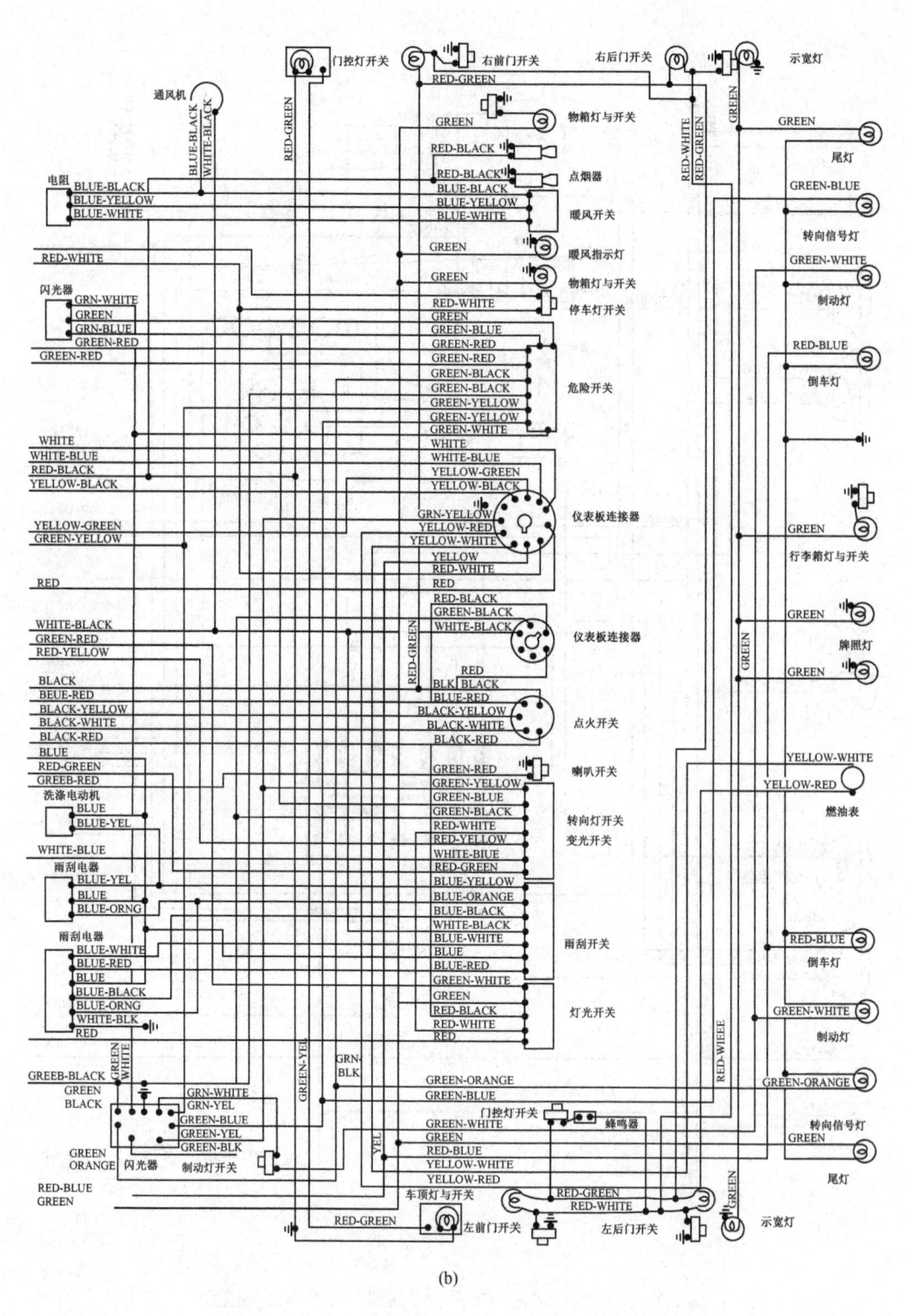

图 2.2 国外汽车常见电气系统布线图（日本丰田 皇冠）（续）

布线图的缺点：图上电线纵横交错，线条密集，读图、画图费时费力，不易抓住电路重点、难点，不易表达电路的内部结构与工作原理。

2.1.2 原理图

电路原理图有整车电路原理图和局部电路原理图之分，可以根据实际需要来进行绘制或展示。

1. 整车电路原理图

为了生产、教学和使用的需要，常常需要尽快找到某条电路的始末，以便确定故障分析的路线。在分析故障原因时，不能孤立地仅局限于某一部分，而要将这一部分电路在整车电路中的位置及与相关电路的联系都表达出来。整车电路原理图的优点在于：

（1）用电器符号表达各种电器元件。

（2）在大多数图中，电源线在图的上方，接地线在图的下方，电流方向自上而下；电路少迂回曲折；电路图中电器串、并联关系十分清楚；电路图易于识读。

（3）各电器不再按电器在车上的安装位置布局，而是依据工作原理在图中合理布局，使各系统处于相对独立的位置，从而易于对各用电设备进行单独的电路分析。

（4）各电器旁边通常标注有电器名称及代码（如控制器件、继电器、过载保护器件、用电器、铰接点及接地点等）。

（5）电路原理图中，所有开关及用电器均处于不工作状态，例如点火开关是断开的，发动机不工作，车灯关闭等。

（6）导线一般标注有颜色和规格代码，有的车型还标注有该导线所属电器系统的代码。根据以上标注，易于对照定位图找到该电器或导线在车上的位置。

（7）电路原理图有整车电路原理图和局部电路原理图之分。

图2.3所示即为常见的我国汽车电路原理图。科研人员在电路图的表达方式和实际应用等方面做过长期的探索与实践，结合我国标准和国际标准以及汽车电器行业的情况，对汽车电路原理图的画法制定了较详细的规范，并先后组织汇编了《国内外汽车电路图集》。图2.3所示就是根据这个规范，严格按照汽车电路原理图的画法绘制而成的。

2. 局部电路原理图

为了弄清汽车电器的内部结构，各个部件之间相互连接的关系，弄懂某个局部电路工作原理，常从整车电路图中抽出某个需要研究的局部电路，将重点部位进行放大、绘制并加以说明。这种电路图的用电器具少、幅面小，看起来简单明了，易读易画。其缺点是只能了解电路的局部。图2.4所示即为一个局部的汽车电路原理图。

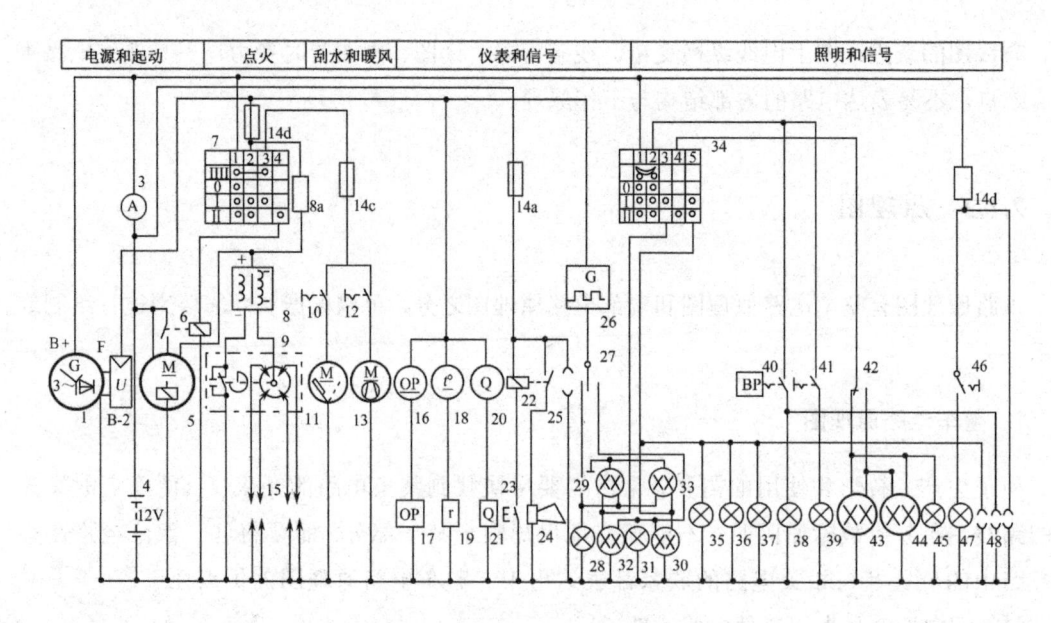

图 2.3 我国汽车电路原理图

1. 发电机；2. 电压调节器；3. 电流表；4. 蓄电池；5. 起动机；6. 起动继电器；7. 点火开关；8. 点火线圈；9. 分电器；10. 刮水器开关；11. 刮水电动机；12. 暖风开关；13. 电动机；14. 熔断器盒；15. 火花塞；16. 机油压力表；17. 油压传感器；18. 水温表；19. 水温传感器；20. 燃油表；21. 燃油传感器；22. 喇叭继电器；23. 喇叭按钮；24. 电喇叭；25. 工作灯插座；26. 闪光器；27. 转向灯开关；28,31. 转向指示灯；29,32. 前小灯；30,33. 室灯；34. 车灯开关；35. 牌照灯；36,37. 仪表灯；38. 制动灯；39. 阅读灯；40. 制动开关；41. 阅读灯开关；42. 变光器；43,44. 前照灯；45. 远光指示灯；46. 防空/雾灯开关；47. 防空/雾灯；48. 挂车导线插座

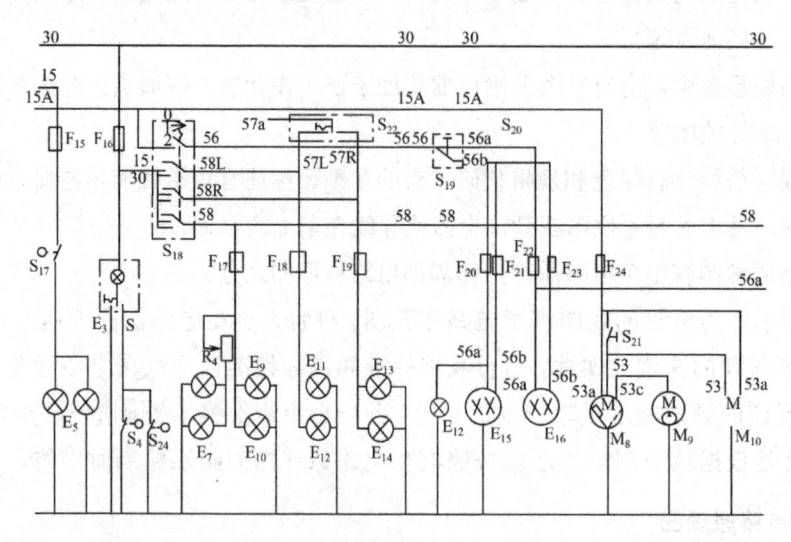

图 2.4 汽车前照灯与其他照明灯以及刮水/洗涤电动机电路原理图（局部）

E_3. 室内灯（带开关）；E_5. 倒车灯（左和右）；E_7. 仪表盘灯；E_9,E_{10}. 牌照灯；E_{11}. 示宽灯（左）；E_{12}. 尾灯（左）；E_{13}. 示宽灯（右）；E_{14}. 尾灯（右）；F_{15}~F_{19}. 熔断器；R_4. 仪表灯调光电阻；S_{17}. 倒车灯开关；S_{18}. 照明灯总开关；S_{22}. 停车灯开关；S_4,S_{24}. 门控开关；E_{15}. 左前照灯（远近光）；E_{16}. 右前照灯（远近光）；F_{20}~F_{24}. 熔断器；H_{L}. 远光指示灯；M_8. 前照灯刮水电动机；M_9. 洗涤电动机；M_{10}. 前照灯刮水电动机；S_{20}. 超车灯按钮（闪光）；S_{21}. 前照灯洗涤按钮；S_{19}. 变光开关

2.1.3 线束图

整车电路线束图常用于汽车厂总装线和检修厂的连接、检修与配线。线束图主要表明电线束与各用电器的连接部位、接线柱的标记、线头、插接器（连接器）的形状及位置等，它是人们在汽车上能够实际接触到的汽车电路图。线束图一般不去详细描绘线束内部的电线走向，只将露在线束外面的线头与插接器详细编号或用字母标记。它是一种突出装配记号的电路表现形式，非常适于安装、配线、检测与检修。如果将此图各线端都用序号、颜色准确无误地标注出来，并与电路原理图和布线图结合起来使用，则会起到更大的作用，且能收到更好的效果。

图 2.5 至图 2.7 所示是日本三菱（Mitsubishi）公司的帕杰罗（Pajero）越野车的线束在车上布置的示意图。

总之，无论哪一种整车电路图（布线图或电路原理图或线束图），都是由电源（蓄电池和发电机及调压器）、用电设备（起动机、点火装置、各种灯具……）、仪表、开关、保险装置（易熔线、熔断器等）以及电线等组成的。

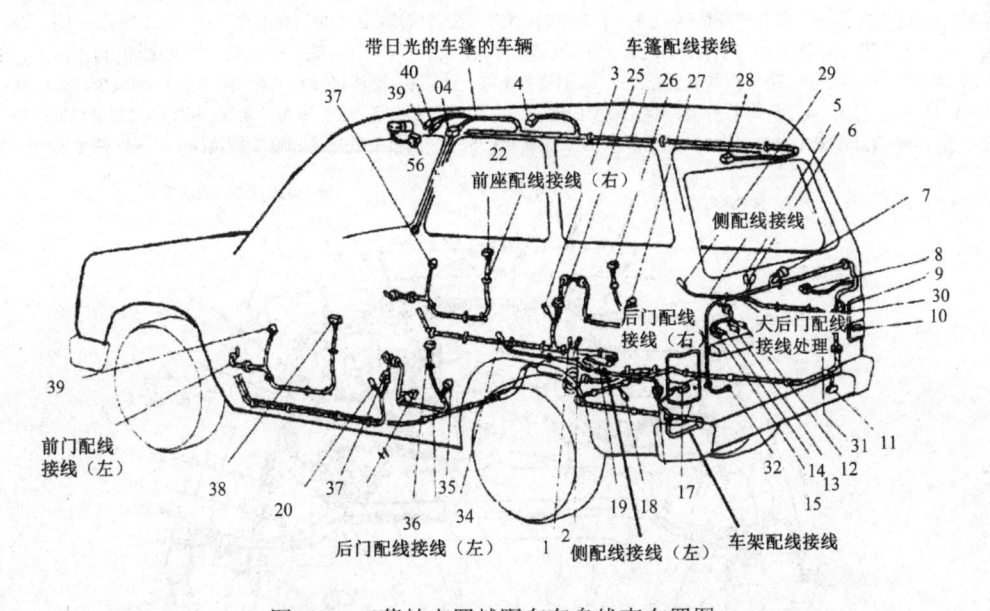

图 2.5 三菱帕杰罗越野车车身线束布置图

1,2. 后扬声器（左）；3. 门开关（右）5,6. 后扬声器（右）；7. 后刮水器电动机；8. 后洗涤器电动机；9. 车架配线接线处理和大后门配线接线处理综合；10. 后综合灯；11. 尾灯（右）；12,13,14,15. 车牌灯；16. 尾灯（左）；17. 后组合灯（左）；18. 燃油表装置；19. 前配线接线处理和车架配线接线处理综合；20. 前开关（左）；21. 前动力窗或电动机（右）；22. 前动力副到开关；23,24. 日光车篷开关；25. 前配线接线处理和后配线接线处理综合；26. 后动力窗副开关；27. 后动力窗电动机；28. 货室灯；29. 后门开关；30. 车架配线接线处理和大后门配线接线处理综合；31. 车架配线处理和侧配线接线处理综合（右）；32. 大后门锁电动机；33. 车架配线接线处理和侧配线接线处理综合（左）；34. 后门开关（左）；35. 后动力窗电动机（左）；36. 后动力窗副开关（左）；37. 前配线接线处理和后配线接线处理综合（左）；38. 前动力窗主开关；39. 前动力窗电动机（右）

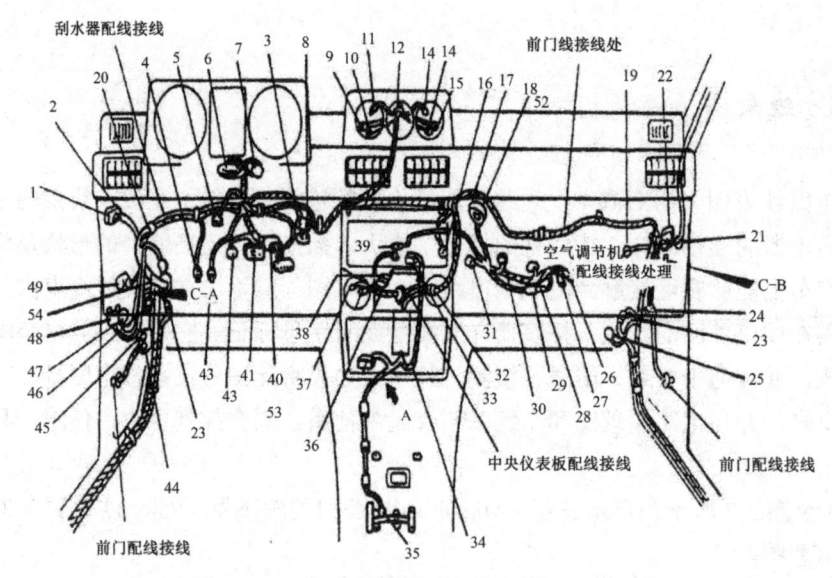

图 2.6　三菱帕杰罗越野车仪表线束布置图

1. 熔断器组；2. 扬声器（左）；3. 大后门锁定开关；4. 变阻器；5. 后箱除霜器开关；6.7. 组合仪表；8. 后刮水器和洗涤器开关；9,10. 油液表；11. 组合仪表照明灯；12. 综合仪表和前配线接线；13. 综合仪表照明灯；14,15. 电压表；16. 暖气继电器；17,18. 空调机接线配线 A 和前配线接线；19. 扬声器（右）；20. 专用熔断器；21. 车篷配线接线和前配线接线；22. 车篷配线接线；23. 后暖气和前配线接线；24. 前门配线接线和前配线接线；25. 暖气风扇电动机；26.27. 热开关；28. 动力继电器 B；29. 空调继电器；30. 动力继电器 A；31. 空调及开关；32. 时钟；33. 暖气扇开关、烟灰盒照明灯；34. 备用线接头；35. 停车制动开关；36. 暖气控制照明灯；37. 点烟器照明灯；38. 仪表配线接线和前配线接线；39.暖气扇开关；40,41. 车灯开关；42. 点火开关；43. 停车灯开关；44,45. 前配线接线和前配线接线；46. 闪光灯装置；47. 动力窗继电器；48. 刮水器继电器；49. 前灯洗涤器继电器；50. 收音机；51. 录音机；52. 空调机配线接线和前配线接线；53,54. 刮水器

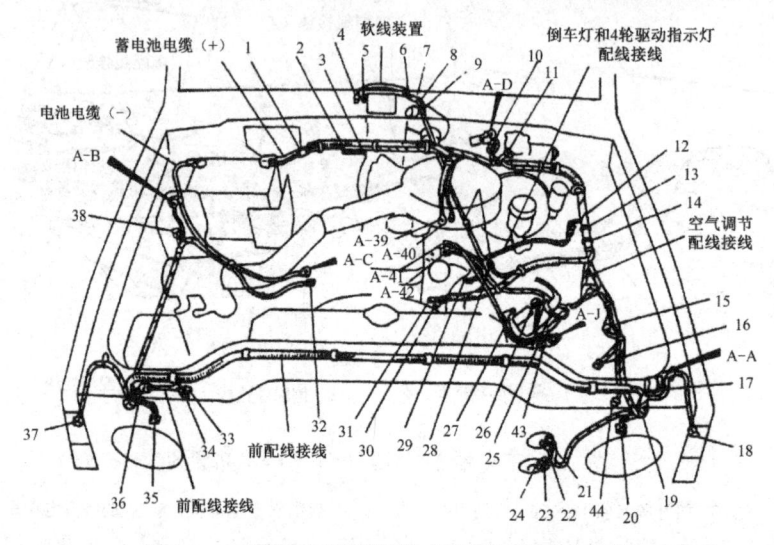

图 2.7　三菱帕杰罗越野发动机罩下线束布置图

1. 主易熔线；2,3. 副易熔线；4,5.4 轮驱动指示灯开关；6,7. 倒车灯和 4 轮指示灯配线处理及软线装置综合；8,9. 倒车灯开关；10. 空气调节器；11. 刮水器电动机；12. 前配线处理与倒车灯和 4 轮驱动指示灯配线处理综合；13,14. 专用熔线；15. 前配线处理与空气调节器配线处理 C 综合；16. 前灯洗涤器；17. 照明开关继电器；18. 前组合灯（左）；19. 专用熔断器（远光灯电路）；20. 前照灯（左）；21～24. 喇叭；25～27. 电话线圈；28. 燃油切断电磁阀；29. 电磁离合器；30,31.交流发电机；32. 油压开关或油压表装置；33,34.低压开关；35.前照灯（右）；36. 前配线处理和空气调节器配线处理 B 综合；37. 前组合开关（右）；38. 前洗涤器电动机；39,40. 起动机；41. 水温表传感器；42. 水温表开关；43. 动力继电器；44. 冷凝器风扇电动机

2.2 汽车电路图的图形符号及文字符号

汽车电路图是利用图形符号和文字符号，表示汽车电路构成、连接关系和工作原理，而不考虑其实际安装位置的一种简图。为了使电路图具有通用性，便于进行技术交流，构成电路图的图形符号和文字符号具有统一的国家标准和国际标准。要看懂电路图，必须了解图形符号和文字符号的含义、标注原则和使用方法。

2.2.1 国产汽车电路图形符号及文字符号

1. 汽车电路常用图形符号

图形符号是用于电气图或其他文件的表示项目或概念的一种图形、标记或字符，是电气技术领域中最基本的工程语言。因此，为了看懂汽车电路图，我们要熟练地掌握和运用它。

（1）图形符号的含义

汽车电路原理图的图形符号详见表 2.1。

表 2.1 汽车电路原理图的图形符号

序号	名称	图形符号	序号	名称	图形符号
1. 限定符号					
1	直流	—	6	中性点	N
2	交流	~	7	磁场	F
3	交直流	~	8	搭铁	⊥
4	正极	+	9	交流发电机输出接线柱	B
5	负极	-	10	磁场二极管输出端	D+
2. 导线、端子符号					
序号	名称	图形符号	序号	名称	图形符号
11	接点	●	19	插头的一个极	
12	端子	○	20	插头和插座	
13	可拆卸的端子	φ	21	多级插头和插座（示出的为三级）	
14	导线的连接		22	接通的连接片	
15	导线的分支连接		23	断开的连接片	
16	导线的交叉连接		24	边界线	
17	导线的跨越		25	屏蔽（护罩）（可画成任何方便的形状）	
18	插座的一个极		26	屏蔽导线	

续表

		3. 触点与开关符号				
27	动合（常开）触点		46	凸轮控制	
28	动断（常闭）触点		47	联动开关	
29	先断后合的触点		48	手动开关的一般符号	
30	中间断开的双向触点		49	定位（非自动复位）开关	
31	双动合触点		50	按钮开关	
32	双动断触点		51	能定位的按钮开关	
33	单动断双动合触点		52	拉拔开关	
34	双动断单动合触点		53	旋转、旋钮开关	
35	一般情况下手动控制		54	液位控制开关	
36	拉拔操作		55	机油滤清器警报开关	
37	旋转操作		56	热敏开关动合触点	
38	推动操作		57	热敏开关动断触点	
39	一般机械操作		58	热敏自动开关动断触点	
40	钥匙操作		59	热继电器触电	
41	热执行器操作		60	旋转多挡开关位置	
42	温度控制		61	推拉多挡开关位置	
43	压力控制		62	钥匙开关（全部定位）	
44	制动压力控制		63	多挡开关、点火、起动开关，瞬时位置为2能自动返回到1（2挡不能定位）	
45	液位控制		64	节流阀开关	
		4. 电器元件符号				
65	电阻器		67	压敏电阻器	
66	可变电阻器		68	热敏电阻器	

续表

编号	名称	符号	编号	名称	符号
69	滑线式变阻器		85	PNP型三极管	
70	分路器（带分流或分压接头的电阻器）		86	集电极接管壳三极管（NPN型）	
71	滑动触点电位器		87	具有两个电极的压电晶体	
72	仪表照明调光电阻		88	电感器、线圈、绕组、扼流圈	
73	光敏电阻		89	带磁芯的电感器	
74	加热元件、电热塞		90	熔断器	
75	电容器		91	易熔线	
76	可变电容器		92	电路断电器	
77	极性电容器		93	永久磁铁	
78	穿心电容器		94	操作器件一般符号	
79	半导体二极管一般符号		95	一个绕组的电磁铁	
80	单相击穿二极管，电压调整二极管（稳压管）		96	两个绕组的电磁铁	
81	发光二极管		97	不同方向绕组电磁铁	
82	双向二极管（变阻二极管）		98	触点常开的继电器	
83	三极晶体闸流管		99	触点常闭的继电器	
84	光电二极管				
5. 仪表符号					
100	指示仪表	∗	103	电压电流表	A/V
101	电压表	V	104	欧姆表	Ω
102	电流表	A	105	瓦特表	W

续表

编号	名称	符号	编号	名称	符号
106	油压表	OP	110	车速里程表	v
107	转速表	n	111	时钟	
108	温度表	t°	112	数字式时钟	
109	燃油表	Q			
6. 各种传感器符号					
113	传感器的一般符号	*	120	空气流量传感器	AF
114	温度传感器	t°	121	氧传感器	λ
115	空气温度传感器	t'a	122	爆震传感器	K
116	水温传感器	t'w	123	转速传感器	n
117	燃油表传感器	Q	124	速度传感器	γ
118	油压表传感器	OP	125	空气压力传感器	AP
119	空气质量传感器	m	126	制动压力传感器	BP
7. 电器设备符号					
127	照明灯、信号灯、仪表灯、指示灯		136	元件、装置、功能与案件	
128	双丝灯		137	信号发生器	G
129	荧光灯		138	脉冲发生器	G
130	组合灯		139	闪光器	G
131	预热指示器		140	霍尔信号发生器	
132	电喇叭		141	磁感应信号发生器	
133	扬声器		142	温度补偿器	t°comp
134	蜂鸣器		143	电磁阀一般符号	
135	报警器、电警笛		144	常开电磁阀	

续表

序号	名称	符号	序号	名称	符号
145	常闭电磁阀		166	天线电话	
146	电磁离合器		167	传声器一般符号	
147	用电动机操纵的怠速调整装置		168	点火线圈	
148	过电压保护装置	$U>$	169	分电器	
149	过电流保护装置	$I>$	170	火花塞	
150	加热器（除霜器）		171	电压调节器	U
151	振荡器		172	转速调节器	n
152	变换器、转换器		173	温度调节器	$t°$
153	光电发生器	G	174	串激绕组	
154	空气调节器		175	并励或他励绕组	
155	滤波器		176	集电环或换向器上的电刷	
156	稳压器	U_{comp}	177	直流电动机	M
157	点烟器		178	串激直流电动机	M
158	热继电器		179	并激直流电动机	M
159	间歇刮水继电器		180	永磁直流电动机	M
160	防盗报警系统		181	起动机（带电磁开关）	M
161	天线一般符号		182	燃油泵电动机、洗涤电动机	M
162	发射机		183	晶体管电动燃油泵	
163	收音机		184	加热定时器	HT
164	内部通信联络及音乐系统		185	点火电子组件	IC
165	收音机		186	风扇电动估计	M

续表

187	刮水电动机		199	蓄电池传感器	
188	天线电动机		200	制动灯传感器	
189	直流伺服电动机		201	尾灯传感器	
190	直流发电机		202	制动器摩擦片传感器	
191	星形连接的三相绕组		203	燃油滤清器积水传感器	
192	三角形连接的三相绕组		204	三丝灯泡	
193	定子绕组为星形连接的交流发电机		205	汽车底盘与吊机间电路滑环与电刷	
194	定子绕组为三角形连接的交流发电机		206	自记车速里程表	
195	外接电压调节器与交流发电机		207	带时钟自记车速里程表	
196	整体式交流发电机		208	带时钟的车速里程表	
197	蓄电池		209	门窗电动机	
198	蓄电池组		210	座椅安全带装置	

（2）图形符号的使用原则

①在满足条件的情况下，应首先采用最简单的形式，但图形符号必须完整。

②在同一个电路图中同一图形符号应采用同一种形式。

③符号方位不是固定的，在不改变符号意义的前提下，符号可根据图面布置的需要旋转或成镜像放置，但文字和指示方向不得倒置。

④图形符号中一般没有端子代号，如果端子代号是符号的一部分，则端子代号必须画出。

⑤导线符号可以用不同宽度的线条表示，如电源线路（主电路）可用粗实线表示，控制、保护线路（辅助电路），则可用细实线表示。

⑥一般连接线不是图形符号的组成部分，方位可根据实际需要布置。

⑦符号的意义由其形式决定，可根据需要进行缩小或放大。

⑧图形符号表示的是无电压、无外力的常规状态。

⑨图形符号中的文字符号、物理量符号，应视为图形符号的组成部分。当用这些符号不能满足标注时，可按有关标准加以补充。

⑩电器图中若未采用规定的图形符号，必须加以说明。

2．汽车电路常用文字符号

文字符号由电气设备、装置和元器件的种类（名称）字母代码和功能（与状态、特征）字母代码组成，用于电气技术领域中技术文件的编制，也可标注在电气设备、装置和元器件上或其近旁，以表明电气设备、装置和元器件的名称、功能、状态和特征。此外，还可与基本图形符号和一般图形符号组合使用，以派生新的图形符号。

文字符号分为基本文字符号和辅助文字符号两大类，基本文字符号又分为单字母符号和双字母符号。

（1）基本文字符号

①单字母符号

单字母符号是按拉丁字母将各种电气设备、装置和元器件划分为 23 大类，每大类用一个专用单字母符号表示，如"C"表示电容器类，"R"表示电阻类等。

②双字母符号

双字母符号是由一个表示种类的单字母符号与另一字母组成，其组合形式应以单字母符号在前而另一字母在后的次序列出，如："R"表示电阻，"RP"表示电位器，"RT"表示热敏电阻；"GT"表示电源、发电机、发生器，"GB"表示蓄电池，"GS"表示同步发电机、发生器，"GA"表示异步发电机。

常用的基本文字符号如表 2.2 所示。

表 2.2 常用的基本文字符

设备、装置、元器件种类	举例	基本文字符号 单字母	基本文字符号 双字母
组成部件	电桥	A	AB
组成部件	晶体管放大器	A	AD
组成部件	集成电路放大器	A	AJ
组成部件	印制电路板	A	AP
非电量到电量变换器或电量到非电量变换器	送话器、扬声器、晶体换能器	B	
非电量到电量变换器或电量到非电量变换器	压力变换器	B	BP
非电量到电量变换器或电量到非电量变换器	温度变换器	B	BT
电存器	电容器	C	
数字集成电路和器件	数字集成电路和器件	D	
其他元器件	发热器件	E	EH
其他元器件	照明灯	E	EL
保护器件	熔丝	F	FU
保护器件	限压保护器件	F	FV
发生器，发电机，电源	发生器	G	GS
发生器，发电机，电源	发电机	G	GA
发生器，发电机，电源	蓄电池	G	GB

续表

设备、装置、元器件种类	举例	基本文字符号 单字母	基本文字符号 双字母
信号器件	声响指示	H	HA
信号器件	光指示器	H	HL
信号器件	指示灯	H	HL
继电器 接触器	交流继电器	K	KA
继电器 接触器	双稳态继电器	K	KL
继电器 接触器	接触器	K	KM
继电器 接触器	簧片继电器	K	KR
电感器	感应线圈	L	
电动机	电动机	M	
模拟元件	运算放大器、混合模拟/数字器件	N	
测量设备 实验设备	指示器件信号发生器	P	
测量设备 实验设备	电流表	P	PA
测量设备 实验设备	（脉冲）计数器	P	PC
测量设备 实验设备	电压表	P	PV
电阻器	变阻器	R	
电阻器	电位器	R	RP
电阻器	热敏电阻器	R	RT
电阻器	压敏电阻器	R	RV
控制、记忆、信号电路的开关器件、选择器	控制开关、选择开关	S	SA
控制、记忆、信号电路的开关器件、选择器	按钮开关	S	SB
控制、记忆、信号电路的开关器件、选择器	压力传感器	S	SP
控制、记忆、信号电路的开关器件、选择器	位置传感器	S	SQ
控制、记忆、信号电路的开关器件、选择器	速度传感器	S	ST

（2）辅助文字符号

辅助文字符号表示电气设备、装置和元器件以及线路的功能、状态和特征。如"SYN"表示同步，"L"表示限制左或低，"RD"表示红色，"ON"表示闭合，"OFF"表示断开等。

常用辅助文字符号如表2.3所示。

表2.3 常用辅助文字符号

序号	文字符号	名称	序号	文字符号	名称
1	A	电流	6	ADD	附加
2	A	模拟	7	ADJ	可调
3	AC	交流	8	AUX	辅助
4	A AUT	自动	9	ASY	异步
5	ACC	加速	10	B BRK	制动

续表

序号	文字符号	名称	序号	文字符号	名称
11	BK	黑	42	OFF	断开
12	BL	蓝	43	ON	接通
13	BW	向后	44	OUT	输出
14	C	控制	45	P	压力
15	CW	顺时针	46	P	保护
16	CCW	逆时针	47	PE	保护搭铁
17	D	延时（延迟）	48	PEN	保护搭铁与中性线共用
18	D	低	49	PU	不保护搭铁
19	D	闭锁	50	R	记录
20	D	主	51	R	右
21	DC	中	52	R	反
22	DEC	中间线	53	RD	红
23	E	搭铁	54	R RST	复位
24	EM	紧急	55	RES	备用
25	F	快递	56	RUN	运转
26	FB	反馈	57	S	信号
27	FW	正、向前	58	ST	起动
28	GN	绿	59	S SET	置位、定位
29	H	高	60	SAT	饱和
30	IN	输入	61	STE	步进
31	INC	增	62	STP	停止
32	IND	感应	63	SYN	同步
33	L	左	64	T	温度
34	L	限制	65	T	时间
35	L	低	66	TE	无噪声（防干扰）、搭铁
36	LA	闭锁	67	V	真空
37	M	主	68	V	速度
38	M	中	69	V	电压
39	M	中间线	70	WH	白
40	M MAN	手动	71	YE	黄
41	N	中性线			

(3) 文字符号的使用规则

① 单字母符号应优先选用。

② 只有当用单字母符号不能满足需求，需要进一步划分时，才采用双字母符号，以便较详细和更具体地表述电气设备、装置和元器件等。如"F"表示保护器类，"FU"表示熔丝，"FV"表示限压保护器件。

③ 辅助文字符号也可放在表示种类的单字母符号后边组成双字母符号，如"ST"表示起动，"DC"表示直流，"AC"表示交流。为简化文字符号，若辅助文字符号由两个字母组成时，允许只采用其第一位字母进行组合，如"MS"表示同步电动机，"MS"中的"S"为辅助文字符号"SYN"（同步）的第一位字母。辅助文字符号还可以单独使用，如"ON"表示接通，"N"表示中性线，"E"表示搭铁，"PE"表示保护搭铁等。

2.2.2 进口汽车电路图形符号

1. 奥迪汽车电路图图形符号

奥迪汽车电路图图形符号如表 2.4 所示。

表 2.4 奥迪汽车电路图图形符号

名称	图形符号	名称	图形符号
熔丝		预热塞加热丝	
蓄电池		自动阻风门	
起动机		热正时开关	
交流发电机		温度调节器 辅助空气阀	
点火线圈		电磁阀	
机械式分电器		电动机	
电子式分电器		双速刮水器 电动机	

续表

名称	图形符号	名称	图形符号
火花塞		手动开关	
按钮开关（手动）		温度开关	
开关（机械操纵）		二极管	
开关（压力控制）		稳压二极管	
开关（压力控制）		发光二极管	
多掷开关		指针式仪表	
燃油表传感器		电子控制	
油温及冷却液温度传感器		模拟钟	
继电器		数字钟	
电子控制继电器		多功能指示器	
电阻器		蜂鸣器	
油耗指示灯		喇叭	
速度传感器		推启式接头	
灯泡		推启式接头（多引脚）	
灯泡（双丝）		线连接	

名称	图形符号	名称	图形符号
车内灯		可拆式线连接	
点烟器		固定式线连接	
后窗加热器		元件内部线连接	
电阻丝			

2. 宝马汽车电路图图形符号

宝马汽车电路图图形符号如表 2.5 所示。

表 2.5　宝马汽车电路图图形符号

名称	图形符号	名称	图形符号
半导体		熔丝	
电动机		电阻	
鼓风机用电动机		电容	
带吸拉线圈的起动电动机		二极管	▼或
交流发电机		线圈	
灯、前照灯		开关	
双丝灯		虚线指示两开关之间的机械联动	
发光二极管		开关（机械式）	或

续表

名称	图形符号	名称	图形符号
蓄电池		固定连接	●
喇叭		可拆离连接	○
整体元件		接地	
元件的一部分		导线的延续	
元件内部的连接		绞接点	
接在元件引出线上的连接器	5GY/RD 4 C209 0.5 RD	附在元件上的连接器	1.5BR 4

3. 丰田汽车电路图图形符号

丰田汽车电路图图形符号如表 2.6 所示。

表 2.6 丰田汽车电路图图形符号

名称	图形符号	名称	图形符号
蓄电池		易熔线 装在强电流线路中的粗直径导线，由于超载而熔断，从而保护线路，其数字指示导线横截面的面积	
电容器		接地 线路接到机体的接点，从而为电器线路提供回路	⏚ 或 ⊥
点烟器		大灯 单灯丝	或 ⊗
线路断电器 相当于一个重复使用的熔丝。如果通过电流过大，会变热并断开，某些断电器在冷却后自动接通，其余要手工接通		双丝灯	或 ⊗
二极管	◂ 或 ◂	喇叭	

续表

名称	图形符号	名称	图形符号
稳压二极管 允许单相电流通过,但在反向电流达到一个特定电压值时,它允许反向电流通过,相当于一个简单的稳压器	─▶├─ 或 ─▶├─	点火线圈	
分电器、点火线圈一体化装置(HA) 它能将点火线圈的高压电流引到各个火花塞上		灯	─⊗─ 或 ⊗
熔丝		发光二极管	
电动机	Ⓜ 或 Ⓜ	计量器(模拟式)	
计量器(数字式) 电流激励了一个或多个发光二极管,电感电容二极管或荧光显示以提供相关图案或数字显示	FUEL	传感器(速度模拟) 用磁场脉冲打开并关闭某个开关,从而产生信号使其他零部件激活	
传感器(热敏电阻) 随温度的变化而改变电阻值的电阻	或	短销 用以提供带有接线盒的电路连接器	
继电器 1.常闭式(动断式); 2.常开式(动合式)	或 或	电磁线圈 电流通过能形成磁场的线圈。它可使活动铁心等移动	或
继电器(双掷) 使电流从两个触点中的任一个通过	或	扬声器	
电阻	─▭─ 或 ─▭─	开关(机械式) 1.常开(动合); 2.常闭(动断)	或
电阻(多抽头) 提供2个或2个以上不同的不可调电阻值的电阻	或	开关(双掷)	
可变电阻 带可变电阻的可控电阻器,也叫分压器或变阻器	或	开关(点火)	

续表

名称	图形符号	名称	图形符号
开关（刮水器停驻）当刮水器开关关闭，自动刮水器返回停止位置		导线 1. 不连接两线相交处无黑点即为两线不连接； 2. 铰接 相交处有黑点或O形记号的是绞接点	
三极管			

4．本田汽车电路图图形符号

本田汽车电路图图形符号如表 2.7 所示。

表 2.7 本田汽车电路图图形符号

名称	图形符号	名称	图形符号
蓄电池		热敏电阻	
接地 1.接地点； 2.元件接地点		点火开关	
熔丝		灯泡	
线圈螺线管		暖气	
点烟器		电动机	
电阻		泵	
可变电阻		线路断电器	
喇叭		发光二极管	

续表

名称	图形符号	名称	图形符号
二极管	▼ 或 ▽	冷凝器	
天线		继电器 1. 常开（动合）继电器	
扬声器		断电器 2. 常闭（动断）继电器	
晶体管（三极管）		线路连接 1. 电流进入； 2. 电流流出	
开关 常开（动合）开关	或	连接器	
开关 常闭（动断）开关	或	簧片开关	

5. 奔驰汽车电路图图形符号

奔驰汽车电路图图形符号如表 2.8 所示。

表 2.8 奔驰汽车电路图图形符号

名称	图形符号	名称	图形符号
手动开关	或	压力开关	P 或 P
手动按键开关	或	自动开关	或
常开（动合）触点	或	电磁阀	
常闭（动断）触点	或	熔丝	8
压簧自动开关	或	指示仪表	

续表

名称	图形符号	名称	图形符号
温度开关		电磁线圈	
磁极		熔丝	
电阻	1.8Ω	过载熔丝	
电位计		蓄电池	
可变电阻		起动机	
二极管		发电机	
电子元件		点火线圈	
蓄电池		分电器（机械式）	
直流电动机		分电器（电子式）	
螺钉连接		火花塞插头及火花塞	
焊接连接		加热器加热电阻	
化油器自动阻风门		平插头	
接线板		圆插头	
热敏时控阀		继电器	
暖风调节器附加空气阀		继电器（电子控制式）	

续表

名称	图形符号	名称	图形符号
电磁阀		电阻	
电动机		二极管	
两挡刮水器电动机		稳压二极管	
手动开关		发光二极管	
热敏开关		指针式仪表	
手动按钮开关		电子控制器	
机械控制开关		指针式时钟	
压力开关		数字式时钟	
手动多极开关		多功能显示器	
可变电阻		蜂鸣器	
热敏电阻		燃油指示器	
		速度传感器	
白炽灯		线路分配器	
双灯丝白炽灯		可拆式线路连接	
内饰灯		不可拆式线路连接器	

续表

名称	图形符号	名称	图形符号
点烟器		在元件内部的连接	
后风窗加热装置		电阻导线	
喇叭		灯光调节电动机	
插件		上止点传感器（感应式传感器）	
多孔插接		滑动触点	

2.3 汽车电路图的接线端子

现代汽车逐渐普及的电子控制系统给汽车电路带来了革命性的新变化。这些新的器件，包括传感器、电子控制器（ECU）及各种各样的执行器，又带来大量新的接线柱标志，且各国各厂家也各有异同，在实际工作中需要我们认真学习和掌握，准确适当地加以应用。接线柱标志请参阅 ZBT 36009—89《汽车电器接线柱标记》。

2.3.1 接线端子的标记原则

（1）接线端子标记采用阿拉伯数字代号为主、英文字母为辅的基本原则。
（2）产品上有两个或三个互相绝缘的，且在其上的连接导线可以互换的接线端子，允许不编制标记。
（3）某些产品，根据需要可用于不同用途或电路中，仍按自身的特点编制接线端子标记，不另外编制标记。
（4）接线端子标记应清晰、耐久地保存在产品上。

2.3.2 接线端子标记的含义

1. 常规汽车电器装置接线端子的标记

常规汽车电器装置接线端子的标记与含义见表 2.9。

表 2.9　常规汽车电器装置接线端子的标记与含义

电器	接线端子标记 基本标记	接线端子标记 下标	接线端子标记的含义	曾用过的标记	说明
一般用途	30		电器上接蓄电池正极或电源的接线端子	B	除发电装置外，所有电路中都可使用
一般用途	31E		电器上接蓄电池负极的接线端子	—	除发电装置外，所有电路中都可使用
一般用途	E		电器上的搭铁接线端子	E	除发电装置外，所有电路中都可使用

2. 发电机与调节器的接线端子

发电机与调节器的接线柱标记与含义，见表 2.10。

表 2.10　发电机与调节器的接线柱标记与含义

电器	接线端子标记 基本标记	接线端子标记 下标	接线端子标记的含义	曾用过的标记	接线图上的应用示例
发电机装置		61	交流发电机上，调节器上，接充电指示灯的接线端子	L	图 2.10
发电机装置	A		直流发电机上，电枢输出接线端子	A、S	
发电机装置	B		交流发电机上的输出接线端子；直流发电机调节器上，接蓄电池正极的接线端子；交流发电机调节器上，接点火开关或电源的接线端子	B、A B —	图 2.8 图 2.9 图 2.10 图 2.11
发电机装置		D+	交流发电机上，磁场二极管的接线端子；调节器上相应接线端子	D+	图 2.8
发电机装置	F		发电机上的磁场接线端子，调节器上的相应接线端子	—	图 2.9~图 2.11
发电机装置	N		交流发电机上的中性接线端子；调节器上的相应接线端子	N	图 2.9~图 2.11
发电机装置	S		交流发电机调节器上，接着蓄电池电压检测点的接线端子	—	图 2.11
发电机装置	W		交流发电机上的相电流接线端子	R, W	图 2.8
发电机装置		W1	交流发电机上的第一个相电流接线端子	—	图 2.8
发电机装置		W2	交流发电机上的第二个相电流接线端子	—	图 2.8

整体式发电机充电电路（内装集成电路电压调节器）如图 2.8 所示。
分立式发电机充电电路（外装电子电压调节器）如图 2.9 所示。

图 2.8　整体式发电机充电电路　　　　图 2.9　分立式发电机充电电路

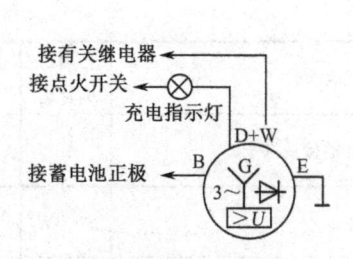

（内装集成电路电压调节器）　　　　　（外装电子电压调节器）

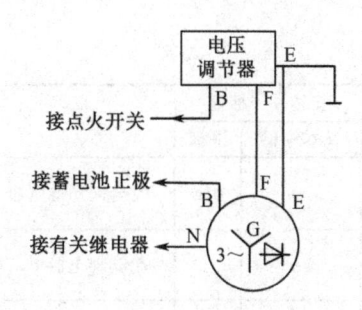

带充电指示灯继电器的充电电路（外装电磁振动式电压调节器），如图 2.10 所示。
带磁场继电器的充电电路（外装电磁振动式电压调节器），如图 2.11 所示。

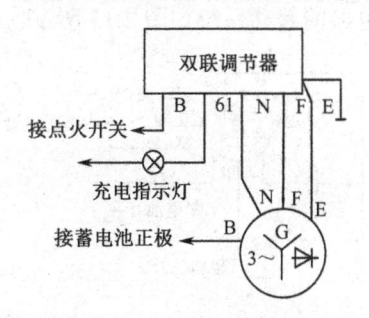

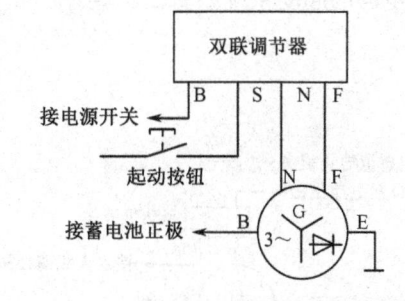

图 2.10　带充电指示灯继电器的充电电路　　　图 2.11　带磁场继电器的充电电路

3. 起动系统的接线端子

起动系统的接线柱标记与含义，如表 2.11 所示。

表 2.11　起动系统的接线柱标记与含义

电器	接线端子标记		接线端子标记的含义	曾用过的标记	接线图上应用示例
	基本标记	下标			
起动装置		15a	起动机开关上接点火线圈的接线端子	—	图 2.12
		30a	带有 12/24V 电压转换开关时，电压转换开关上接蓄电池 I 正极的接线端子	—	图 2.13
	31		12/24V 电压转换开关时，接蓄电池 I 负极的接线端子		图 2.13
	48		起动继电器上或 12/24V 电压转换开关上，控制起动机电磁开关上的输出接线端子；起动机电磁开关上的相应接线端子	—	图 2.13 图 2.14
	50		点火开关上，预热起动开关上，用于起动的输出接线端子。起动按钮的输出接线端子；机械式起动开关上的相信接线端子带有 12~24V 电压转换开关时，电压转换开关上，控制本身的输入接线端子		图 2.12 图 2.13 图 2.14 图 2.15

续表

电器	接线端子标记		接线端子标记的含义	曾用过的标记	接线图上应用示例
	基本标记	下标			
		61a	复合起动继电器上，接充电指示灯的接线端子	L	图 2.15
	86		起动继电器上，绕组始端接线端子	S，SW	图 2.14 图 2.15
	A		起动继电器上，接交流发电机 A 的接线端子	—	图 2.14
	N		复合起动继电器上，接交流发电机 N 或类似作用的接线端子	—	图 2.15

一般起动系统如图 2.12 所示；带 12V/24V 电压转换开关的起动系统如图 2.13 所示；带起动继电器的起动系统如图 2.14 所示；带复合起动继电器的起动系统如图 2.15 所示。

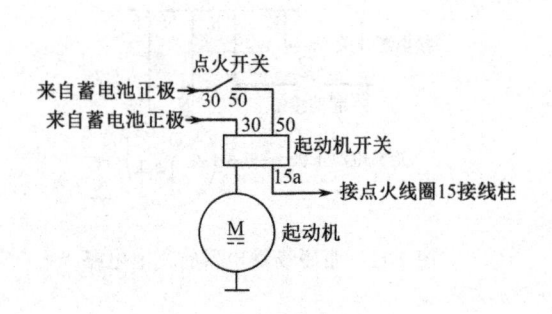

图 2.12　一般起动系统

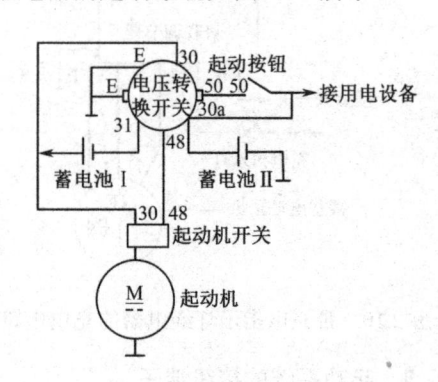

图 2.13　带 12V/24V 电压转换开关的起动系统

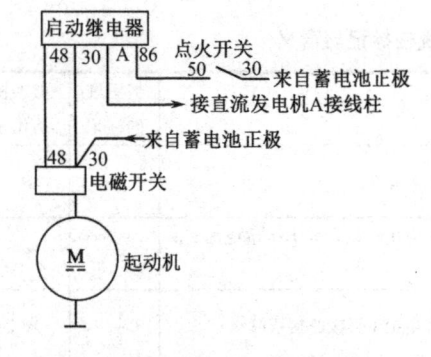

图 2.14　起动继电器的起动系统

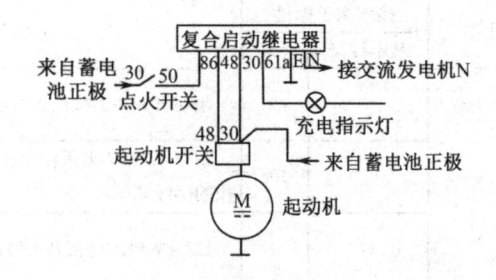

图 2.15　带复合起动继电器的起动系统

4．起动预热装置接线端子的标记

起动预热装置接线端子的标记与含义如表 2.12 和图 2.16 所示。

表 2.12 起动预热装置接线端子的标记与含义

电器	接线端子 基本标记	接线端子 下标	接线端子标记的含义	曾用过的标记	接线图上应用示例
预热启动装置	15		预热起动开关上的接其他用电设备的接线端子	BR	图 2.16
	19		预热起动开关上的预热接线端子	R1	
	50		预热起动开关上的起动接线端子	C、R2	

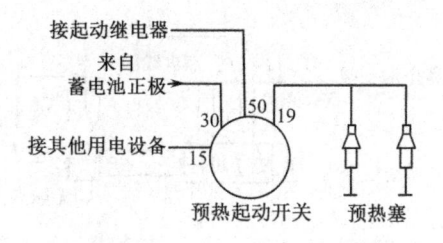

图 2.16 起动预热装置接线端子

5. 点火装置接线端子的标记

点火装置接线端子的标记与含义见表 2.13。电路如图 2.17，图 2.18 和图 2.19 所示。

表 2.13 点火装置接线端子的标记与含义

电器	接线端子 基本标记	接线端子 下标	接线端子标记的含义	曾用过的标记	接线图上应用示例
点火装置	1		点火线圈和分电器上，互相连接的低压接线端子；电子点火装置中，点火线圈上低压接线端子	—	图 2.17 图 2.18 图 2.19
		1a	带两个分立电路的分电器 I 的低压接线端子（来自点火线圈 I 的低压接线端子 1）	—	
		1b	带两个分立电路的分电器 II 的低压接线端子（来自点火线圈 II 的低压接线端子 1）	—	
		1e	电子组件中，输入信号的接线端子	—	图 2.18 图 2.19
点火装置	7		无触点分电器上，输出信号的接线端子电子组件中，输出信号的接线端子	—	
	15		点火开关盒点火线圈上，互相连接的接线端子；电子点火装置中，点火线圈上，分电器上，电子组件上的电源接线端子	+ —	图 2.19 图 2.19

传统点火系统如图 2.17 所示。

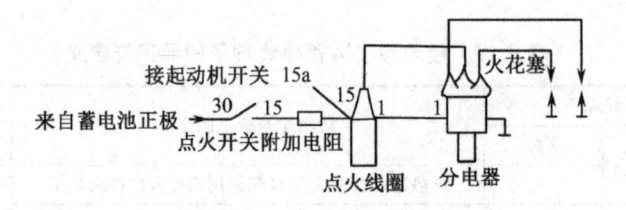

图 2.17 传统点火系统

磁电式电子点火系统如图 2.18 所示。

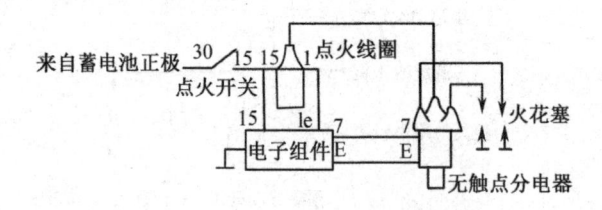

图 2.18 磁电式电子点火系统

霍尔式电子点火系统如图 2.19 所示。

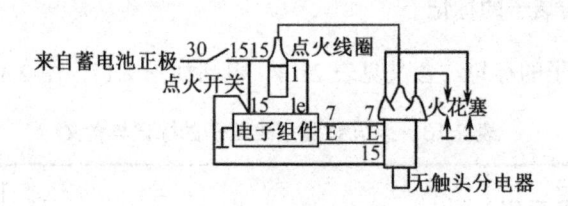

图 2.19 霍尔式电子点火系统

6. 电动机接线端子的标记

电动机接线端子的标记与含义如表 2.14 和图 2.20 所示。

表 2.14 电动机接线端子的标记与含义

电器	接线端子标记 基本标记	接线端子标记 下标	接线端子标记的含义	曾用过的标记	接线图上应用示例
各种用途的电动机	33		电动机上的电源输入接线端子	—	图 2.20
		33a	变速电动机上的高速接线端子	—	
		33b	变速电动机上的第二挡低速接线端子	—	
		33c	变速电动机上的第三挡低速接线端子	—	
		33d	变速电动机上的第四挡低速接线端子	—	
		33L	电动机上的顺时针旋转接线端子	—	
		33R	电动机上的逆时针旋转接线端子	—	

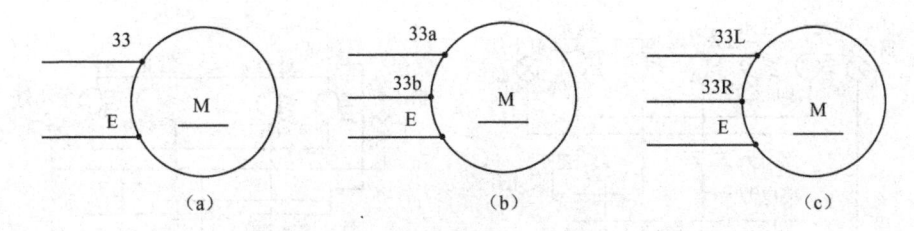

图 2.20　电动机接线端子的标记

7. 照明与信号系统的接线柱

照明与信号系统的接线柱标记与含义如表 2.15 所示。照明与信号系统电路如图 2.21 所示。

表 2.15　照明与信号系统的接线柱标记与含义

电器	接线端子标记 基本标记	接线端子标记 下标	接线端子标记的含义	曾用过的标记	接线图上应用示例
照明装置	54		制动灯开关和制动灯互相连接的接线端子		
	55		雾灯开关和雾灯互相连接的接线端子		
	56		灯光总开关和变光开关互相链接的接线端子；变光开关上除远光、近光、超车接线端子外的另一个接线端子		图 2.21
		56a	变光开关上的远光接线端子；远光灯上的相应接线端子		
		56b	变光开关上的远光接线端子；近光灯上的相应接线端子		
		56d	变光开关上的超车接线端子		
照明装置	57		灯光总开关上或点火开关上和停车灯开关互相连接的接线端子		图 2.21
		57L	停车灯开关和左停车灯互相连接的接线端子		
		57R	停车灯开关和右停车灯互相连接的接线端子		
	58		灯光总开关上接前小灯、示宽灯、尾灯、牌照灯、仪表照明灯等的接线端子灯光总开关上，用于控制示宽灯、尾灯、牌照灯、仪表照明灯的接线端子		
		58a	仪表照明灯开关和仪表照明灯互相连接的接线端子（单独布线时）		
		58b	室内照明灯开关和室内照明灯互相连接的接线端子（单独布线时）		
		58c	灯光总开关和前小灯互相链接的接线端子（单独布线时）		
	59		倒车灯开关和倒车灯互相连接的接线端子		
		59a	倒车指示灯上的电源接线端子		
		59b	倒车报警器上的电源接线端子		

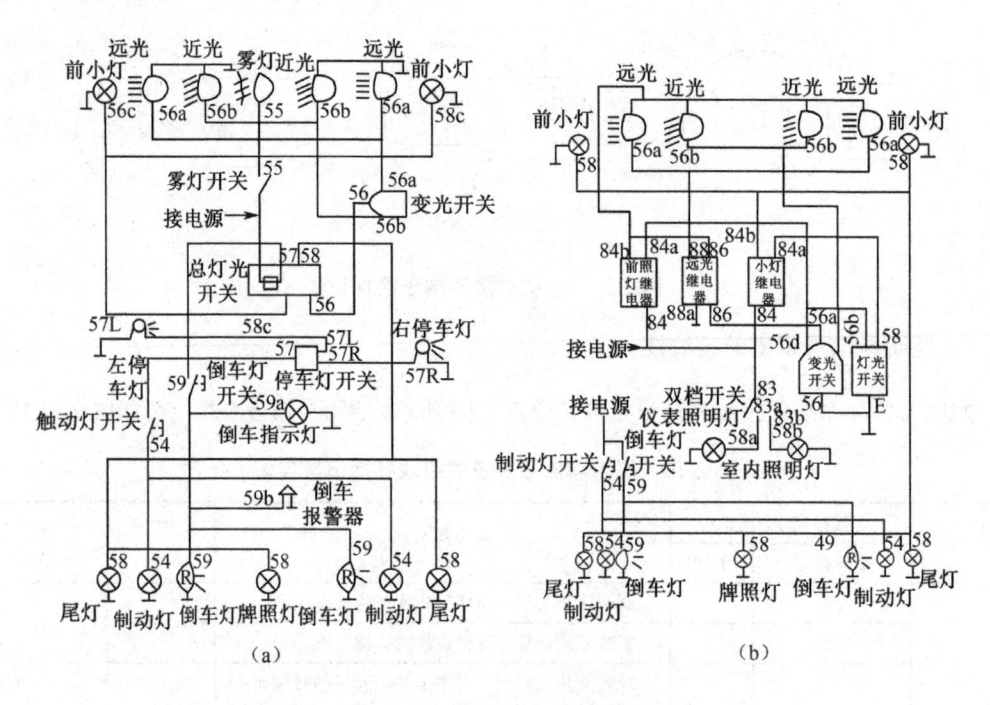

图 2.21 照明与信号系统电路

8. 转向信号与危险信号系统

转向信号与危险信号系统的接线柱标记与含义如表 2.16 所示。转向信号系统电路如图 2.22 所示。

表 2.16 转向信号与危险信号系统的接线柱标记与含义

电器	接线端子标记		接线端子标记含义	曾用过的标记	接线图上应用示例
	基本标记	下标			
转向信号装置	49		转向开关上的输入接线端子；报警开关上接转向开关的接线端子		图 2.22
		49a	报警闪光器和报警开关互相连接的接线端子		
		49L	转向开关上、报警开关上和左转向灯互相连接的接线端子		
		49R	转向开关上、报警开关上和左转向灯互相连接的接线端子		
	L		转向信号闪光器上接转向开关的接线端子；报警开关上、接转向信号闪光器的接线端子		
	P		转向信号闪光器上接监视灯的接线端子		
		P1	左监视灯的接线端子		
		P2	右监视灯的接线端子		

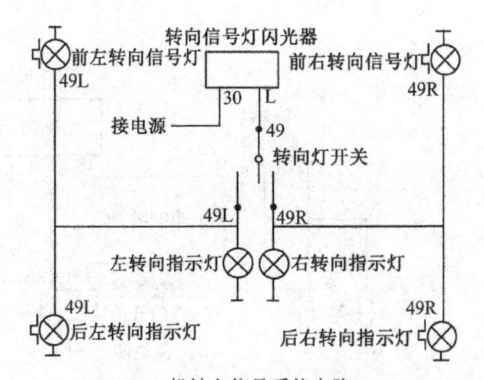

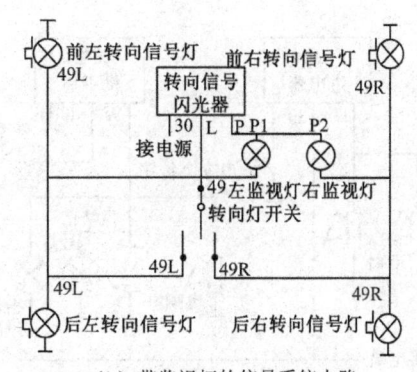

(a）一般转向信号系统电路

(b）带监视灯的信号系统电路

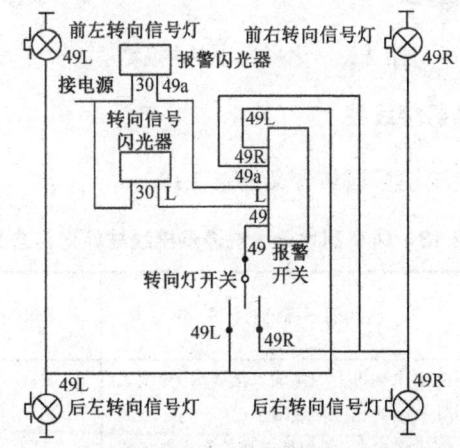

(c）带报警闪光灯的信号系统电路

图 2.22 转向信号系统电路

9．电喇叭与声响报警系统

电喇叭与声响报警系统接线柱标记与含义如表 2.17 所示。电喇叭与声响报警系统如图 2.23 所示。

表 2.17 电喇叭与声响报警系统接线柱的标记与含义

电器	接线端子标记		接线端子标记的含义	曾用过的标记	接线图上应用示例
	基本标记	下标			
喇叭和声响报警装置	72		报警开关上的接线端子	—	图 2.23
	H		喇叭继电器上接电喇叭的接线端子	—	
	S		喇叭继电器上，电磁阀上，按喇叭钮的接线端子	—	
	W		报警继电器上，按报警灯，报警喇叭的接线端子	—	

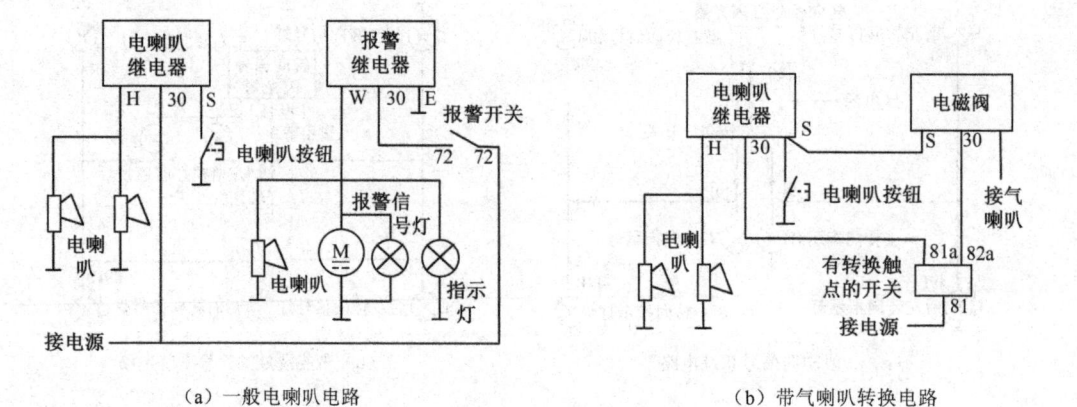

(a) 一般电喇叭电路　　　　　　　　　　(b) 带气喇叭转换电路

图 2.23　电喇叭与声响报警系统

10. 风窗刮水器、洗涤器接线柱

风窗刮水器、洗涤器接线柱标记与含义见表 2.18。

表 2.18　风窗刮水器、洗涤器接线柱标记与含义

电器	接线端子标记 基本标记	接线端子标记 下标	接线端子标记的含义	曾用过的标记	接线图上应用示例
风窗刮水器、洗涤器	53		刮水电动机上的主输入接线端子;刮水器开关上的相应接线端子; 间歇继电器,绕组始端接线端子洗涤器上,电源接线端子		图 2.24
		53e	洗涤器和刮水器开关互相连接的接线端子		
风窗刮水器、洗涤器		53e	带有复位机构刮水器的复位接线端子;刮水器开关上相应接线端子		图 2.24
		53i	刮水器开关上和间歇继电器上绕组互相连接的接线端子		
		53j	刮水器开关上和间歇继电器上触电互相连接的接线端子		
		53m	刮水器和间歇继电器互相连接的接线端子		
		53s	间歇控制板上的电源接线端子;刮水器开关上的相应接线端子		
		53H	双速控制板上的高速接线端子;刮水器开关上的相应接线端子		
		53L	双速控制板上的低速接线端子;刮水器开关上的相应接线端子		

风窗刮水器、洗涤器电路如图 2.24 所示。

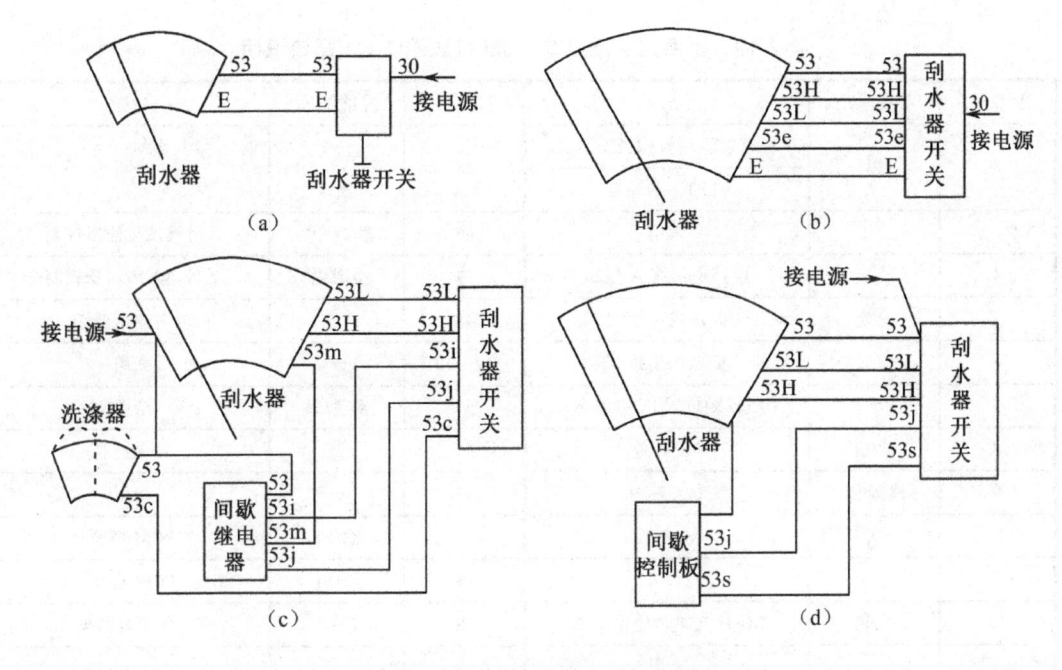

图 2.24 风窗刮水器、洗涤器电路

2.3.3 电控单元接线端子

不同汽车的电控单元接线端子的数量和布置方式不一样,功能也有所区别,但其电路表达方式和分析方法具有规律性。下面就以上海别克乘用车和广州本田雅阁乘用车为例对其电控单元的接线端子进行分析。

1. 上海别克乘用车电控单元接线端子

上海别克乘用车 PCM 接线端子如图 2.25 所示,其中 C1 端口说明如表 2.19 所示,C2 端口说明如表 2.20 所示。

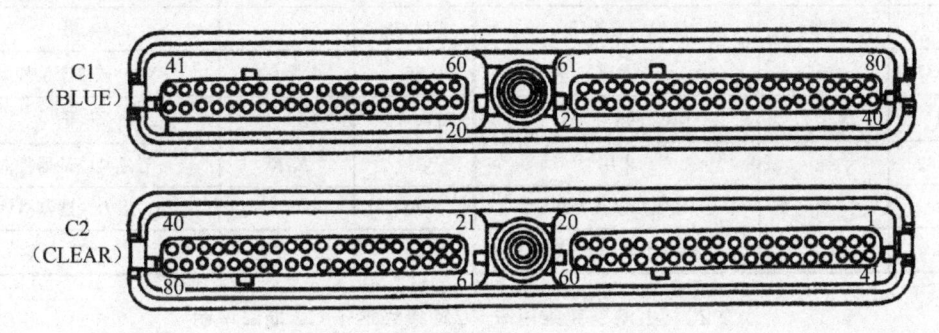

图 2.25 上海别克乘用车 PCM 接线端子

表 2.19 上海别克乘用车 PCM 接线端子 C1 端口说明

接头号	导线颜色	功能	接头号	导线颜色	功能
1	黑	变速器驱动机构机油温度（TFT）传感器	45	—	未用
2、3	—	未用	46	粉红/黑	3 号燃油喷油器控制
4	浅绿	换挡电磁阀 A 控制	47	浅绿/黑	2 号燃油喷油器控制
5	深蓝	高速风扇控制	48	红/黑	参考电压低端
6	深绿	低速风扇控制	49~52	—	未用
7	黑	凸轮轴位置 PCM 输入	53	褐色/黑	旁路
8	紫/白	3X 参考	54	白	点火控制
9	浅蓝/黑	24X 参考	55	—	未用
10	灰	MAP 高	56	黑/白	PCM 搭铁
11、12	—	未用	57	黑/白	PCM 搭铁
13	橙/黑	MAP/ECT 传感器搭铁	58	深绿	2 级串行数据
14、15	—	未用	59	—	未用
16	黑/白	PCM 搭铁	60	黑/白	PCM 搭铁
17	黑	IAT 传感器搭铁	61	黑	节气门位置 TP 搭铁
18	—	未用	62、63	—	未用
19	紫色	点火正极电压	64	黄	VSS 高端
20	橙	蓄电池正极电压	65	紫	VSS 低端
21~27	—	未用	66、67	—	未用
28	—	未用	68	黄	变速器驱动挡位开关 B
29	褐色	HO₂S 传感器一信号低	69	黄	MAP 传感器信号
30	紫色	TCC 制动器开关输入	70、71	—	未用
31	黑	EGR 曲轴位置传感器搭铁	72	—	未用
32	灰	EGR 阀控制	73	黑/白	5 号燃油喷油器控制
33	深蓝	爆燃传感器信号	74、75	—	未用
34~37	—	未用	76	深绿/白	EVAP 碳罐吹洗控制
38	浅绿/白	LAC 阀 B 高端	77、78	—	未用
39~42	—	未用	79	黄/黑	6 号燃油喷油器控制
43	黑	1 号燃油喷油器控制	80	黑	AC 压力传感器搭铁
44	黄/黑	换挡电磁阀 B 控制			

表 2.20 上海别克乘用车 PCM 接线端子 C2 端口说明

接头号	导线颜色	功能	接头号	导线颜色	功能
1	—	未用	3	深绿/白	燃油泵继电器控制
2	—	未用	4	白	EGR 点火正极电压

续表

接头号	导线颜色	功能	接头号	导线颜色	功能
5	棕色/白	MIL 控制	43	—	未用
6	—	未用	44	浅蓝/黑	IAC 阀 A 低
7	浅蓝/白	IAC 阀 A 高	45～48	—	未用
8、9	—	未用	49	浅蓝/黑	IAC 阀 B 低
10	紫	HO$_2$S 传感器 1 信号高	50	褐色	进气温度(IAT)传感器
11	—	未用	51～54	—	未用
12～15	—	未用	55	—	未用
16	白	变速器驱动机构挡位开关 P	56	灰	变速器驱动机构挡位开关 C
17	—	未用	57	—	未用
18	黑/白	变速器驱动机构挡位开关 A	58	棕色	发动机油液面开关输入
19	黑/褐色	发动机油压开关输入	59	—	未用
20、21	—	未用	60	—	未用
22	深绿/白	A/C 请求	61	红色	发电机 L 端子控制
23	紫	点火正极电压（仅限热起动）	62～65	—	未用
24	粉红	点火正极电压（热运行/灯泡测试/起动）	66	深蓝	节气门（TP）位置传感器信号
25	浅绿	MAP 传感器信号	67	—	未用
26	黄	ECT 传感器信号	68	黄/黑	变速器驱动机构机油温度（TFT）传感器
27	红色/黑	A/C 制冷剂压力传感器信号	69	紫	燃油液面传感器输入
28	棕色	EGR 曲轴位置信号信号	70	浅绿	CKP 蓄电池正极电压
29	灰	发电机 F 端子监视器	71	—	未用
30	灰	5V（参考 A）	72	红色/白	CMP 传感器蓄电池正极电压
31、32	—	未用	73	橙	CMP 传感器搭铁
33	灰	5V（参考 A）	74	黄/黑	CKP 传感器搭铁
34	灰	5V（参考 B）	75	—	未用
35	黑	传感器搭铁	76	黄/黑	起动机起动控制
36～38	—	未用	77	—	未用
39	深绿/白	A/C 压缩机离合器继电器控制	78	棕色	TCC PWM 电磁阀控制
40、41	—	未用	79	褐色/黑	TCC 电磁阀控制
42	浅蓝/黑	4 号燃油喷油器控制	80	—	未用

2. 广州本田雅阁乘用车电控单元接线端子

广州本田雅阁乘用车 ECM/PCM 接线端子如图 2.26 所示，各端子内容说明如表 2.21 所示。

ECM/PCM插头A（32芯）

	2 MCS			5 CRS	6 PCS			9 VSS OUT	10 SCS	
12 IMO LMP	13 IMO EN	14 D4 IND	15 FLR	16 FLR	17 ACC	18 MIL	19 NEP	21 K-INE	22 IMA	24 STS
25 IMO CD	26 PSP SW	27 ACS								32 BKSW

插座导线侧

ECM/PCM插头B（25芯）

1 IGP1	2 PG1		3 INJ2	4 INJ3	5 INJ4		7 E-EGR	8 LSA-
9 IGP2	10 PG2	11 INJ1	12 VTS	13 ICM	14 OP 25W		17 LSA+	18 LSB-
	20 LG1		21 VBU	22 LG2		23 IACV	24 OP 3SW	25L SB+

插座导线侧

图2.26 广州本田雅阁乘用车 ECM/PCM 接线端子

ECM/PCM插头C（31芯）

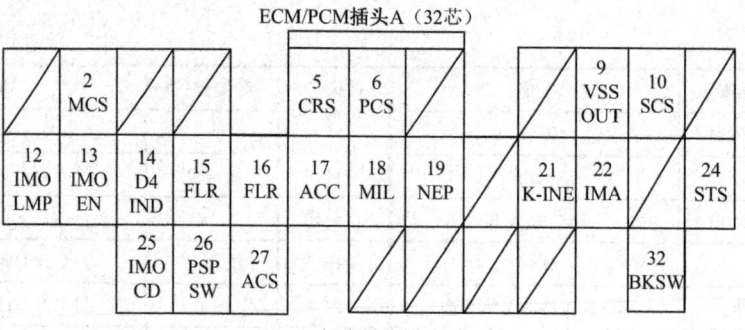

1 PO2S HTC		3 KS		5 ALEF	6 EGRL	7 SCI	8 CKPP	9 CKPM
				16 PHO 2S	17 MAP	18 SC2	19 VCC1	20 TDCP	21 TDCM
23 VSS		25 IAT		26 ECT	27 TPS	28 VCC2	29 CYPP	30 CYPM

插座导线侧

ECM/PCM插头D（16芯）

1 LC	2 SHB	3 SHC		5 VBSOL
6 ATPR	7 SHA	8 ATPD3	9 ATPD4	10 NC	11 NM	12 NMSG
13 ATPNP	14 ATP2	15 ATP1	16 NCSG		

插座导线侧

图2.26 广州本田雅阁乘用车 ECM/PCM 接线端子（续）

表 2.21 广州本田雅阁乘用车发动机控制模块（ECM/PCM）端子内容说明

端子号	导线颜色	端子名称	说明	信号
	ECM/PCM 插头 A（32芯）				
2[1]	绿/白	MCS（发动机支架控制电磁阀）	起动发动机支架控制电磁阀	急速时，0V
5[2]	蓝/绿	CRS（定速巡航控制信号）	检测定速巡航控制巡航	接通点火开关 ON（Ⅱ），脉动
6[3]	红	PCS（EVAP）净化控制电磁阀	起动 EVAP 净化控制电磁阀	发动机运转，发动机冷却液温度低于 75℃，蓄电池电压（12V）；发动机运转，发动机冷却液温度高于 75℃，0V
9[1]	蓝/白	VSSOUT（车速传感器输出信号）	发送传感器信号	取决于车速，脉动
10	棕	SCS（维修检查信号）	检测维修检查插头（该信号触发显示 DTC）	接上端子，0V；顿开端子，蓄电池电压
12[4]	粉	IMOLMP（防起动装置指示灯）	控制防起动装置指示灯	防起动装置指示灯亮：0V；防起动装置指示灯灭：蓄电池电压
13[4]	蓝	IMOEN（防起动装置指示灯）	发送防起动装置起动信号	
14[1]	绿/黑	D4IND（D4 指示灯）	控制 D4 指示灯	D4 指示灯亮：0V；D4 指示灯灭：蓄电池电压
15[4]	红	FLR（燃油泵继电器）	控制燃油泵继电器	接通点火开关 ON（Ⅱ）后2s 为 0V，然后为蓄电池电压
16[5]	绿/黄	FLR（燃油泵继电器）	起动燃油泵继电器	接通点火开关 ON（Ⅱ）后2s 为 0V，然后为蓄电池电压
17	红	ACC（空调离合器继电器）	起动空调离合器继电器	压缩机接通：0V；压缩机关闭：蓄电池电压
18	绿/橙	MIL（故障指示灯）	控制 MIL	MIL 亮：0V；MIL 灭：蓄电池 电压
19	蓝	NEP（发动机脉冲）	输出发动机转速脉冲	发动机转速：脉动
21	浅蓝	K-线路	发送和接收扫描工具信号	接通点火开关 ON（Ⅱ）：脉冲
22[6]	红	IMA（急速混合调节器）	检测 IMA 信号	接通点火开关 ON（Ⅱ）：0.5~4.5V（取决于急速混合气的情况）
24	蓝/橙	STS（起动机开关信号）	检测起动机开关信号	接通起动机开关 ON（Ⅱ）：蓄电池电压；关闭起动机开关，0V
25	红	IMOCD（防起动装置代码）	检测防起动装置信号	
26	绿	PSPSW(P/S 压力开关信号)	检测 PSP 开关信号	在急速情况下将转向盘置于正前方位置：0V；在急速情况下将转向盘置于止动点位置：蓄电池电压
27	蓝/红	ACS(空调开关信号)	检测空调开关信号	空调开关接通：0V；空调开关关闭：约为 5V
32	白/黑	BKSW（制动开关）	检测制动开关信号	松开制动踏板：0V；踏下制动踏板：蓄电池电压
	ECM/PCM 插头 B（25芯）				
端子号	导线颜色	端子名称	说明	信号
1	黄/黑	IGPI（电源）	ECM/PCM 控制电路的电源	接通点火开关 ON（Ⅱ）：蓄电池电压；关闭点火开关：0V

续表

端子号	导线颜色	端子名称	说明	信号
	ECM/PCM 插头 B（25 芯）
2	黑	PGI（电源地线）	ECM/PCM 控制电路的地线	任何时间都低于 1.0V
3	红	INJ2（2号燃油喷射器）	起动 2 号燃油喷射器	发动机运转：脉冲
4	蓝	INJ3（3号燃油喷射器）	起动 3 号燃油喷射器	发动机运转：脉冲
5	黄	INJ4（4号燃油喷射器）	起动 4 号燃油喷射器	发动机运转：脉冲
7⑦	粉	E-EGR	起动 EGR 阀	在车辆行驶期间发动机充分升温EGR 工作，进入受控状态的EGR，不工作：0V
8①	白	LSA-（A/T 离合器压力控制电磁阀 A-侧）	A/T 离合器压力控制电磁阀 A 电源负极	接通点火开关 ON（II）：脉冲
9	黄/黑	IGP2（电源）	ECM/PCM 控制电路的电源	接通点火开关 ON（II）：蓄电池电压；关闭点火开关：0V
10	黑	PG2（电源地线）	ECM/PCM 控制电路的地线	任何时间都低
11	棕	INJ1（1号燃油喷射器）	起动 1 号燃油喷射器	发动机运转：脉冲
12	绿/黄	VIS（VTEC 电磁阀）	起动 VTEC 电磁阀	发动机处于低转速：0V；发动机处于高转速：蓄电池电压
13	黄/绿	ICM（点火控制模块）	发送点火脉冲	接通点火开关 ON（II）：蓄电池电压；发动机运转：约为 1.0V（取决于发动机转速）
14①	蓝/黑	OP2SW（第二机油压力开关）	检测第二机油压力开关	接通点火开关 ON（II）：蓄电池电压
17①	红	LSA+（A/T 离合器压力控制电磁阀 A+侧）	A/T 离合器压力控制电磁阀 A 电源正极	接通点火开关 ON（II）：脉冲
18①	绿	LSB-（A/T 离合器压力控制电磁阀 A-侧）	A/T 离合器压力控制电磁阀 A 电源负极	接通点火开关 ON（II）：脉冲
20	棕/黑	LG1（逻辑地线）	ECM/PCM 控制电路的地线	任何时间都低于 1.0V
21	白/黄	VBU（备用地线）	ECM/PCM 控制电路的电源DTC 存储器的电源	任何时间都为蓄电池电压
22	棕/黑	LG2（逻辑地线）	ECM/PCM 控制电路的地线	任何时间都低于 1.0V
23	黑/蓝	LACV（怠速空气控制阀）	起动 IAC 阀	发动机运转：脉冲
24①	蓝/白	OP3SW（第三机油压力开关）	检测第三机油压力开关	接通点火开关 ON（II）：蓄电池电压
25①	橙	LSB+（A/T 离合器压力控制电磁阀 B+侧）	A/T 离合器压力控制电磁阀 B 电源正极	接通点火开关 ON（II）：蓄电池电压
	ECM/PCM 插头 C（31 芯）
端子号	导线颜色	端子名称	说明	信号
1①	黑/白	PHO₂SHTC（前置加热型氧传感器加热器控制）	起动前置加热型氧传感器加热器	接通点火开关 ON（II）：蓄电池电压；充分升温后的发动机运转：0V
3⑧	红/蓝	KS（爆燃传感器）	检测 KS 信号	发动机爆燃时：脉冲
5⑦	白/红	ALTF（交流发电机 FR 信号）	检测交流发电机 FR 信号	充分升温后的发动机运转：0V-蓄电池电压（取决于电气负载）
6	白/黑	EGRL（EGR 阀升程传感器）	检测 ECR 阀升程传感器信号	怠速下：约为 1.2V

续表

端子号	导线颜色	端子名称	说明	信号
	ECM/PCM 插头 C（31 芯）				
7	绿/白	SG1（传感器地线）	MAP 传感器地线	任何时间都低于 1.0V
8	蓝	CKPP（CKP 传感器 P 侧）	检测 CKP 传感器	发动机运转：脉冲
9	白	CKPP（CKP 传感器 M 侧）	检测前置加热型氧传感器（传感器 1）信号	
16[②]	白	PHO$_2$S（前置加热型氧传感器，传感器 1）	检测 MAP 传感器信号	怠速下发动机充分升温至节气门完全打开：高于 0.6V；节气门迅速关闭：低于 0.4V
17	红/绿	MAP（进气歧管绝对压力传感器）		接通点火开关 ON（Ⅱ）：约为 3V；怠速下：约为 1.0V（取决于发动机转速）
18	绿/黑	SG2（传感器地线）	传感器地线	任何时间都低于 1.0V
19	黄/红	VCC1（传感器电压）	MAP 传感器电源	接通点火开关 ON(Ⅱ)：约为 5V；关闭点火开关：0V
20	绿	TDCP(TDC 传感器 P 侧)	检测 TDC 传感器	发动机运转：脉冲
21	红	TDCP(TDC 传感器 M 侧)	TDC 传感器地线	
23[②]	蓝/白	VSS（车速传感器）	检测 VSS 信号	接通点火开关 ON（Ⅱ）并转动前轮周期为 0~5V
25	红/黄	LAT（进气温度传感器）	检测 IAT 传感器信号	接通点火开关 ON(Ⅱ)：0.1~4.8V（取决于进气温度）
26	红/白	ECT（发动机冷却液温度传感器）	检测 ECT 传感器信号	接通点火开关 ON(Ⅱ)：0.1~4.8V（取决于发动机冷却液温度）
27	红/黑	TPS（节气门位置传感器）	检测 TP 传感器信号	节气门完全打开约为：4.8V；节气门完全关闭约为：0.5V
28	黄/蓝	VCC2（传感器电压）	提供传感器电压	接通点火开关 ON(Ⅱ)：约为 5V；关闭点火开关：0V
29	黄	CYPP（CYP 传感器 P 侧）	检测 CYP 传感器	发动机运转：脉冲
30	黑	CYPP（CYP 传感器 M 侧）	CYP 传感器地线	
	ECM/PCM 插头 D（16 芯）				
端子号	导线颜色	端子名称	说明	信号
1[①]	黄	LC（锁定控制电磁阀）	起动锁定控制电磁阀	接通锁定开关：蓄电池电压；关闭锁定开关：0V
2[①]	绿/白	SHB（换挡控制电磁阀 B）	起动换挡控制电磁阀 B	发动机在 1、2 挡运转时：蓄电池电压；发动机在 3、4 挡运转时：约为 0V
3[①]	绿	SHC（换挡控制电磁阀）	起动换挡控制电磁阀 C	发动机在 1、3 挡运转时：蓄电池电压；发动机在 2、4 挡运转时：约为 0V
5[①]	黑/黄	VBSOL（电磁阀的蓄电池电压）	电磁阀的电源	接通点火开关 ON（Ⅱ）：蓄电池电压；关闭点火开关为 0V
6[①]	白	ATPR（A/T 挡位位置开关）	检测 A/T 挡位位置开关信号	在 R 挡位置：0V 在其他位置：蓄电池电压

续表

端子号	导线颜色	端子名称	说明	信号
ECM/PCM 插头 D（16 芯）				
7①	蓝/黄	SHA（换挡控制电磁阀 A）	起动换挡控制电磁阀 A	发动机在 2、3 挡运转时：蓄电池电压；发动机在 1、4 挡运转时：约为 0V
8①	粉	ATPD3(A/T 挡位位置开关)	检测 A/T 挡位位置开关信号	在 D3 位置：0V；在其他位置：蓄电池电压
9①	黄	ATPD4(A/T 挡位位置开关)	检测 A/T 挡位位置开关信号	在 D4 位置：0V；在其他位置：蓄电池电压
10①	蓝	NC（中间轴转速传感器）	检测中间轴转速传感器信号	接通点火开关 ON（Ⅱ）并转动前轮时：蓄电池电压；关闭点火开关为 0V
11①	红	NM（主轴转速传感器）	检测主轴转速传感器信号	发动机运转：脉冲
12①	白	NMSG（主轴转速传感器地线）	主轴转速传感器地线	
13①	蓝/白	ATPNP（A/T 挡位位置开关）	检测 A/T 挡位位置开关信号	在驻车或空挡位置：0V；在其他位置：蓄电池电压
14①	蓝	ATP2（A/T 挡位位置开关）	检测 A/T 挡位位置开关信号	在 2 挡位置：0V；在其他位置：蓄电池电压
15②	棕	ATP1（A/T 挡位位置开关）	检测 A/T 挡位位置开关信号	在 2 挡位置：0V；在其他位置：蓄电池电压
16③	绿	NCSG（中间轴转速传感器地线）	中间轴转速传感器地线	

注：标准蓄电池电压为 12V。
①：A/T（自动变速器）。
②：F23A1，F23A2，F23A3，F23A5，F23A6，(A/T)型发动机。
③：装备有 TWC 车型。
④：KQ，NA，KX，KM，KS，KB 车型。
⑤：KQ，NA，KX，KM，KS，KB 车型除外。
⑥：未装备 TWC 车型。
⑦：KU，TH，KB，FO，车型和 F20B5(KH 车型）车型发动机。
⑧：F23A1，F23A2，F23A3，F20B5 型发动机。
⑨：M/T（机械变速器）。

习题 2

一、填空

1. 汽车电路图分为布线图、_____、_____三种。

2．汽车原理图分为＿＿＿＿＿＿、＿＿＿＿＿＿。

3．汽车电路图是利用＿＿＿＿＿＿和＿＿＿＿＿＿，要看懂电路图，必须了解图形符号和文字符号的＿＿＿＿＿＿、＿＿＿＿＿＿和＿＿＿＿＿＿。

4．文字符号分为＿＿＿＿＿＿符号和＿＿＿＿＿＿符号两大类，基本文字符号又分为＿＿＿＿＿＿符号和＿＿＿＿＿＿符号。

5．＿＿＿＿＿＿也可放在表示种类的单字母符号后边组成双字母符号。

二、判断题

（　）1．原理框图中的框可以是实线框，也可以是点画线框。

（　）2．电路原理图的缺点是图形符号不规范，各行其道，不利于交流。

（　）3．目前，汽车电路图有线路图、原理图和线束图三种表达方式。

（　）4．布线图就是汽车电线在车上、线束中的分布图。

（　）5．线束安装图是根据电气设备在汽车上的实际安装部位绘制出的全车电路图。

（　）6．图形符号是一种只能用图形来表示的符号。

（　）7．文字符号一般不超过三个字母，并采用拉丁字母的正体、大写。

（　）8．双字母文字符号常用于表达比较详细、具体的电气设备、装置和元器件的名称。

（　）9．图形符号中的文字、物理量符号等不属于图形符号的组成部分。

（　）10．目前世界各汽车厂家在电路图的绘制上风格都是相同的。

（　）11．整车电路原理图常用于汽车厂总装线和检修厂的连接、检修与配线。

三、选择题

1．电路原理图的特点之一是电流走向清晰，比如负极搭铁电位最低，用图中（　）一条导线表示。

A．最上面　　　　　　B．最下面　　　　　　C．中间

2．（　）符号应优先选用

A．单字母　　　　　　B．辅助文字　　　　　C．广义

3．基本文字符号是用来表示电气设备、装置、元器件的基本名称和（　）的一种文字符号。

A．组成　　　　　　　B．用途　　　　　　　C．特性

4．使用文字符号时应优先选用（　）字母文字符号。

A．单　　　　　　　　B．双　　　　　　　　C．三

5．（　）不能单独使用，不能表示独立的电气元件，只表明某些特征。

A．一般符号　　　　　B．限定符号　　　　　C．方框符号

四、识图题

识读以下图形符号并选择其对应的名称

1．按钮开关　　　　　　　　（　）

2．整体式交流发电机　　（　）

3. 断路器　　　　　（　）

4. 转速表　　　　　（　）

5. 电磁阀　　　　　（　）

6. 压力开关　　　　（　）

7. 点火线圈　　　　（　）

8. 点烟器　　　　　（　）

9. 起动机　　　　　（　）

10. 刮水电动机　　　（　）

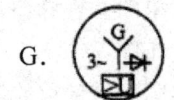

A.　　　B. 　　　C. 　　　D. 　　　E.

F. 　　　G. 　　　H. 　　　I. 　　　J.

五、简答题

1. 简述汽车布线图的特点。

2. 简述整车电路原理图的优点。

3. 简述图形符号的使用原则。

4. 简述文字符号的使用规则。

第3章 汽车电路图的识图方法

本章内容概要

- 汽车电路图的识读要领
- 布线图、线束图、原理图的识图方法
- 大众系列汽车电路图识读

本章学习目标

- 了解汽车电路图的识读要领
- 掌握布线图的识图方法
- 掌握线束图的识图方法
- 掌握原理图的识图方法
- 熟悉大众系列汽车电路图

3.1 汽车电路图的识读要点

1. 注意搭铁极性

识读汽车电路图时，首先要注意搭铁极性。汽车电路一般绝大多数为负极搭铁（接地），即电源负极是与整车的金属壳体连接，各用电设备之间是相互并联的，工作电流从电源的正极→熔断器（保险）→开关→用电设备→搭铁→电源负极，形成闭合回路。

2. 化整为零

要善于化整为零，即把整车电路划分成各个局部电路，再弄清开关、熔丝和各用电设备的作用。

对于采用微电脑（ECU）控制的汽车，应先了解 ECU 各引脚的主要功能、各传感器件的作用，还要知道电子控制系统与有关机械部件之间的相互联系。

3. 善于应用各种图表

汽车说明书和电路图所附的图表往往给出了一些汽车的基本情况。接地图表示电路如何接到汽车底盘或车架上，接地一般以"G"表示。连接器图可表示每个连接器的位置和它的连接终端、引脚，连接器一般以"C"表示。有时会在图上或表中给出每个连接器上电参数（电压、电流或电阻）的标准值，以便在诊断故障时，进行比较和判断。

4. 注意线与线的关系

在阅读线路图时，应特别注意线与线之间的关系，是交叉而过的，还是交接的。两线或数线的交接一般用点"·"表示。应注意的是，电线进入连接器后，会有另外的符号。电线的交接如图 3.1 所示。

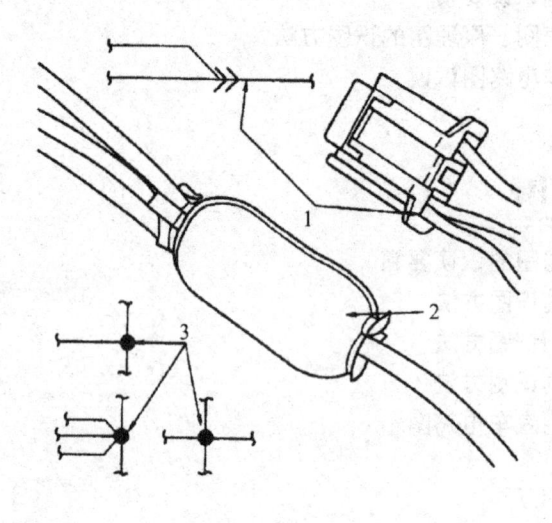

图 3.1 电线交接

1-连接器交接；2-实物；3-符号

5. 注意对应图中的栅格号

为了读图时能较快地找到所需细看的部分，有些线路图如同地图用栅格划分许多区域一样，在图的边上标有栅格号。在下横边从左到右分有 1、2、3…区，在左竖边从上到下分有 A、B、C…区。如某部件的线路位于 1A 区，即表示位于图的左上角；3C 区，即表示位于 3 区与 C 区的交叉处，以此类推。

6. 充分利用《使用说明书》及《维修手册》

《使用说明书》和《维修手册》是各汽车制造厂家随车配发的，其所用的术语、省略词符号及测试维修方法不尽相同。开始着手维修某车型时，必须设法找到该车的《维修手册》

并认真阅读。一般汽车的《使用说明书》和《维修手册》是随车附带的，一车一册，在书店是买不到的。

7. 注意各部件总成的结构及位置说明

在阅读电路图和使用说明书时，应注意各部件总成的结构及位置说明，这些说明包括图表、文字说明。有时说明中还引申出一些注释，注释部分往往提供更多、更具体的说明，以便于维修。这些注释可能在说明书的另页上，阅读时应加以注意。对电气电子部件进行维修时，应特别注意其位置图。图 3.2 标出了本田轿车的继电器、放大器、电子控制装置的位置及结构形状，仅供参考。

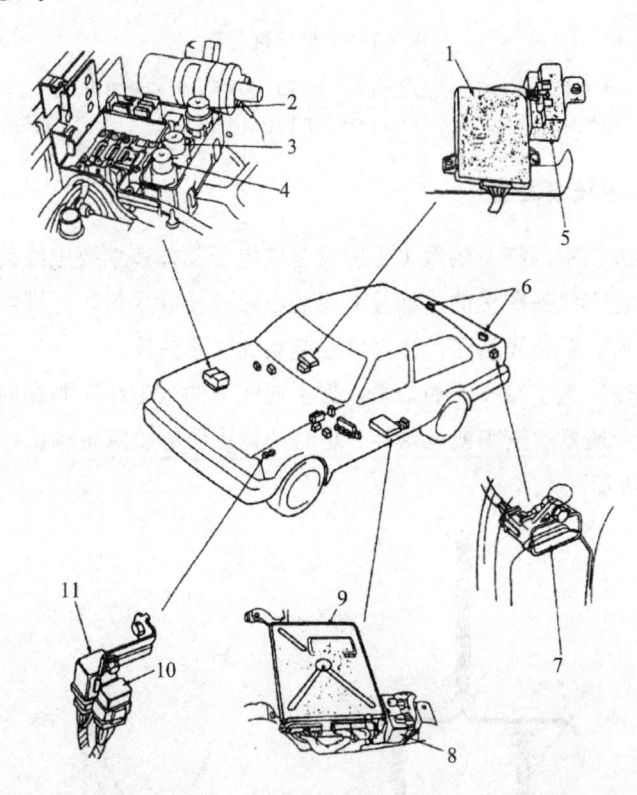

图 3.2 本田轿车的继电器、放大器、电子控制器装置的位置及结构形状

1-废气电磁阀控制器；2-冷却风扇继电器；3-电动门窗继电器；4-活动车顶继电器；5-电动车门锁控制装置；6-制动灯失效传感器；7-大气压力传感器；8-电动门窗控制器；9-燃油喷射控制装置（位于驾驶员座位下面）；10-空调二极管；11-空调压缩机离合器继电器（位于左前内板）

8. 了解线束路径图和相关的车身部位名称

线束路径图表示主要电线在汽车上的布置方式。线束大部分是固定在车身上的，因此往往要以车身部位名称来描述线束的位置、走向，并以此命名线束。因此首先要了解车身部位名称。图 3.3 所示是比较典型的车身部位名称。

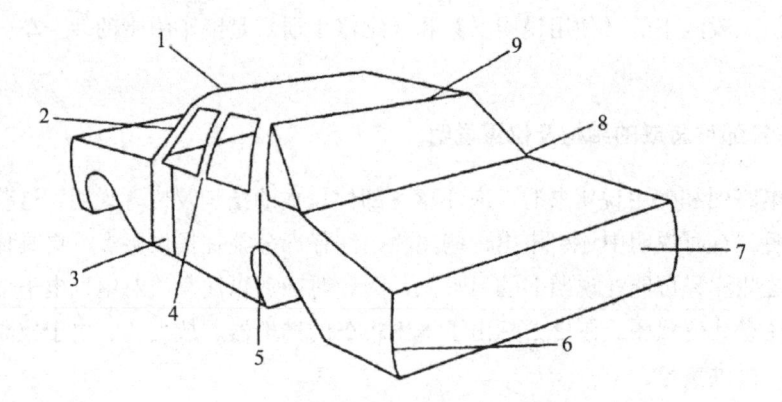

图 3.3 车身部位名称

1.挡风玻璃顶头；2.左侧A立柱；3.外罩区；4.左侧B立柱；
5.左侧C立柱；6.左侧1/4面板；7.围板；8.汽车右侧；9.后窗顶头

9．主线路图和系统线路图

主线路图比较大，它包括一辆汽车上所有电气电子部件和主要电线的符号。

系统线路图是在主线路图上的一部分专门的电路。一般来说，《维修手册》上包括点火系统线路图、燃料喷射系统线路图、计算机控制系统线路图等。

有的《维修手册》为了减少图的数量，把不同配置的汽车线路画在同一张图上，如装有手动变速器和自动变速器的汽车就是这样。也有的把预留的线路也画上，如预留给挂车的制动线路，如图3.4所示。

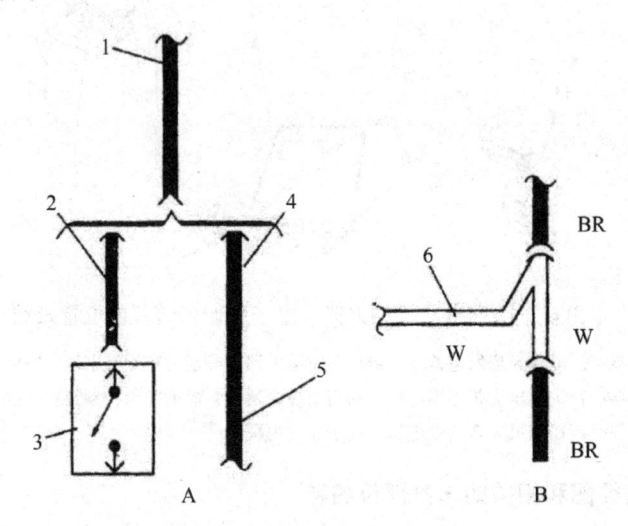

图 3.4 选择性电路与预留电路

1.输入线；2.自动变速器电线；3.开关；4.手动变速器电线；5.此电路无开关；
6.仅供挂车使用；A.选择性电路路径；B.预留电路路径；BR.汽车用；W.挂车用

3.2 汽车电路图的识图方法

3.2.1 汽车电路原理图的识图方法

汽车电路原理图只表明组成汽车电路的各个电气设备的工作原理，如电流走向、流过电器装置的顺序等，图上的导线只表明各电气设备及其间的相互关系，而不代表实际安装位置。

汽车电路原理图中电气装置的布置顺序从左到右，从上到下：供电电源（特别是蓄电池）在左，用电器在右，各局部电路尽量画在一起；"火线"在上，搭铁线在下；并且在图的上方，有一个说明条框，说明每一部分电路的功能。在局部电路的原理图中，信号输入端（或控制端）在左，信号输出端（或驱动端）在右；"火线"在上，搭铁线在下。

识读汽车电路原理图的一般步骤如下。

1. 认真读几遍图注

图注是说明汽车所有电气设备的名称及其数码代号，通过读图注可初步了解该汽车都装配了哪些电气设备；然后通过电气设备的数码代号在电路图中找出该电气设备，再进一步找出相互连线、控制关系。这样就可以了解汽车电路的特点和构成。

2. 牢记电气图形符号

汽车电路图是利用电气图形符号来表示其构成和工作原理的，因此必须了解电气图形符号的含义，才能看懂电路图。

3. 熟记电气部件接线端子的标记符号

为了便于绘制和识读汽车电气电路图，有些电气装置或其接线柱等上面都赋予不同的标志代号。例如，接至电源端的接线端子用"B"或"+"表示；接至点火开关的接线端子用"SW"表示；接至起动机的接线端子用"S"表示；接至各种灯具的接线端子用"L"表示；发电机中性点接线端子用"N"表示；发电机磁场接线端子用"F"表示，励磁电压输出端的接线端子用"D+"表示；发电机电枢输出端的接线端子用"B+"表示；等等。

另外，任何电路工作都需要电源（蓄电池或发电机），若分析每部分电路都将电源电路画出，显得很繁琐，也没有必要。但又要表示出该电路工作时电源来自何方，为此将各用电设备的供电电源用符号表示。

4. 要牢记回路原则

任何一个完整的电路都是由电源、开关、用电设备、导线等组成的。电流流向必须从电源正极出发，经过熔断器、开关、导线等到达用电设备，再经过导线（或搭铁）回到电源负极，才能构成回路。这样的电路才是正确的，否则就是读错了或查错了。具体方法是，可以沿着工作电流的流向，由电源查明用电设备；也可逆着工作电流的方向，由用电设备查向电源。尤其是查寻一些不太熟悉的电路，后者比前者更方便。

在上述查找过程中，要特别注意以下两点：

（1）从电源正极出发，经某用电器（或再经其他用电器），最后又回到同一电源的正极，由于电源的电位差（电压）仅存在于电源的正负极之间，电源的同一电极是等电位的，没有电压。这种"从正到正"的途径是不会产生电流的。

（2）在汽车电路中，发电机和蓄电池都是电源，在寻找回路时，不能混为一谈，不能从一个电源的正极出发，经过若干用电设备后，回到另一个电源的负极，这种做法，不会构成一个真正的通路，也不会产生电流。所以必须强调，回路是指从一个电源的正极出发，经过用电器，回到同一电源的负极。

5．牢记搭铁极性

我国和世界各国都规定了汽车电器电路为负极搭铁。过去曾经有采用正极搭铁的汽车，但这类车型已很旧，现在已经很少见到。

6．注意开关在电路中的作用

对多层多挡多接线柱的开关要按层、按挡位、按接线柱逐级分析其各层各挡的功能。有的用电装置受两个以上单挡开关（或继电器）的控制，有的受两个以上多挡开关的控制，其工作状态可能比较复杂，如间歇刮水器电路。当开关接线柱较多时，首先抓住从电源来的一两个接线柱，再逐个分析与其他各接线柱相连的用电装置处于何种挡位，从而找出控制关系。

组合开关在线路图中是画在一起的，而在电路原理图中又按其功能画在各自的局部电路中，遇到这种情况时必须仔细研究识读。

7．注意开关、继电器的初始状态

在电路图中，各种开关、继电器都是按初始位置画出的，如按钮未按下，开关未接通，继电器线圈未通电，其触电未闭合（常开触电）或未打开（常闭触电），这种状态称为原始状态。但看图时，不能完全按原始状态分析，否则很难理解电路所表达的工作原理，因为大多数用电设备都是通过开关、按钮、继电器触点的变化而改变回路的，进而实现不同的电路功能。所以，必须进行工作状态的分析。例如，刮水器就是通过刮水开关挡位的变化来实现间歇、低速、高速刮水功能的，分析电路时，必须把三种工作状态的电路走通。

8．注意电器装置在电路图中的布置

在电气系统中，大量电器装置的驱动部分和被驱动部分是采用机械连接的，如各种继电器，还有多层多挡组合开关。这些电器装置在电路图上表示时，应做到使画面既简单又便于识图，可采用集中表示法或分开表示法。

随着汽车电路日趋复杂，一个电器装置有较多的组成部分（如组合开关），若集中画在一起，则易引起线条往返、交叉过多，造成识图困难。再如继电器的线圈、触点，有时绘制在一起，也易引起线条往返和交叉过多，造成识图困难。这时易采取分开表示法，即把继电器的线圈、触点分别画在不同的电路中，用同一文字符号或数字符号将分开部分联系起来。

9. 注意各局部电路之间的内在联系和相互关系

汽车全车电路基本上由电源电路、充电电路、点火电路、起动电路、照明电路、辅助电器设备等单元电路组成。从整车电路来讲，各局部电路除电源电路外，其他单元电路都是相对独立的，但它们之间也存在着内在联系和相互影响。如起动发动机时，由于起动机瞬间电流很大，导致蓄电池内阻压降增大，其输出电压降低，因而影响其他电路的正常工作。再如发电机输出电压过高，又会造成灯泡烧坏等。因此，识图时，不但要熟悉各局部电路的组成、特点、工作过程和电流流经的路径、来龙去脉，而且还要了解各局部电路之间的联系和相互影响。这是掌握汽车电路的一个重要环节，也是实现准确判断和迅速找出故障部位，排除故障的必要条件。

10. 先易后难

有些汽车电路图的某些局部电路，或局部电路中的某些部分，可能比较复杂，一时难以看懂，可以暂时放下，待其他局部电路都看懂后，再来进一步识读这部分电路。

11. 要善于请教和查找资料

由于新的汽车电器设备不断地出现和应用在汽车上，汽车电路图的变化很大。对于看不懂的电路要善于请教有关人员，同时还要善于查找资料，直至看懂。

12. 浏览全图框画各个系统

要读懂汽车电路图，首先必须掌握组成电路的各个电器元件的基本功能和电器特性。在大概掌握全图基本原理的基础上，再把一个个单独的电气系统框出来（或画出来），这样就容易抓住每一部分的主要功能及特性。

在框画各个系统时，应注意既不能漏掉各个系统中的组件，也不能多框画其他系统的组件，一般规律是：各电气系统只有电源和总开关是公共的，其他任何一个系统都应是一个完整且独立的电器回路，即包括电源、开关（保险）、电器（或电子线路）、导线等，并从电源的正极经导线、开关、熔断器至电器后搭铁，最后回到电源负极，否则多框出的系统图就不正确。

3.2.2 汽车布线图的识图方法

如前所述，汽车电路布线图的画法上比较注重各电器在汽车上的实际位置，如图的左边一般代表汽车的前部，图的右边则代表汽车的尾部。同时，图中的电器设备大多以实物轮廓的示意形状来表示，给人以真实感。虽然识图比较困难，但只要掌握一定的方法，便能识图，并且能将线路图改画成电路图。布线图的识图可按浏览、展绘、整理三个阶段进行。

1. 浏览

拿到布线图后，先认真阅读图注，然后对照图注，了解整车有哪些电器，并找出各主要电气设备在布线图上的位置。主要电器设备包括组成电源电路、起动电路、点火电路等的电气设备。各电器设备在线路图上以阿拉伯代号标注，在图注中能找到该数字或代号所代表的电器设备名称。识图时，也可在图注中找到待查找的电器设备名称，并根据其数字或代号在线路图中找到该电器设备。

2. 展绘

浏览后虽然可以基本了解电器各系统的组成和原理，但由于整车电气系统支路数较多，浏览不一定能完全了解电路原理及连接特点。因此，需要手工把图中的每条线准确地展绘出来。为避免展绘出现差错，可用直尺或线条把每条电流通路找出，并把它详细地绘下来。为防止遗漏失误，展绘应找出一段记录一条，直到绘制完最后一条导线为止，展绘时每条支路一般按电源→火线→熔断器→继电器或开关等中间环节→用电器→搭铁→电源的顺序找线。目前汽车上的熔断器、插接器、继电器、报警指示灯数量较多，这些元件应仔细标注清楚，由于灯光总开关、刮水器开关、点火开关、仪表板的接线端子较多，且绘制导线密集，展绘时仔细观察，展绘不一定要求绘出简洁规范的原理图，展绘的目的仅仅是把布线图展开。

3. 整理

展绘是"化整为零，找出通路"的过程，展绘得到的图一般较散乱，分布无规则，为便于分析、保存，一般还要几次反复改绘，才能整理出简洁整齐的原理图。改绘的电路原理图布局应有统一的格式，元器件符号应尽可能采用标准符号，有些特殊元器件，图注中还需用文字简要说明，原理图上接线柱的标号、导线的标号、元器件的标号应尽可能与原图编号一致。

识读一定数量的汽车电路布线图后，会发现不同车型全车线路肯定有许多共性，比如，无论哪类汽车，同种元器件均根据用途安装在大致相同的位置上（发电机安装在发动机的前端，起动机安装在发动机的后端），及时归纳总结这些共性，找出差异，对今后快速读图很有作用。

3.2.3 汽车线束图的识读方法

1. 先读懂电气原理图

汽车电气原理图是汽车电气线束图的基础。先看懂电气原理图，可以比较容易地了解整车电路的工作原理及特点，有助于快速读懂电气线束图。利用线束图，则可以了解线束各部分所连接的电气设备。

2. 找出主要元器件的位置

在汽车线束图上,其主要元器件标注都比较明显,一般都不难找到。例如:电源系统的发电机、蓄电池;起动系统的起动机;灯光系统的大灯、灯光开关;点火系统的点火线圈、分电器;喇叭系统的电喇叭等。

找到所需要检查的单元电路的主要元器件后,再将其与汽车上的实物对上号,就可根据电器线路图上各导线的颜色和去向,找到所要找的导线或其他元器件。

3. 了解电路图提供的信息

在电路图中,每根导线上都标注有数字代号(或数字与字母组合代号),这些代号代表了该线的颜色、直径。在识读导线的颜色、线径代号时,会出现 33、33A、33B、33C、33E 这样的标注方法,它表示这是同一通路的电线。其中 33 是基本的主线,33A 是 33 线的一个分支,用字母 A 加以区别,33B 是 33 线的另一个分支,用字母 B 加以区别,以此类推。

4. 画出直观图

对照实际的电路线束,画出电路线束的直观分布图,根据电路原理图和线束图,在图中标出每个分支所连的电器、开关等的名称,再给出一个附表,在附表中列出每一分支中每根导线的颜色或符号标记、作用及去向。这样,在实际安装电路线束时,对照直观图就可以顺利地识别线束的各个接线端子。

现在汽车电器的通用性和专业化生产使同一国家的汽车整车电路形式大致相同,如掌握了解放牌汽车电路的特点,就基本了解日本汽车电路的特点;掌握了桑塔纳汽车电路的特点,就大致了解了西欧汽车电路的特点。因此,许多汽车只要略做比较,便可知其异同,从而可以举一反三。

3.3 大众系列汽车电路图识读

3.3.1 大众系列汽车电路图识读方法

大众汽车的电路图不同于接线图,也不同于电路原理图,下面介绍大众系列汽车电路图的识读方法。在读图前应先了解电路中各符号、线段、图形的含义。

1. 电路图中线段、接点的含义

电路图中各线段、节点的含义如图 3.5 所示。

图 3.5 中,"30"表示直接接蓄电池正极;"15"表示蓄电池的下游受开关控制的正极(来自点火/行驶开关);"X"表示点火开关控制卸载荷继电器的蓄电池正极端子;"31"表示连接蓄电池负极端子的回线或接地。

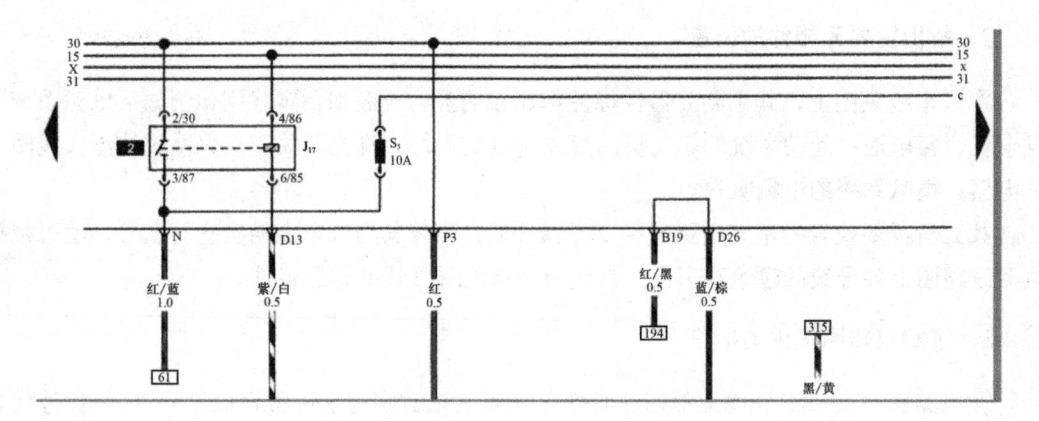

图 3.5　电路图中各线段、节点的含义

2. 电路图的结构

电路图的结构如图 3.6 所示。

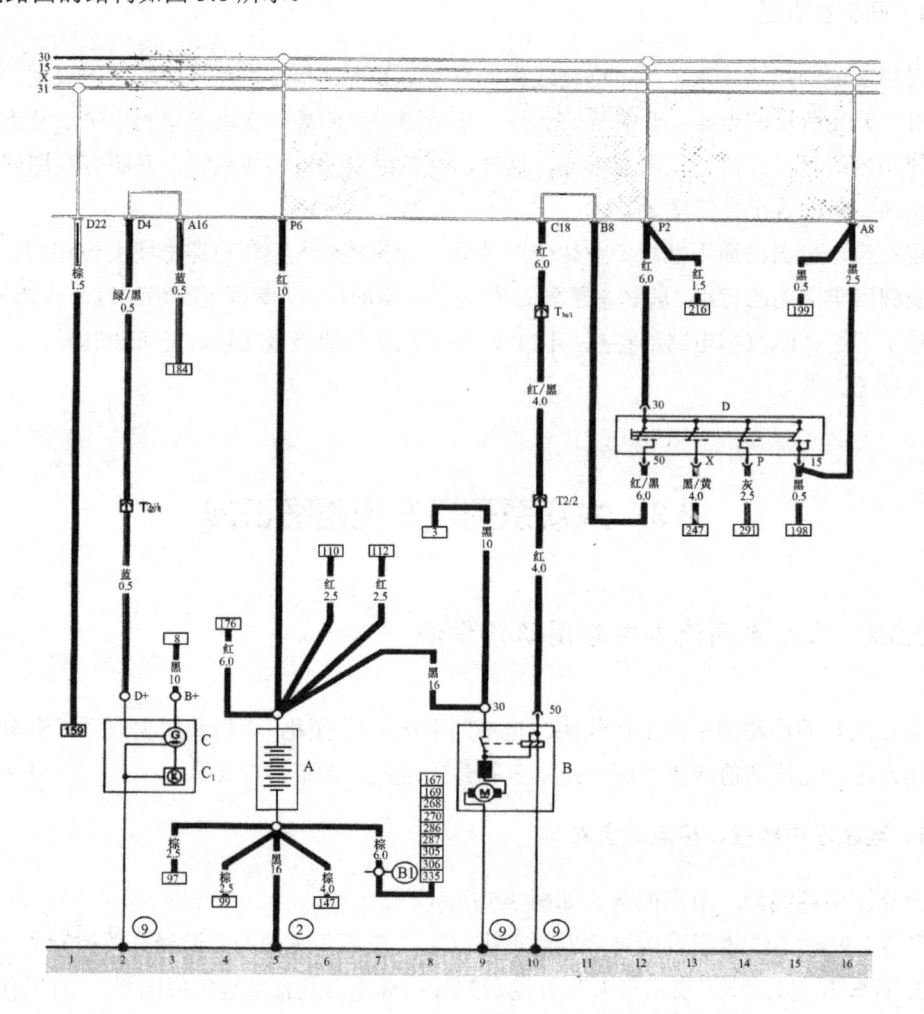

图 3.6　电路图的结构

图 3.6 中，最上端的四条横线为供电电源；中央电器、继电器和保险座，用灰色区标出；中间区域为连接导线、负载回路、电器元件；下端为车辆接地导线，圆圈内的数字为接地点位置；最下端为电路接地点编号，用于查找电路接地点位置。

比如：T2 端子指发动机线束与发电机线束插头连接，2 针，在发动机舱支架上；T3a 端子指发动机线束与前大灯线束插头连接，3 针，在中央配电盒后面；接地点②指接地点，在蓄电池支架上；接地点⑨指自身接地；B1 端子指接地连接线，在前大灯线束内。

3. 电路中符号的含义

大众汽车电路中符号的含义如图 3.7 所示。

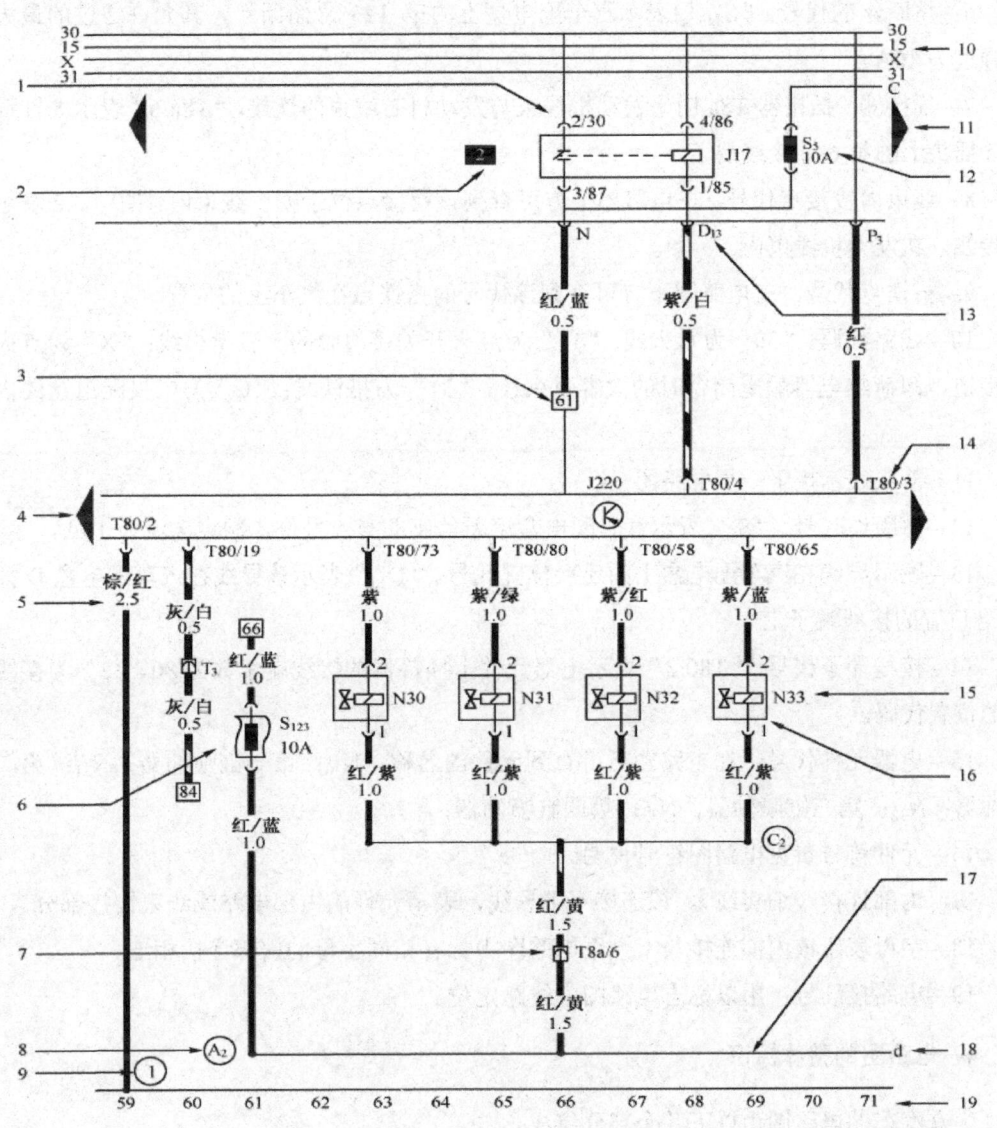

图 3.7 大众汽车电路图中符号的含义

图 3.7 中，1—继电器或控制器与继电器板的接线端子代号。"2/30"表示继电器板上该继电器插座的 2 号插孔，"30"表示继电器上的 30 号接线端子。

2—继电器位置编号。"2"表示该继电器定位于主要配电盒上 2 号位置继电器。

3—指示线路中断点。方框内数字"61"表明该导线与电路代码 61 的导线是同一条导线（电路代码 61 处导线的方框内数字是本线路的电路代码 66）。

4—箭头表示该电器元件续接上一页电路图。

5—导线的颜色。"棕/红"表示导线底色是棕色带有红色条纹。"2.5"表示导线截面积为 2.5mm^2。

6—熔断丝的代号。"S_{123}"表示汽车配电盒上的第 123 号熔断丝，其允许通过的最大电流强度为 10A。

7—插接器。插接器 T8a 用于发动机线束与发动机右线束的连接，"T8a/6"表示 8 针插接器 a 插头上的第 6 针接线端子。

8—线束内铰接点代号，在电路图下方可查到该铰接点位于哪个线束内。图中 A2 表示正极接线，在发动机线束内。

9—搭铁点代号，在电路图下方可查到该代号的搭铁点在汽车上的位置。

10—线路代码。"30"为常火线；"15"为点火开关接通时的小容量火线；"X"为点火开关接通、卸荷继电器触电闭合时的大容量火线；"31"为搭铁线；"C"为中央配电盒的内部接线。

11—箭头表示接下一页电路图。

12—熔断丝代号。"S_5"表示汽车配电盒熔断丝座的第 5 号位，额定电流为 10A。

13—表示导线在汽车配电盒上的连接位置代号。"D_{13}"表示该导线在汽车配电盒 D 插座 13 号位置的接线端子上。

14—接线端子代号。"T80/3"表示电器元件上插接器的接线端子数为 80，"3"为接线端子的位置代码。

15—电器元件代号，在电路图后可查到元件的名称。N_{30}：第一缸喷油器；N_{31}：第二缸喷油器；N_{32}：第三缸喷油器；N_{33}：第四缸喷油器；

16—元件符号参见电路图符号说明。

17—内部连接（细实线）。该连接不用导线，表示元件的内部电路或线束铰接部分。

18—字母表示该内部连接与下一页电路图中标有相同字母的内部连接相连。

19—电路接续号，用以标志电路图中线路定位。

4．电路图的整体标识

大众汽车的电路图由以下几个部分组成。

（1）外线部分

外线部分在图中以粗实线画出，集中在图的中间部分。每条线上都有导线的颜色、导线截面积的标注。线端都有接线柱号或插口标号表示其连接关系。颜色标记以字母表示。对应关系为：ws=白色；sw=黑色；ro=红色；br=棕色；gn=绿色；bi=蓝色；ge=灰色；li=紫色；ge=黄色。如果导线是双色的，则以两种颜色的字母共同标记，主色（所占表面积大者）在先，辅助色在后，如 ws/sw、sw/ge 等。导线的截面积用数字标示在导线颜色上方，单位为 mm^2，如 4.0、6.0 等。

（2）内部连接部分

内部连接部分在电路图上以细线画出，这种内部连接是存在的，但线路是不存在的。标示线路只是为了说明这种连接关系，同时使电路图更加容易理解。

（3）电器元件部分

电路图本身是表达元件之间的连接关系的，因此电器元件在电路图中是主体。电器元件在图中用框图辅以相应的标号表示。每个元件都有一个代号，如"A"表示蓄电池，"C"表示发电机等。电器元件的连接点都以标号标出，标号在元件上可以找到。例如，起动机有两个接点，一个标号为 30，另一个标号为 50。

（4）继电器、熔断器及其连接件部分

这一部分表示在图的上部，反映的内容有：继电器位置号、继电器名称、中央配电盒上插接件符号、中央配电盒上连接件符号、继电器盒上连接件符号、熔断器位置号及熔断器容量等。

（5）电路接续号

在图的最下方，这一标号只是制图和识图的标记号，数字的大小没有实际的物理意义。它有两个作用：一是可顺序表达整个车的全部电路内容，便于每部分既相对独立又相互联系；另一个作用是便于反映在一部分电路图中难以表述的接续部分。

（6）所有负载、开关、触点表示状态

带有连接导线的负载回路，在图中所有开关和触点均处于机械静止位置。

5. 电路图的特点

（1）接点标记具有固定的含义

在电路图中经常遇到接点标记的数字及字母，它们都有固定的含义。如数字 30 代表的是来自蓄电池正极的供电线，数字 31 代表接地线，数字 15 代表来自点火开关的点火供电线，数字 50 代表点火开关在起动挡时的供电线，X 代表受控的大容量用电设备供电线（来自卸荷继电器的供电线）等。无论这些标记出现在电路的什么地方，相同的标记都代表相同的接点。

（2）所有电路都是纵向排列，互不交叉

大众汽车电路图采用了断线代号法来处理线路复杂问题。例如，某条线路的上半段在电路序号 116 位置上，下半段电路在电路接续号 147 位置上，在上半段电路的终止处画一个标有 147 的小方格，在下半段电路的开始处也有一小方格，内标有 116，通过 116 和 147 就可以将上、下半段电路连在一起。

（3）整个电路以继电器盒为中心

大众汽车电路图在表示线路走向的同时，还表达了线路的结构情况。继电器盒的正向插有各种继电器和熔断器。在电路图上的继电器标有4/49、3/49a等数字，其中数字4、3指继电器盒插孔代号，分母49、49a指继电器的插脚代号，4/49表示了继电器插脚与插孔的配合关系。继电器盒举例如图3.8所示。

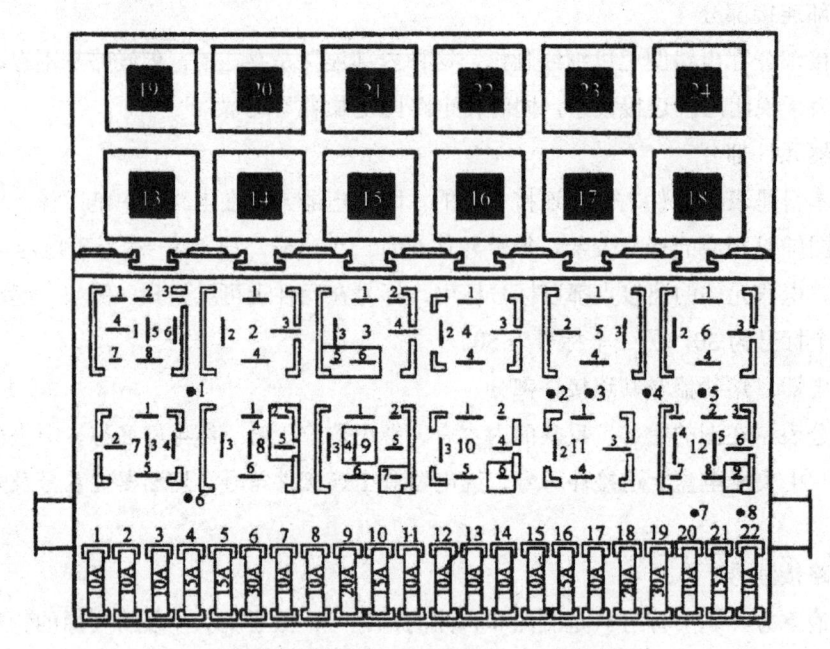

(a) 捷达轿车继电器盒正面熔丝、继电器布置

(b) 捷达轿车继电器盒反面插座布置

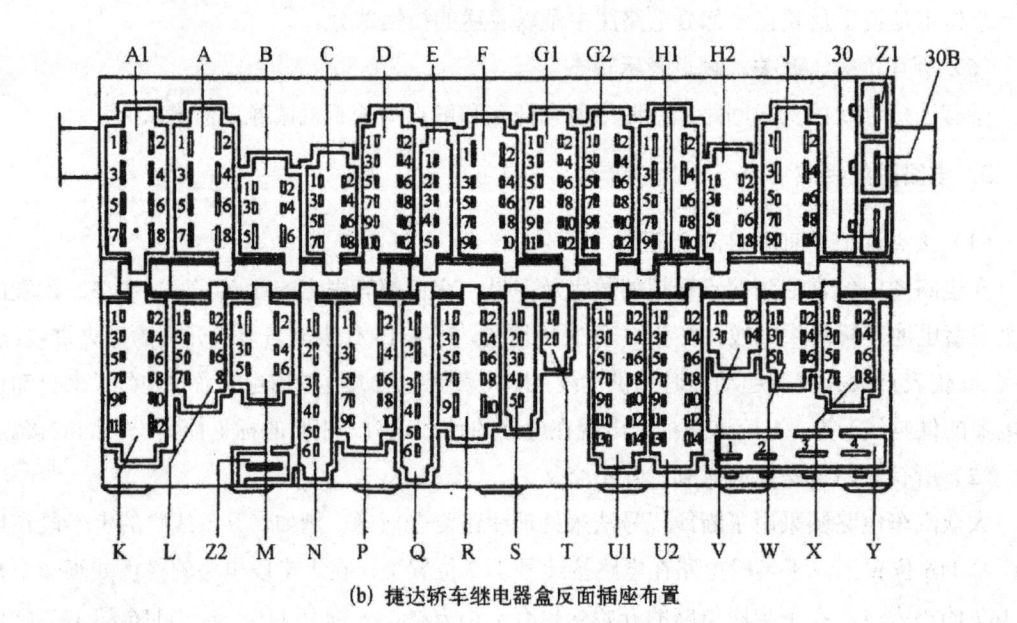

图3.8 继电器盒举例

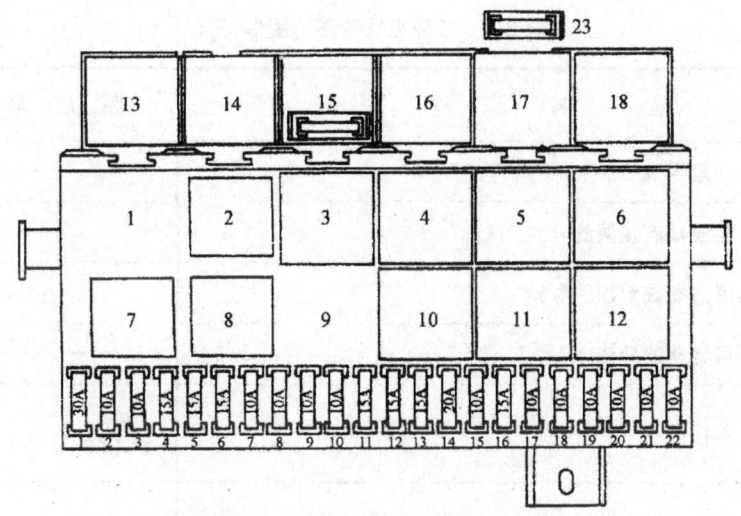

(c) 桑塔纳轿车继电器盒(或称中央线路板)熔丝、继电器布置

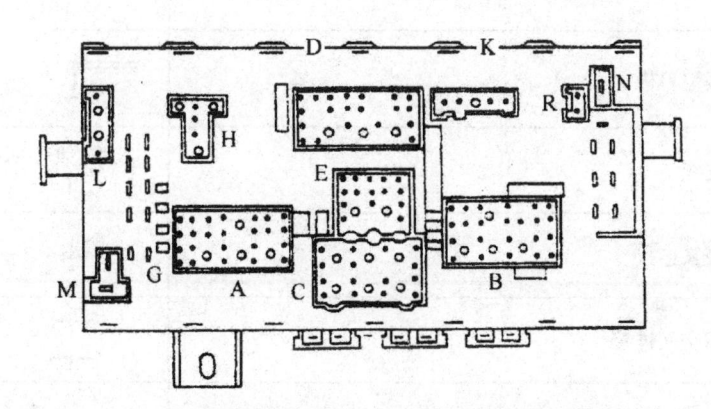

(d) 桑塔纳轿车继电器盒(或称中央线路板)反面插座布置

图 3.8　继电器盒举例（续）

3.3.2　大众汽车电气线路符号

线路符号是一种器件的简化图形，代表了线路图的最小单元。线路符号可以使人明白一个器件的工作原理，并形象地表达线路图内各技术过程的功能关系。用线路符号时，它所表示的器件的形状与尺寸及其安装位置、接点位置等均不考虑，这样才能用线路符号对器件做分解图示。

下面介绍的大众汽车电路图所用的线路符号基本符合国际电工委员会的 IEC 标准和德国工业标准 DIN。

1. 连接

符合规范的电气连接的图示见表 3.1。

表 3.1　各种电气连接的图形符号

名　　称		图　形　符　号
导线	一般导线	
	需要重点强调的导线	
	可选择或附加的导线	
	可移动的导线	
屏蔽线	单极	短　　　长
	多极	
	接地单极	
线路连接	支线	电气的　机械的
	交叉连接	
	不交叉连接	
连接点	一般	
	接点(螺旋连接、压合连接、插接),可拆卸连接	
插座连接	插销	
	插孔、插套	
	插座连接,插头和插孔	
	三极插座连接	
接地(搭铁)	普通汽车地线,仪器地线	
	标明位置的接地汇点,例如发动机地线	Motor　Motor

2. 开关

符合规范的开关图示见表 3.2。

表 3.2 各种开关的图形符号

类别	名 称	图 形 符 号
开关（带位置编号）	主要用于旋转运动	０１２
	主要用于拉动或推动	０１２
开关（带自动复位）	普通	
	切入	
	未切入	
	开关位置与切口位置标有说明,在 0 位和 1 位切入,且自动从位置 2 复位至位置 1	０１２ 0.1
	自动复位,箭头表示回程方向	
开关（带锁定装置）	运动到一侧锁定	
	运动向右,回程锁定,且锁定可用手松开	
	运动到两侧后分别锁定	
开关（手动传动）	一般	
	用压力	
	用拉力	
	旋转	
	摆动	
	脚踏传动,踏板	
	可取下的手工传动（钥匙操作）	
	开关上标有钥匙可插入或拔出位置的钥匙操作传动（位置 0 或 1）	０１２ 0.1

续 表

	名 称	图 形 符 号
简单开关	一般开关,常开触点,接通元件自动复位开关,按键开关	
	无自动复位的常开触点,调节开关	
	常闭触点,断开元件,自动复位开关,按键开关	
	无自动复位的常闭触点,调节开关	
	有接通断路功能的转换开关,换接元件	
	无接通断路功能的转换开关,例如遮光灯开关	
	带有"断开"中间位置的双向常开触点	
	常开-常闭触点	
	双联常开触点	
	双联常闭触点	
	常闭触点-双联常开触点	
	双联常闭触点-常开触点	

续 表

名 称		图形符号
热效应自动开关	热效应	
	热效应起动	
	带热效应操作的常闭触点,例如双金属片	
	标有释放温度的热效应操作常闭触点	>15℃
触点闭合或触点断开时间变化标记(触点序列)的开关	常开触点,超前	
	常开触点,滞后	
	常闭触点,超前	
	常闭触点,滞后	
	常开触点1在2之前闭合	1 2
	常开触点闭合滞后	
	常开触点闭合与开启滞后	
	常闭触点闭合滞后	
	接点组带有一个无延时的和一个延时的常开触点,并带有一个在返回运动时延时的常闭触点	

96 ▎▎▎▎ 汽车整车电路识读及故障分析

续表

名　称		图形符号
组合开关	开关连接图示	(图形符号)
	开关松开图示(在电路图中,所有的开头元件都标为常开触点,并在配电盘中说明开关过程)	(图形符号)

3. 电气元件

符合规范的电气元件图示见表3.3。

表3.3　各种电气元件的图形符号

名　称		图形符号
电阻	普通的	(图形符号)
	带抽头的	(图形符号)
	可改变的,带两个抽头	(图形符号)
	可改变的,带三个电位计接头	(图形符号)
	可改变的,有断路端口	(图形符号)
	加热电阻、预热塞、销钉式预热塞、火焰火花塞	(图形符号)
电感与绕组	普通	(图形符号)
	带有抽头	(图形符号)
	带有铁芯	(图形符号)

续 表

名　　称		图形符号
变压器、换能器	普通	
	带有铁芯	
	自耦变压器、电磁点火器发电机电枢	
	电流互感器	
	电压互感器	
电容器	普通型	
	带抽头	
	有外覆层标志	
	可变化的	
	可调节的	
	极化的电解电容器	

4. 半导体元件

符合规范的半导体元件图示见表3.4。

表 3.4 各种半导体元件的图形符号

名　　称		图形符号
半导体电阻	普通的温度敏感电阻	
	温度系数为正的热敏电阻(PTC),电阻变化与温度变化方向相同	
	热敏电阻(NTC),电阻变化与温度变化方向相反	
	受磁感应影响的电阻,如磁敏元件	
二极管	普通二极管,电流在三角尖端方向通过	
	温敏二极管	
	电容(可变)二极管,在截止区工作	
	Z 二极管,在击穿区工作	
	双向二极管(二端交流开关元件)	
晶闸管	普通型	
	反向阻塞,正极侧受控	
	反向阻塞,负极侧受控	
晶体管(三极管)	PNP 晶体管,E=发射极(箭头表示导通方向);C=集电极,为正;B=基极,为负	
	NPN 晶体管(字母不属于线路符号)	

续　表

名　　称	图形符号
达林顿三极管 PNP型	
达林顿三极管 NPN型	
单结晶体管 PNP型	
单结晶体管 NPN型，带有N型基极	
光电元件 光敏电阻（必要时补充直线或非直线的可变性标志）	
光电元件 光敏二极管	
光电元件 光敏元件	
光电元件 PNP光敏晶体管	
光电元件 发光二极管(LED)	
光电元件 光耦合器，如光敏二极管/光敏晶体管	
光电元件 光电发生器（太阳能电池）	
光电元件 LED显示，一位数的 1 e　　5 DP　　9 f 2 d　　6 b　　10 g 3 阳极　7 a 4 c　　8 阳极	

5. 电器

符合规范的电器图示见表 3.5。

表 3.5　各种电器的图形符号

名　称	图形符号
有内部电路图示的元器件	边框线用来限制电路部件,或用来概括一台仪器的各个部件。断线表示不导电,它说明不接地(不得与强电电气设备的安全引线混淆)	
	屏蔽电器,断线与地线连接	
汽车电器	各种开关	
	带指示灯的开关	
	按键开关	
	继电器、继电器组合、启动闭锁继电器、启动重复继电器	
	时间继电器、延迟继电器	
	普通电源(电池)	
	电源,前照灯	
	控制仪器、配电仪表	
	点火线圈、点火变压器	
	点火分电器、高压配电盘	
	火花塞	
	点火断电器	

续 表

名 称		图形符号
汽车电器	霍尔传感器	
	温度补偿器	
	热定时开关	
	闪光信号传感器、脉冲传感器、时间间隔继电器	
	电磁阀(如废气再循环阀、喷油阀)	
	调压阀(ABS设备)	
	节流阀开关	
	电加热双金属片传动,如附加空气滑阀、加热过程调节器	
	伺服电动机,如空转转数调节器	
	氧传感器	
	空气流量计	
	空气质量测量表	
	过电压保护器	
	后窗玻璃加热器	
	喇叭	
	扬声器	
	插接件	

续 表

名　　　称	图形符号
防盗报警器	
行驶记录仪	
空调设备	
带接合继电器的启动器	
电动燃油泵、玻璃冲洗泵	
带风扇的电动机	
刮水器电动机	
发动机驱动装置、伺服电动机	
带发动机驱动装置的空转转速调节器	
带整流器星形电路中的三相发电机	
内装调节器,同上	
普通型	
通过转动的基准标记或导体转子控制	
电容传感器	
氧传感器(λ 调节测量传感器,废气净化装置)	
压电元件,如爆燃控制装置的振动传感器	

左侧分组：汽车电器（上部），传感器（下部）

续 表

名　　称	图形符号
传感器	电阻位置传感器	
	电阻温度计	
	热传感器(热电偶)	
天线	一般天线	
	汽车电动升降天线	
声学装置	喇叭	
	普通扬声器	
	扬声器/送话筒	
	送话筒	
	蜂鸣器	

3.3.3 大众汽车电路原理图识读实例

下面以2006年大众波罗劲情劲取维修手册的全车电路图为例进行介绍。

1. 基本配置电路

大众波罗劲情劲取基本配置电路由三部分组成，分别为：蓄电池盖上保险丝架、仪表板左侧保险丝架、仪表板左侧下方继电器托架，如图3.9所示。它主要为全车电网电路提供电路保护装置及继电器，保证电路正常工作。

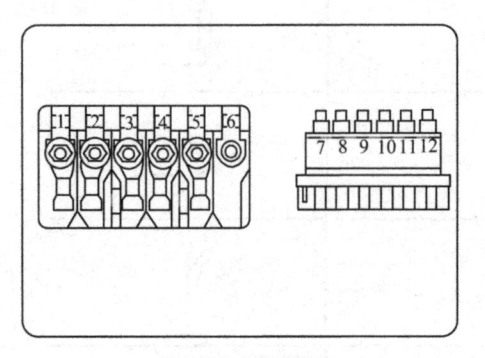

（a）蓄电池盖上保险丝架

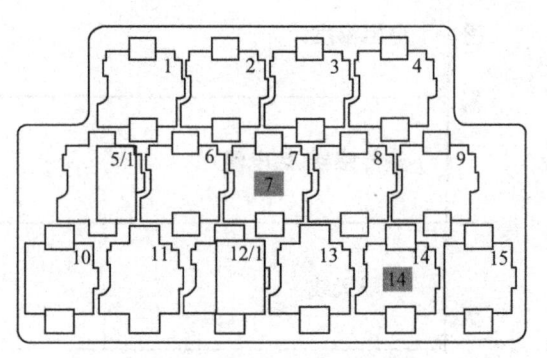

（b）仪表板左侧下方继电器托架

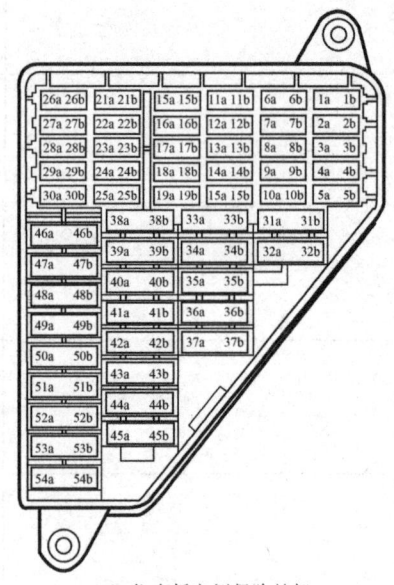

（c）仪表板左侧保险丝架

图3.9 基本配置电路

2. 电源电路

电源电路如图3.10所示，主要包括：A—蓄电池、C—交流发电机、C1—电压调节器。蓄电池与交流发电机并联连接，如图中所示。

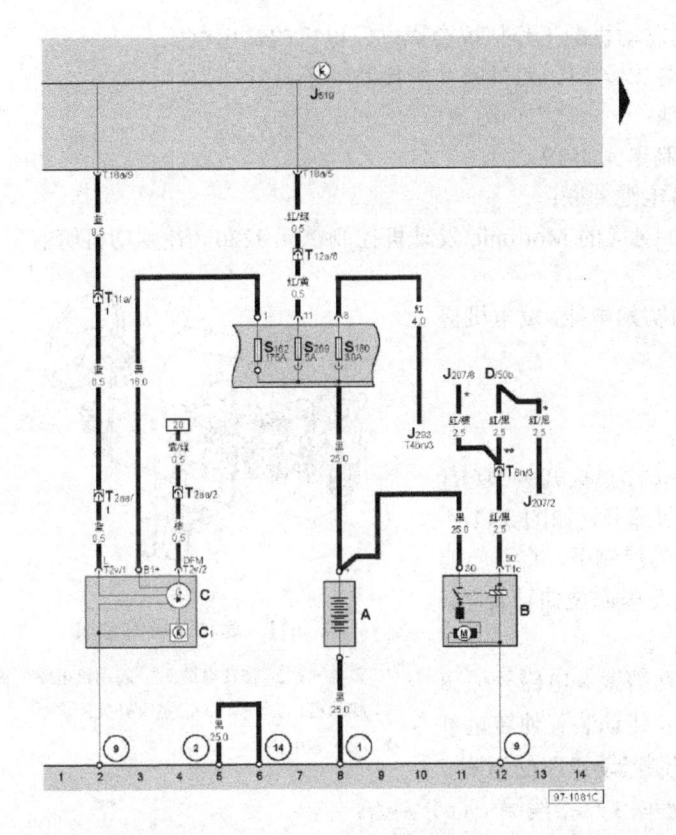

图 3.10 电源、起动电路

（1）蓄电池

蓄电池是汽车的低压直流可逆电源。汽油机为 12V，柴油机为 24V。普通铅酸蓄电池主要由极板、隔板、电解液、壳体、联条和极桩等部分组成。蓄电池由单格电池构成，12V 蓄电池由 6 个单格电池组成，每个单格电池电压为 2.1V。蓄电池放电时将自身的化学能转化为电能，充电时将电能转化为化学能，其化学反应方程式为

$$PbSO_4 + 2H_2O + PbSO_4 \underset{放电}{\overset{充电}{\rightleftharpoons}} PbO_2 + 2H_2SO_4 + Pb$$

图 3.10 中，蓄电池 A 下部通过黑色 $25mm^2$ 的导线在 1 号接地点（蓄电池-车身，在发动机舱内左前悬挂处）搭铁，上部分 4 路向用电设备供电，分别为：

① 通过保险 S180 向冷却液风扇控制单元 J293 供电；
② 通过保险 S269 向车载网络控制单元 J519 供电；
③ 通过保险 S162 与交流发电机的 B1+并联；
④ 直接与起动机 30 端子相连。

（2）发电机

发电机为汽车的随车电源，用于在行车过程中向全车持续不断地提供电能。目前国内、外生产的汽车交流发电机，其结构基本相同，主要由转子、定子、整流器、前端盖、后端盖、带轮及风扇等组成。其发电过程主要是在发动机皮带轮的带动下，将三相定子绕组切割转子磁力线所产生的交流感应电动势经整流器整流成直流电后输出，也就是将将机械能转化为电

能，提供给全车用电设备使用。因此发动机的工作情况会影响发电机的输出电压。

图 3.10 中，发电机 C 内装电压调节器 C1，对外有 4 个接线端子，分别为：

① 下部通过⑨号搭铁点自身接地；
② 端子 T2V/1 上连车载网络控制单元 J519；
③ 端子 B1+通过保险 S162 与蓄电池并联；
④ 端子 T2V/2 连接至横坐标 20 对应的 Motronic 发动机控制单元 J220（在发动机舱前隔板左侧）。

电源系统通过蓄电池提供汽车的初始电能，发电机提供汽车行车中的电能。

3．起动电路

起动电路主要包括电源（蓄电池 A）、点火开关 D（ST 挡）、起动继电器 J207、起动马达 B 四部分，如图 3.11 所示。起动机在点火开关和起动继电器的控制下，将蓄电池的电能转化为机械能，带动发动机飞轮齿圈使曲轴转动，完成发动机的起动。

起动马达 B 由直流电动机、传动装置、电磁开关 3 部分组成，直流电动机提供电磁转矩；传动装置使转矩单相传递给发动机的飞轮；电磁开关控制起动电路的通断。

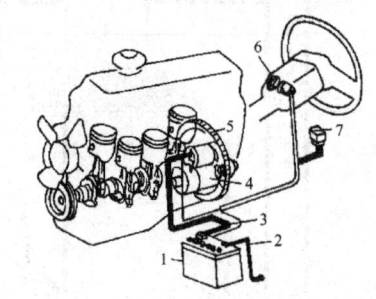

图 3.11 起动系统的总成
1. 蓄电池；2. 搭铁电缆；3. 起动机电缆；
4. 起动机；5. 飞轮；6. 点火开关；
7. 起动继电器

如图 3.10 所示，起动马达 B 对外有 3 个接线端子，分别为：

①下部通过⑨号搭铁点自身接地；
②端子 30 直接与蓄电池正极相连；
③端子 50 与点火起动开关相连（**——用于配有手动变速箱的轿车）；与 J207 防起动锁继电器相连（*——用于配有自动变速箱的轿车）。

起动系的工作过程是通过点火开关 ST 挡控制起动继电器，接通起动机，完成车辆的起动。

4．点火电路

点火系统电路图如图 3.12 所示，主要由电源（蓄电池 A 及发电机 C），点火开关 D（ON 挡及 ST 挡），点火线圈（N70、N127、N291、N292），火花塞 Q，喷油器（N30、N31、N32、N33），Motronic 发动机控制单元，G28 发动机转速传感器，G61 爆震传感器，G62 发动机温度传感器，G71 进气压力传感器，G72 进气温度传感器，G163 霍尔传感器，G79、G185 油门踏板位置传感器，G186、G187、G188 节气门驱动装置传感器，G39 氧传感器以及起动发电机 B 几个部分组成。

以点火线圈 N70 为例，共有四个接线端子：T4b/1 端子通过 712 接地点搭铁；T4b/2 端子通过 714 接地点搭铁；T4b/3 接线柱通过 158 号坐标连按保险 SB37，通过保险 SB37 的 e 线连接到 J27 Motronic 供电继电器；T4b/4 与 J220 发动机控制单元相连；T4b/1 与 T4b/2 之间的端子与 Q 火花塞相连。点火线圈 N127、N291、N292 如图 3.13 所示，连接电路与 N70 并联，电路连接一致。

第 3 章 汽车电路图的识图方法

Motronic 发动机控制单元、带功率输出级的点火线圈 1、火花塞插头、火花塞

J519 — 车载网络控制单元，在仪表板左侧下方
J220 — Motronic 发动机控制单元，在发动机舱前隔板左侧前方
N70 — 带功率输出级的点火线圈 1，在气缸盖上
P — 火花塞插头
Q — 火花塞
T4bi — 4 针插头，黑色，带功率输出级的点火线圈 1 插头
T14 — 14 针插头，黑色，在发动机的左面，左悬挂前
T80 — 80 针插头，黑色，Motronic 发动机控制单元插头
⑨ — 自身接地
㉙ — 接地点，在左前悬挂里侧车身上
⑬¹ — 接地连接线，在发动机舱线束内
⑦¹² — 接地连接线，在发动机线束内
⑦¹³ — 连接线，在发动机线束内
⑦¹⁴ — 接地连接线，在发动机线束内

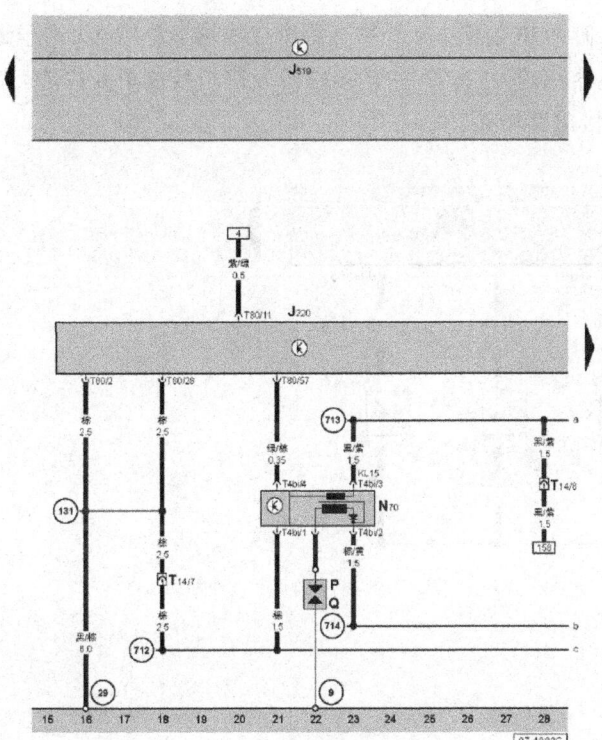

图 3.12　点火系统电路图

Motronic 发动机控制单元、带功率输出级的点火线圈、火花塞插头、火花塞

J519 — 车载网络控制单元，在仪表板左侧下方
J220 — Motronic 发动机控制单元，在发动机舱前隔板左侧前方
N127 — 带功率输出级的点火线圈 2，在气缸盖上
N291 — 带功率输出级的点火线圈 3，在气缸盖上
N292 — 带功率输出级的点火线圈 4，在气缸盖上
P — 火花塞插头
Q — 火花塞
T4bf — 4 针插头，黑色，带功率输出级的点火线圈 4 插头
T4bg — 4 针插头，黑色，带功率输出级的点火线圈 3 插头
T4bh — 4 针插头，黑色，带功率输出级的点火线圈 2 插头
T80 — 80 针插头，黑色，Motronic 发动机控制单元插头
⑨ — 自身接地
⑱ — 接地点，在气缸盖罩上
⑦¹² — 接地连接线，在发动机线束内
⑦¹³ — 连接线，在发动机线束内
⑦¹⁴ — 接地连接线，在发动机线束内

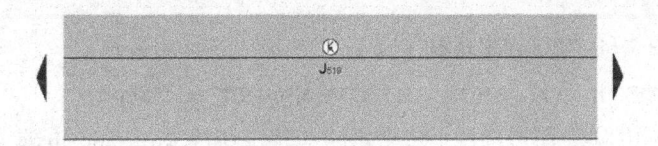

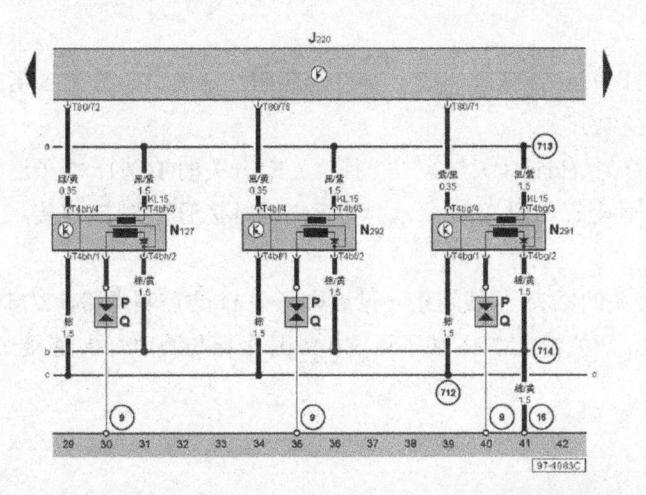

图 3.13　点火线圈连接电路图

喷油器电路图如图 3.14 所示，以 1 缸 N30 为例，N30 共有两个接线端子：T2ct/1 端子通过 $\boxed{160}$ 号坐标与 J271Motronic 供电继电器相连；T2ct/2 端子与 J220 发动机控制单元相连。喷油器 N31、N32、N33 与 N30 并联，连接电路一致。

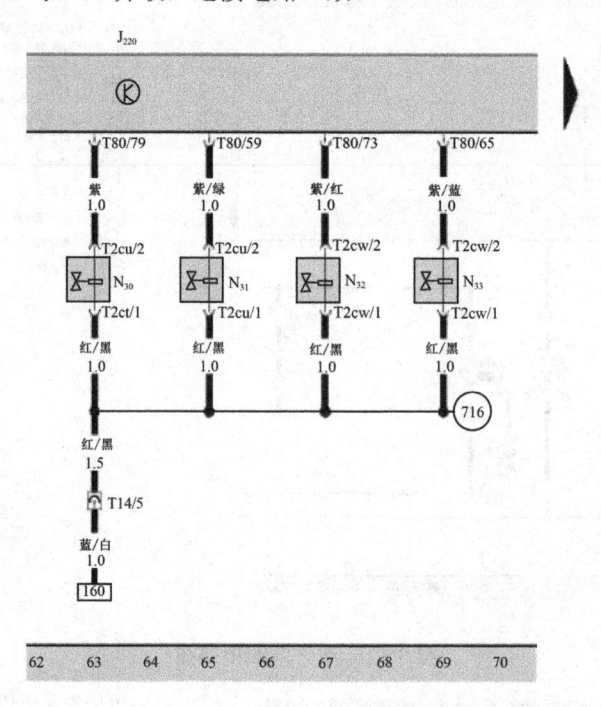

图 3.14 喷油器电路图

J220—发动机控制单元；N30—第 1 缸喷嘴；N31—第 2 缸喷嘴；N32—第 3 缸喷嘴；N33—第 4 缸喷嘴

点火系的工作过程是由 Motronic 电脑接收来自各个传感器的信号，经过 Motronic 电脑计算处理后，产生点火信号，由点火线圈产生高压电，火花塞跳火，点燃混合气，实现缸体作功。

5. 照明与信号控制电路

照明与信号系统主要由灯光控制开关及前照灯、小灯、雾灯等照明灯组成，如图 3.15 所示。分析照明电路的重点就是分析其控制开关。

E_1 车灯开关，有 OFF、Park（小灯）、Head（大灯）三个挡位。E_1 开关的 T17/15 端子通过 $\boxed{124}$ 号坐标与 A+蓄电池连接。$\boxed{44}$ 号坐标如图 3.16 所示，与远光瞬时接通开关 E_4 连接，表明 E_1 与 E_4 并联共用电源 A+。

E_1 开关的 T17/1 端子与 D 点火开关的 2/75 号线连接（见点火开关 D 的控制电路，2/75 号线是在点火开关的 ON 挡时有电）；E_1 开关的 T17/16 端子通过 $\boxed{146}$ 号坐标与牌照灯 X 连接，如图 3.17 所示。

第 3 章　汽车电路图的识图方法

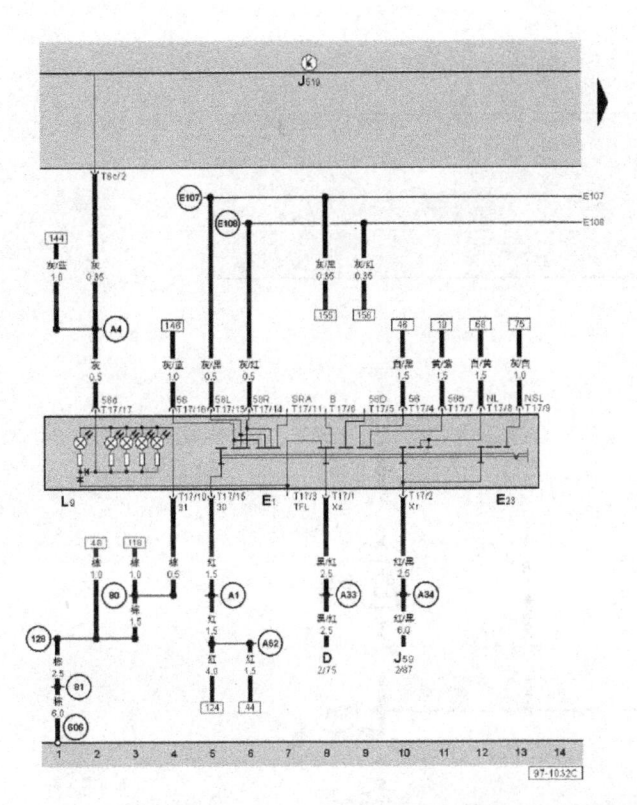

图 3.15　照明与信号系统电路图

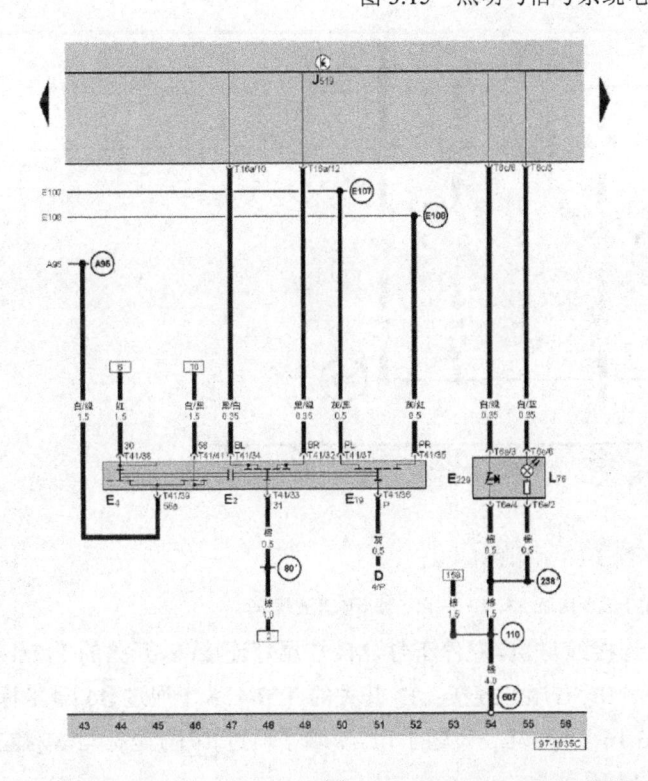

图 3.16　E2、E4、E19、E229 开关电路

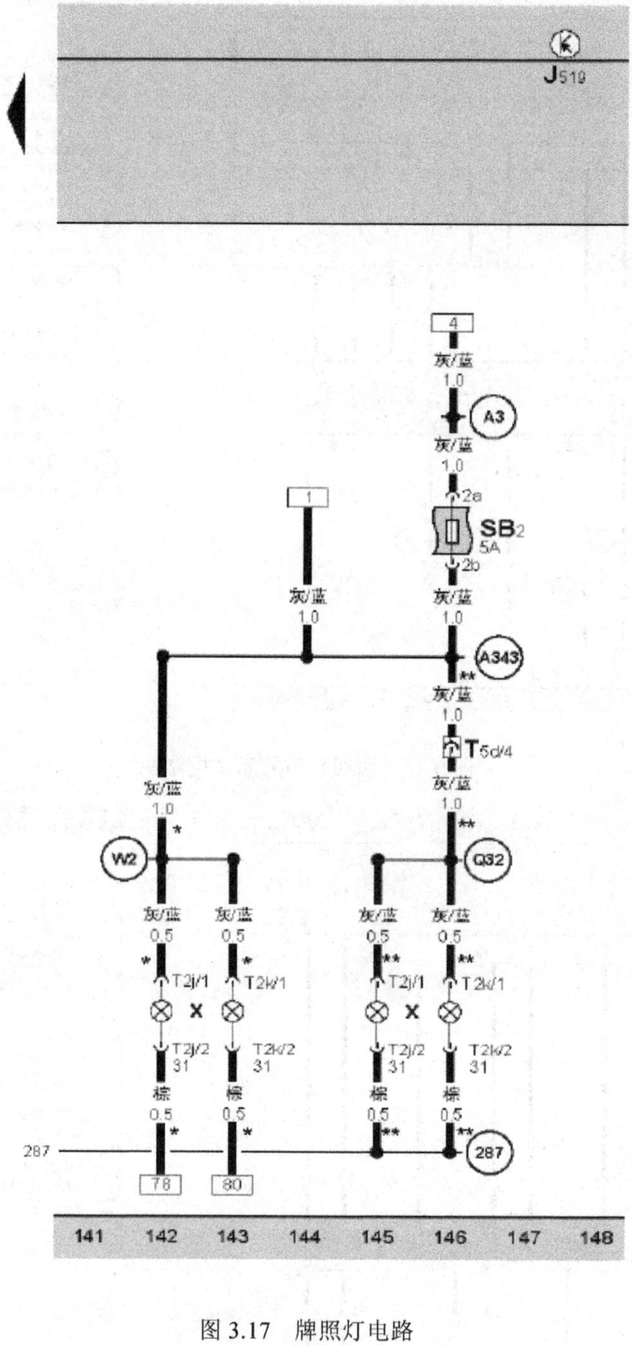

图 3.17 牌照灯电路

X—牌照灯；*—用于波罗两厢轿车；**—用于波罗阶背式轿车

E_1开关的T17/13端子通过E_{107}连接线与M1左停车灯、M4左尾灯连接；E_1开关的T17/14端子通过E_{108}连接线与M3右停车灯、M2右尾灯连接；E_1开关的T17/4端子通过 46 号坐标与远光瞬时接通开关E_4连接，如图3.16所示；E_1开关的T17/7端子通过 19 号坐标与M_{29}左近光灯、M_{31}右近光灯连接，如图3.18所示。

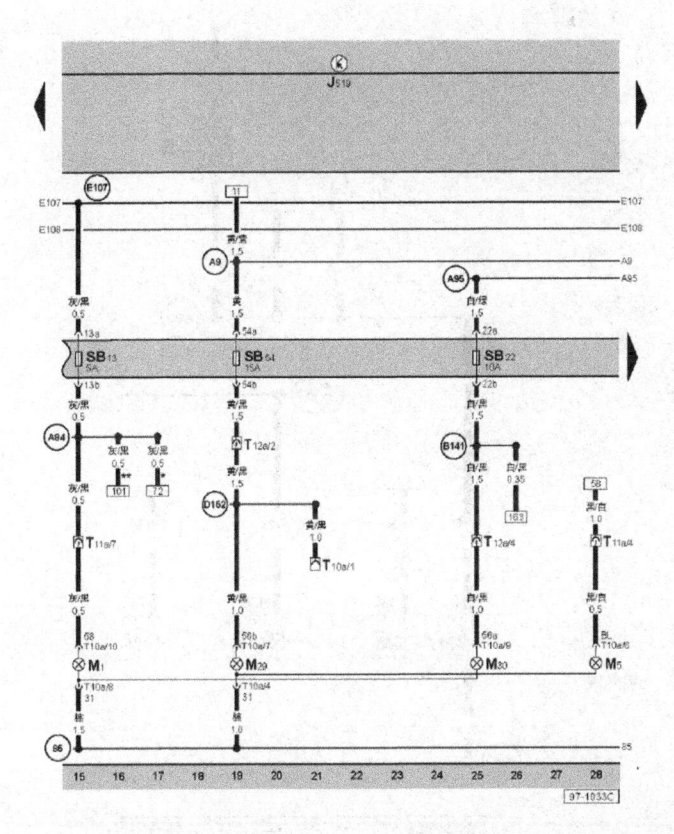

图 3.18 M1、M5、M29、M30 电路图

由此可见，图 3.15 中 E_1 开关的 T17/13、T17/14、T17/16 端子连接元件为小灯，T17/15 端子是小灯的 30 常火电源；T17/4、T17/5 端子连接元件为大灯，T17/1 端子是大灯的 15 电源。

图 3.15 中 E_{23} 前雾灯和后雾灯开关，T17/2 端子连接 J59 X 触电卸荷继电器；T17/8 端子通过 68 号坐标连接 L_{22}、L_{23} 前雾灯，如图 3.19 所示；T17/9 端子通过 75 号坐标连接 M_{41} 后雾灯，如图 3.20 所示。

E_4 远光灯瞬时接通功能开关，T41/39 端子通过 A95 连接线与 M_{30} 左远光灯、M_{32} 右远光灯连接；T41/38 端子通过 6 号坐标与蓄电池正极连接；T41/41 端子通过 10 号坐标与 E_1 开关Ⅲ连接。

图 3.16 中，E_2 转向信号灯开关，T41/33 端子通过 2 号坐标与负极搭铁相连；T41/34、T41/32 端子与 J519 车载网络控制单元连接；E_{19} 停车信号灯开关，T41/36 端子与点火开关 D（OFF 挡）的 4/P 线连接；T41/37 端子通过 E107 连接线与 M1 左停车灯、M4 左尾灯连接；T41/35 端子通过 E_{108} 连接线与 M_3 右停车灯、M_2 右尾灯连接；E_{229} 警告灯开关，T6e/3 端子与 J519 车载网络控制单元连接；T6e/4 端子通过 607 连接线与负极搭铁相连；L_{76} 按钮照明，T6e/5 端子与 J519 车载网络控制单元连接；T6e/2 端子通过 607 连接线与负极搭铁相连。

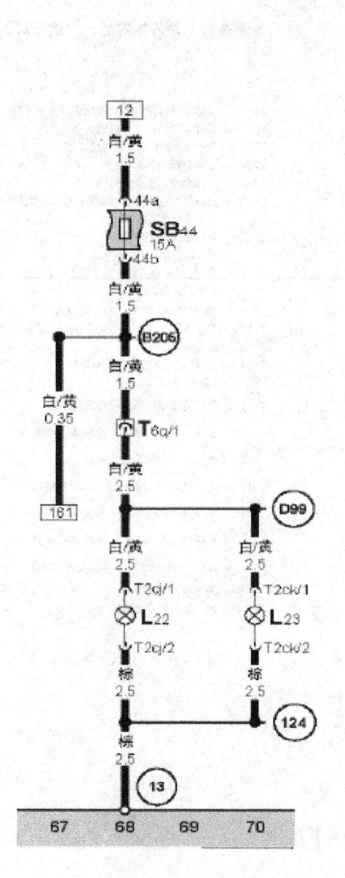

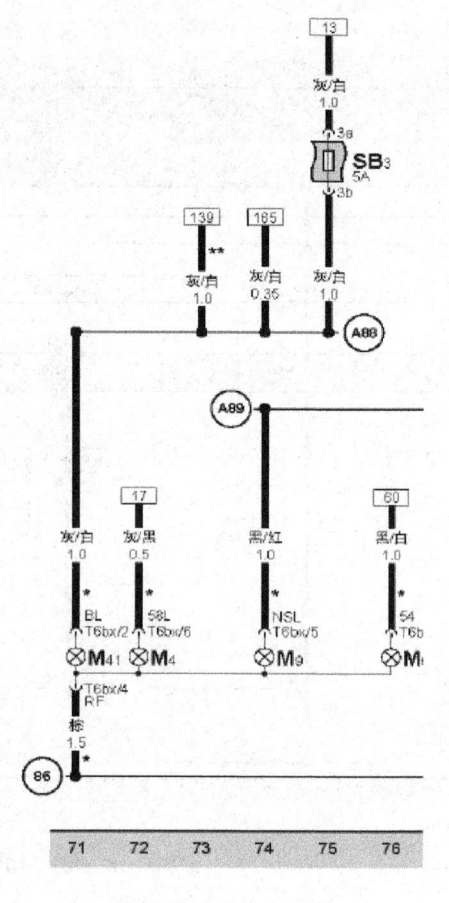

图 3.19　L22—左前雾灯；L23—右前雾灯　　　　图 3.20　M41—左后雾灯

6. 空调系统控制电路

空调系统由采暖系统、制冷系统、送风系统、控制系统四部分组成，分别通过相应的开关及传感器产生信号给 J301 空调控制单元，J301 空调控制单元再产生执行命令给各系统执行单元，完成车内空气温度的调节。

空调系统电路如图 3.21 所示，E$_9$ 是新鲜空气鼓风机开关，T5h/5 端子通过 SB$_{36}$ 新鲜空气鼓风机保险丝与 J59 X 触电卸荷继电器的 2/87 线连接；T5h/1、T5h/2、T5h/3、T5h/4 端子与 N$_{24}$ 新鲜空气鼓风机串联电阻连接，通过连接不同数量的电阻与 V$_2$ 新鲜空气鼓风机串联。

J301 空调器控制单元，T18c/15、T18c/18、T18c/12 端子与 V$_{154}$ 新鲜空气/空气内循环风门伺服马达连接；T18c/11 端子连接 G$_{143}$ 空气内循环风门伺服马达内的电位计及 G$_{92}$ 温度风门伺服马达内的电位计连接，G143 的下端 T6bs/1 端子与 G92 下端 T6ck/1 并联连接到 J301 的 T18c/7 端子。

如图 3.22 所示，J301 空调器控制单元，T16e/16 端子通过 SB$_{29}$ 空调器控制单元、诊断接口保险丝与蓄电池连接；T18c/10、T18c/16、T18c/13 端子与 V$_{68}$ 温度风门伺服马达连接；T18c/2 端子与 G$_{191}$ 中部出风口温度传感器连接；T18c/3 端子与 G263 蒸发器出口温度传感器连接；T18c/5 端子与 G$_{192}$ 脚部空间出风口温度传感器连接。

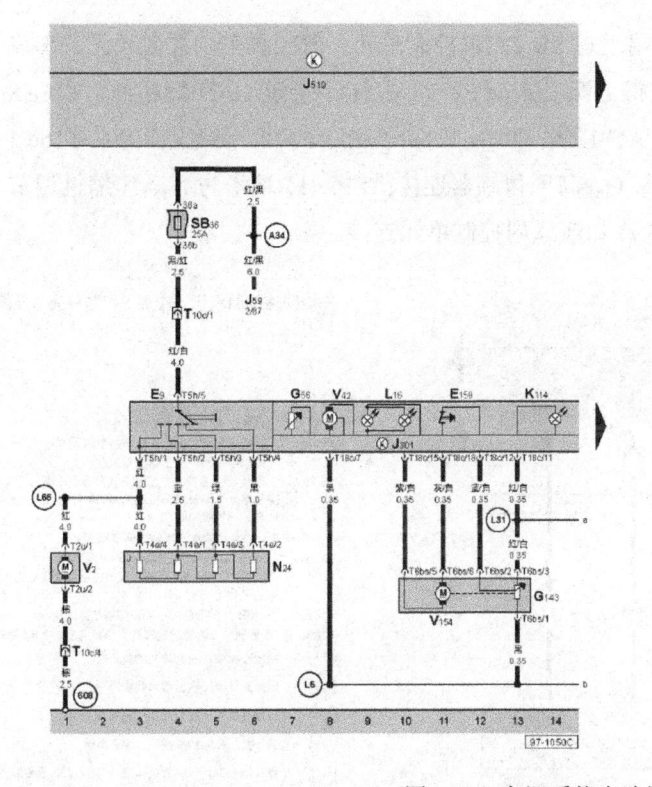

第 3 章 汽车电路图的识图方法

空调器控制单元、新鲜空气鼓风机开关、新鲜空气和空气内循环风门开关、仪表板温度传感器、空气内循环风门伺服马达内的电位计、新鲜空气鼓风机串联电阻、新鲜空气和循环空气运行模式指示灯、新鲜空气鼓风机、温度感应器鼓风机、新鲜空气/空气内循环风门伺服马达

- E9 — 新鲜空气鼓风机开关，在空调控制面板上
- E159 — 新鲜空气和空气内循环风门开关，在空调器控制单元内
- G56 — 仪表板温度传感器
- G143 — 空气内循环风门伺服马达内的电位计，在新鲜空气鼓风机右侧
- J59 — X-触点卸载继电器，在继电器托架上 14 号位（18 继电器）
- J301 — 空调器控制单元，在仪表板中部
- J519 — 车载网络控制单元，在仪表板左侧下方
- K114 — 新鲜空气和循环空气运行模式指示灯
- L16 — 新鲜空气节照明灯
- N24 — 新鲜空气鼓风机串联电阻，在仪表板右侧新鲜空气鼓风机左侧
- SB36 — 保险丝 36，25 安培，新鲜空气鼓风机开关、新鲜空气鼓风机串联电阻、新鲜空气鼓风机保险丝，在仪表板左侧保险丝架上
- T2u — 2 针插头，黑色，新鲜空气鼓风机插头
- T4e — 4 针插头，黑色，新鲜空气鼓风机串联电阻插头
- T5h — 2 针插头，黑色，新鲜空气鼓风机插头
- T6bs — 6 针插头，蓝色，新鲜空气/空气内循环风门伺服马达插头
- T10c — 10 针插头，黑色，在新鲜空气鼓风机右侧
- T18c — 18 针插头，黑色，空调器控制单元插头
- V2 — 新鲜空气鼓风机，在仪表板内侧
- V42 — 温度感应器鼓风机，在空调控制旋钮后面
- V154 — 新鲜空气/空气内循环风门限马达，在新鲜空气鼓风机右侧
- (608) — 接地点，在换挡杆前面，中央通道上
- (A34) — 连接线，在仪表板线束内
- (L5) — 连接线，在空调装置线束内
- (L31) — 连接线，在空调装置线束内
- (L66) — 连接线，在空调装置线束内

图 3.21　空调系统电路图

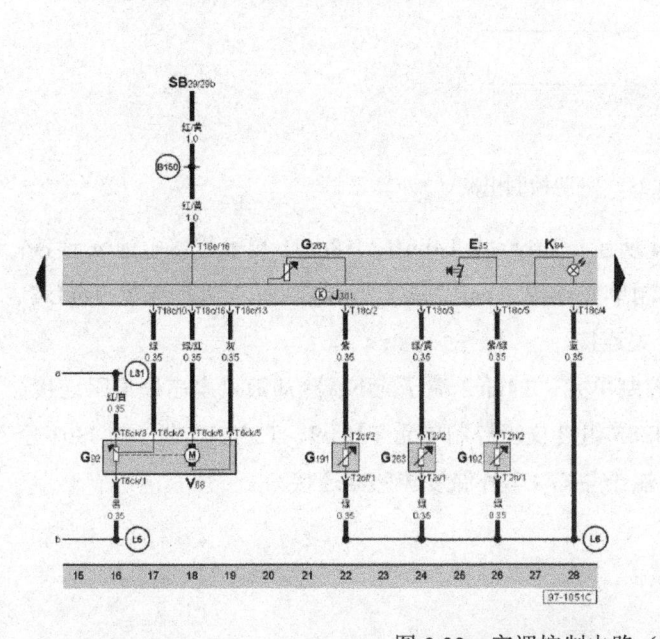

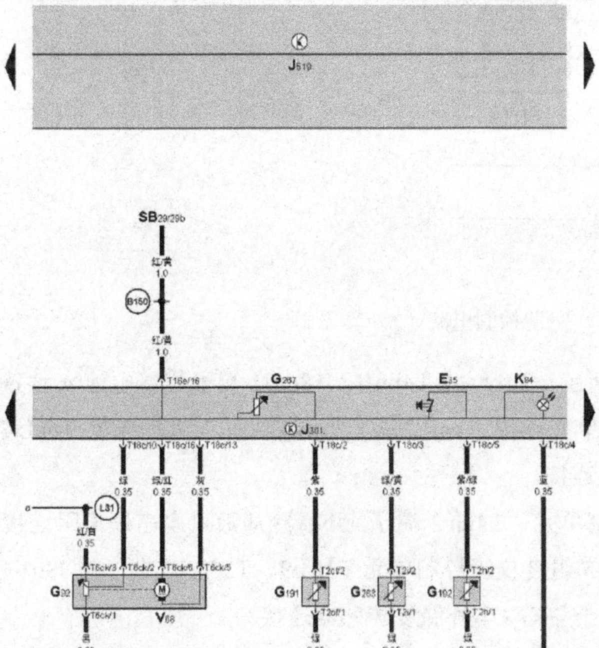

空调器控制单元、空调器开关、温度风门伺服马达电位计、出风口温度传感器、温度选择钮的电位计、空调器指示灯、温度风门伺服马达

- E35 — 空调器开关
- G92 — 温度风门伺服马达电位计，在中央出风口左侧
- G191 — 中部出风口温度传感器，在中央出风口左侧
- G192 — 脚部空间温度传感器，在中央出风口下方左侧
- G263 — 蒸发器出风口温度传感器，在蒸发器上方左侧
- G267 — 温度选择钮的电位计
- J301 — 空调器控制单元，在仪表板中部
- J519 — 车载网络控制单元，在仪表板左侧下方
- K84 — 空调指示灯
- SB29 — 保险丝 29，5 安培，空调器控制单元、诊断接口保险丝，在仪表板左侧保险丝架上
- T2i — 2 针插头，黑色，蒸发器出风口温度传感器插头
- T2cf — 2 针插头，黑色，中部出风口温度传感器插头
- T2h — 2 针插头，黑色，脚部空间出风口温度传感器插头
- T6ck — 6 针插头，黑色，温度风门伺服马达插头
- T16e — 16 针插头，黑色，空调器控制单元插头
- T18c — 18 针插头，黑色，空调器控制单元插头
- V68 — 温度风门伺服马达，在中央出风口左侧
- (B150) — 正极连接线（30a），在仪表板线束内
- (L5) — 连接线，在空调装置线束内
- (L5) — 连接线，在空调装置线束内
- (L31) — 连接线，在空调装置线束内

图 3.22　空调控制电路（1）

J301 空调器控制单元，T16e/14 端子与 SB₁₈ 空调控制单元、驾驶员车门控制单元、车窗升降装置开关照明灯保险丝连接，获得电源；T16e/8、T16e/11 端子是 CAN 网络线，T16e/8 端子是 CAN-H 线，T16e/11 端子是 CAN-L 线；T16e/13 端子通过 607 号接地点搭铁；T16e/1 端子通过 51 坐标（如图 3.23 所示）与 G₆₅ 高压传感器连接；T16e/15 端子与 N₂₈₀ 压缩机调节阀连接；T16e/3、T16e/6 端子与 J293 冷却液风扇控制单元连接。

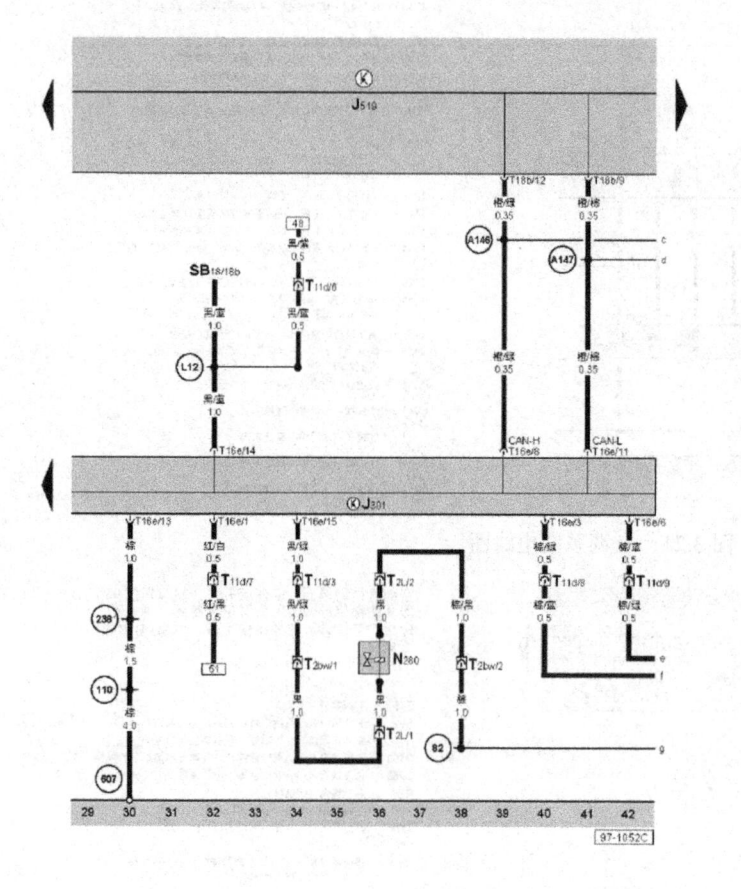

图 3.23 空调控制电路（2）

J293 冷却风扇控制单元如图 3.24 所示，T4bn/1、T4bn/1、T8cL/1 端子与蓄电池 A 连接；T6cL/6、T6cL/5 端子与 J301 空调器控制单元连接；T6cL/2 端子与 G₆₅ 高压传感器连接；T6cL/3、T6cL/4 端子与 F₁₈ 冷却液风扇热敏开关连接。

如图 3.25 所示，J293 冷却风扇控制单元，T4bn/2 端子与 N₃₉ 冷却液风扇串联电阻连接；T4bn/4 端子与 V₇ 冷却液风扇连接；J285 组合仪表控制单元 T32a/9、T32a/10 端子与 J301 空调控制单元连接；T32a/32、T32a/31 端子与 G₁₇ 车外温度传感器连接。

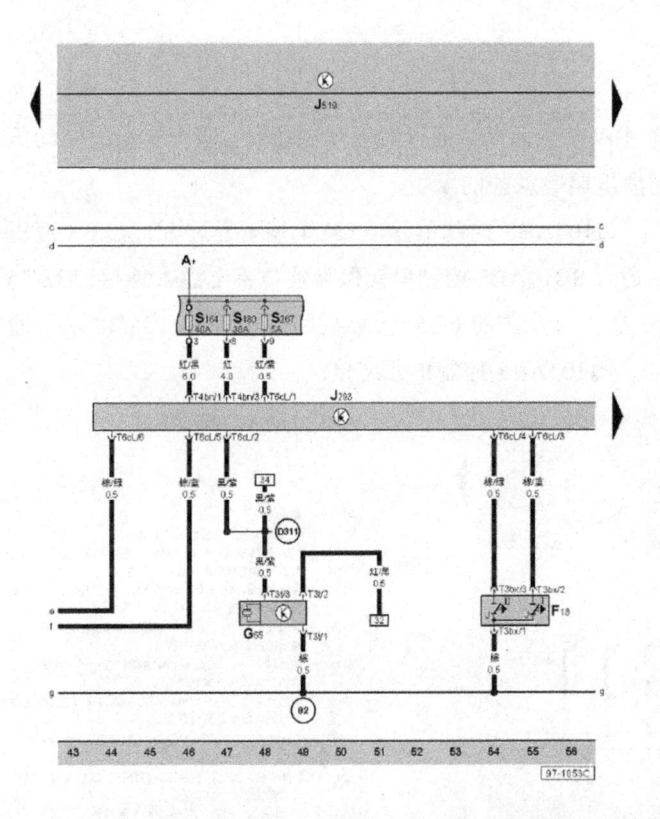

第 3 章　汽车电路图的识图方法　115

冷却液风扇控制单元、冷却液风扇热敏开关、
高压传感器

A　—　蓄电池
F18　—　冷却液风扇热敏开关，在水箱左侧
G65　—　高压传感器，在发动机右侧空调管上
J293　—　冷却液风扇控制单元，在左纵梁下方
J519　—　车载网络控制单元，在仪表板左侧下方
S164　—　保险丝 - 3 - , 40 安培，冷却液风扇控制单元保险丝，
　　　　　在发动机舱内蓄电池保险丝架上
S180　—　保险丝 - 6 - , 30 安培，冷却液风扇控制单元保险丝，
　　　　　在发动机舱内蓄电池保险丝架上
S267　—　保险丝 - 9 - , 5 安培，冷却液风扇控制单元保险丝，
　　　　　在发动机舱内蓄电池保险丝架上
T3l　—　3 针插头，黑色，高压传感器插头
T3bx　—　3 针插头，黑色，冷却液风扇热敏开关插头
T4bn　—　4 针插头，黑色，冷却液风扇控制单元插头
T6cL　—　6 针插头，黑色，冷却液风扇控制单元插头
82　—　接地连接线，在发动机舱线束内
D311　—　连接线，在发动机舱线束内

图 3.24　冷却液风扇控制单元电路（1）

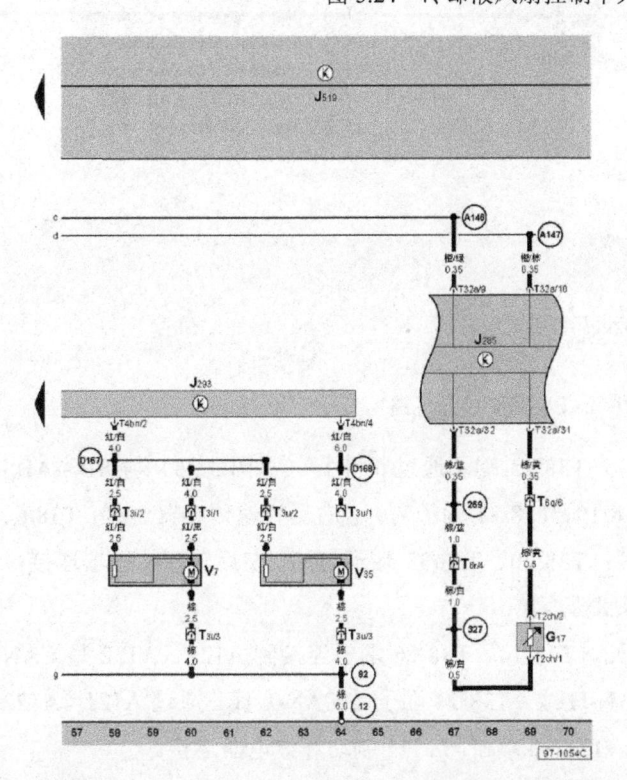

冷却液风扇控制单元、组合仪表控制单元、
车外温度传感器、冷却液风扇

G17　—　车外温度传感器，在前保险杠左侧下方
J285　—　组合仪表控制单元，在仪表板左侧
J293　—　冷却液风扇控制单元，在左纵梁下方
J519　—　车载网络控制单元，在仪表板左侧下方
T2ch　—　2 针插头，黑色，车外温度传感器插头
T3l　—　3 针插头，黑色，冷却液风扇插头
T3u　—　3 针插头，黑色，右侧冷却液风扇插头
T4bn　—　4 针插头，黑色，冷却液风扇控制单元插头
T6q　—　6 针插头，红色，在前隔板的左面，紧凑型组合插座
　　　　　G 号位上
T6r　—　6 针插头，棕色，在前隔板的左面，紧凑型组合插座
　　　　　C 号位上
T32a　—　32 针插头，绿色，组合仪表控制单元插头
V7　—　冷却液风扇，在发动机前部左侧
V35　—　右侧冷却液风扇，在发动机前部右侧
12　—　接地点，在发动机舱前部，左纵梁顶部
82　—　接地连接线，在发动机舱线束内
269　—　接地连接线（传感器接地），在仪表板线束内
327　—　接地连接线（传感器接地），在发动机的线束内
A146　—　连接线（Can-Bus 舒适系统，高），在仪表板线束内
A147　—　连接线（Can-Bus 舒适系统，低），在仪表板线束内
D167　—　连接线，在发动机舱线束内
D168　—　连接线，在发动机舱线束内

图 3.25　冷却液风扇控制单元电路（2）

7. ABS 控制电路

ABS 制动防抱死控制系统是汽车主动安全系统,通过对汽车制动时,四个车轮的制动压力调整,防止车辆车轮抱死而发生侧滑甩尾等意外的发生。

ABS 控制单元电路如图 3.26 所示,J104ABS 控制单元,T38/1 端子通过 SB_{176}ABS 液压泵保险丝与蓄电池 A 连接;T38/7 端子通过 SB_{268}ABS 控制单元保险丝与蓄电池 A 连接;T38/35 端子通过 SB_{23}ABS 控制单元保险丝与 D 点火开关的 6/15 号线连接;T38/13、T38/38 端子通过 614 号接地点搭铁;V_{64}ABS 液压泵与 J104ABS 控制单元连接。

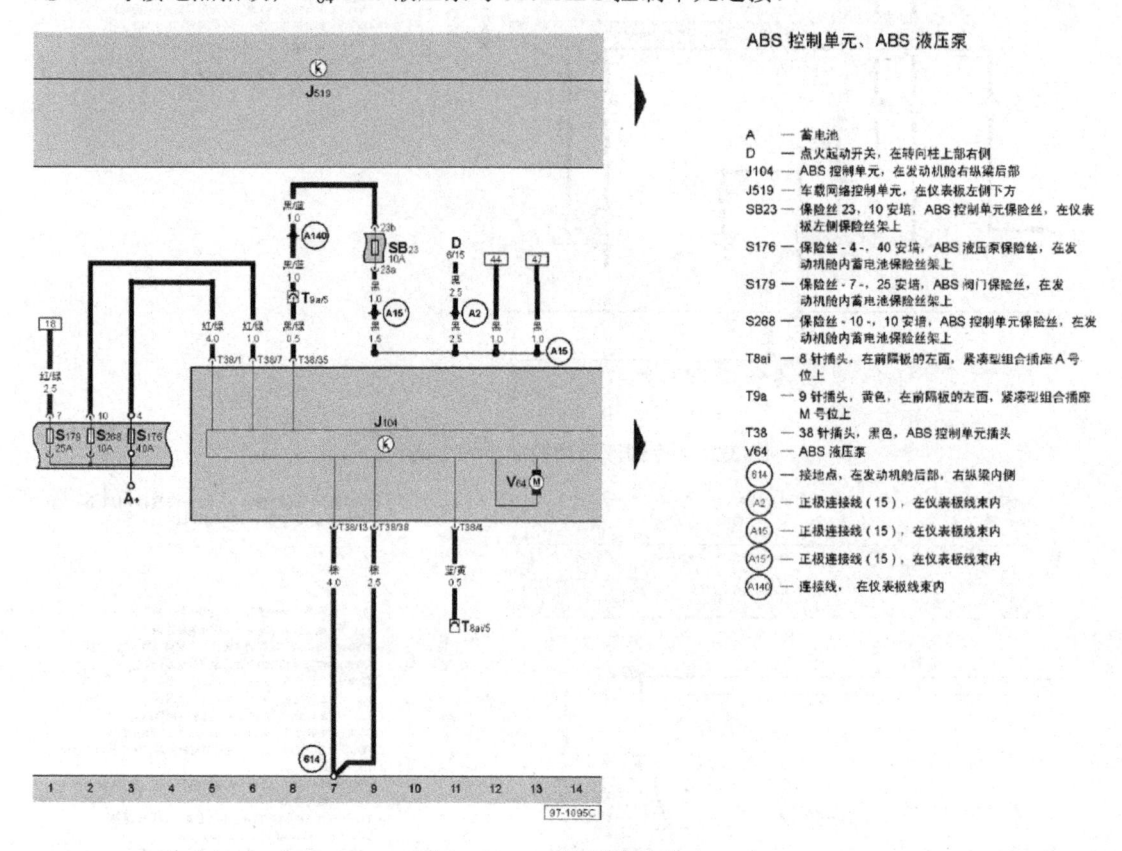

图 3.26 ABS 控制单元电路

J104ABS 控制单元如图 3.27 所示,T38/25 端子通过 ①坐标(见图 3.26)与 SB_{179}ABS 阀门保险丝连接,连接到蓄电池 A;T38/19、T38/31 端子与 G_{44} 右后轮速传感器连接;T38/6、T38/18 端子与 G_{45} 右前轮速传感器连接;T38/20、T38/33 端子与 G_{46} 左后轮速传感器连接;T38/22、T38/34 端子与 G_{47} 左前轮速传感器连接。

如图 3.28 所示,J104ABS 控制单元,T38/14、T38/26 端子连接到 A121、A122 是 CAN 网络线(见图 3.29),T38/26 端子是 CAN-H 线,T38/14 端子是 CAN-L 线,通过 A121、A122 连接线与 J519 车载网络控制单元连接;T38/30 端子与 J111 制动灯继电器连接。

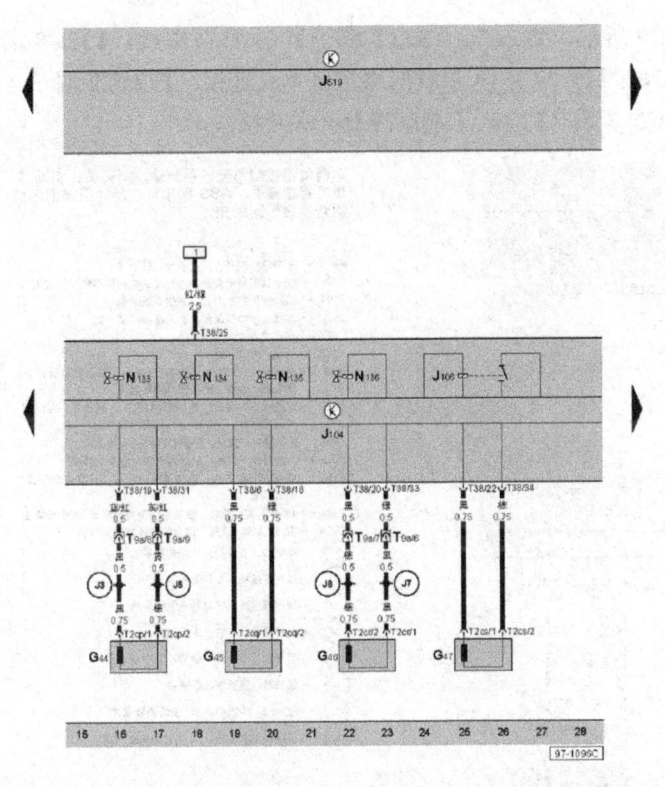

第 3 章　汽车电路图的识图方法　117

图 3.27　J104ABS 控制单元电路

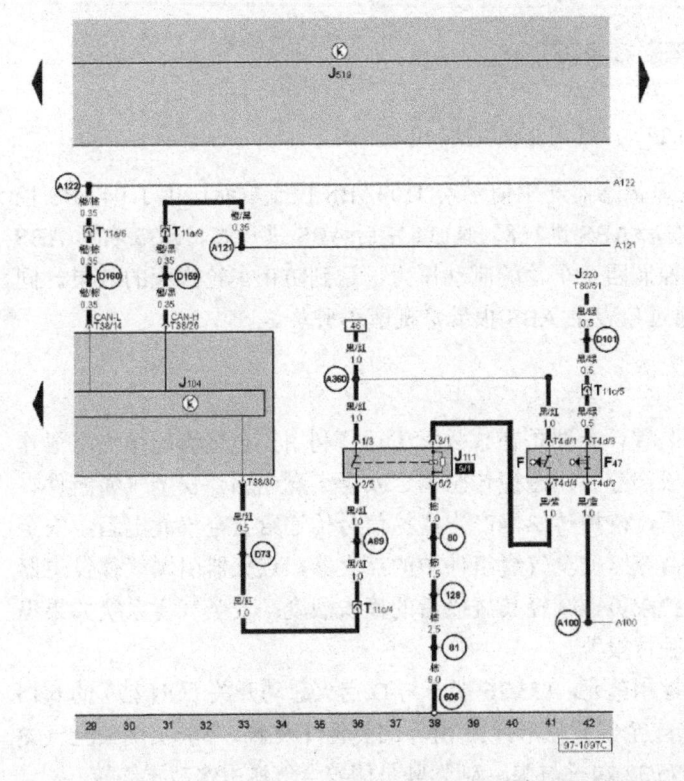

图 3.28　ABS 控制单元电路

J285 组合仪表控制单元如图 3.29 所示，T32a/7、T32a/8 端子是 CAN 网络线，T32a/8 端子是 CAN-H 线，T32a/7 端子是 CAN-L 线，与 J519 车载网络控制单元连接；T32a/22 端子与 F_{34} 制动液液位报警开关连接；T32a/21 端子与 F_9 人工制动控制开关连接。

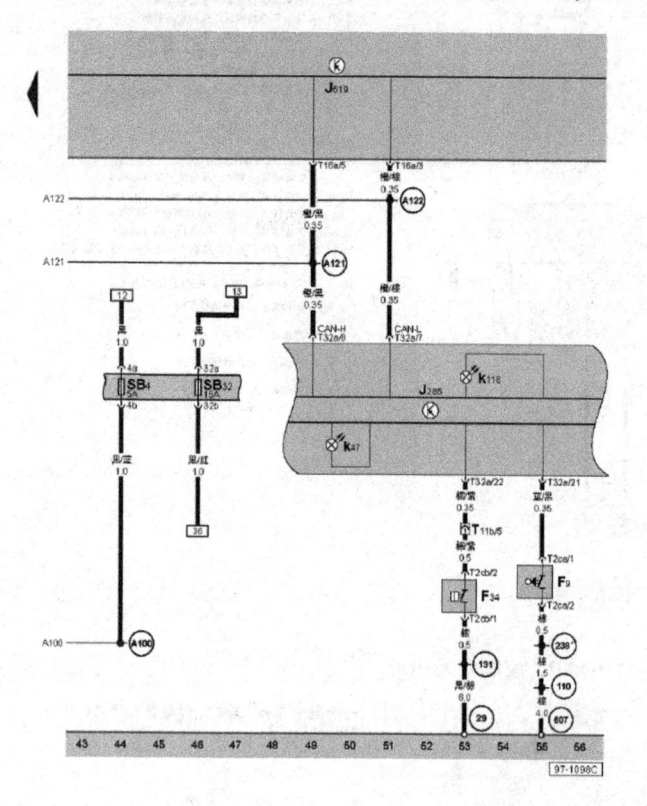

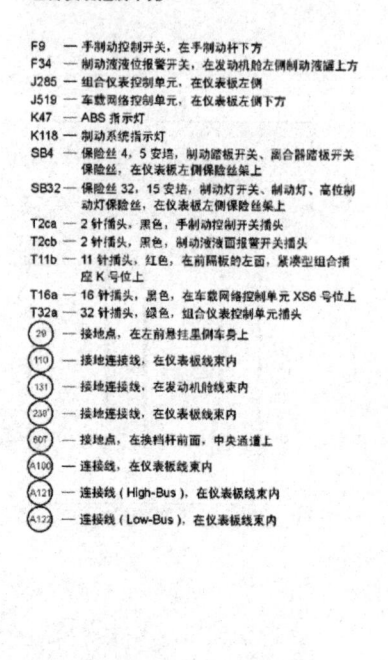

图 3.29 J285 组合仪表控制单元

ABS 制动防抱死系统，通过轮速传感器产生信号给 J104ABS 控制单元，由 J104ABS 控制单元产生信号给执行机构 N133 右后 ABS 进气阀、N134 左后 ABS 进气阀、N135 右后 ABS 排气阀、N136 左后 ABS 排气阀，控制四个车轮的制动压力，达到防止车轮抱死的效果。同时，监控 ABS 系统，若有故障会通过仪表上 ABS 报警灯提醒驾驶员。

8. 安全气囊控制电路

安全气囊系统是汽车被动安全装置，主要是在事故发生后，利用安全气囊的排气阻尼作用吸收人体碰撞后的惯性力。其组成部分为：碰撞传感器、安全气囊电脑、安全气囊组件、安全气囊报警灯。当车辆发生碰撞后，碰撞传感器产生碰撞信号传递给安全气囊电脑，安全气囊电脑经计算判断后，产生引爆命令给安全气囊组件中的点火器，点火器引爆气体发生器后产生大量氮气，充入气囊袋，保护成员，减轻其碰撞后的撞击烈度；安全气囊系统如果出现故障，通过安全气囊报警灯向驾驶员报警。

如图 3.30 所示，J234 安全气囊控制单元，T75/26 端子与 D 点火起动开关（ON 挡）的 6/15 线连接；T75/33、T75/34 端子与 F_{138} 安全气囊盘形弹簧/滑环的复位环及 N_{95} 驾驶员侧安全气囊引爆装置连接；T75/51、T75/31、T75/32 端子与 N_{131} 副驾驶员侧安全气囊引爆装置连接。

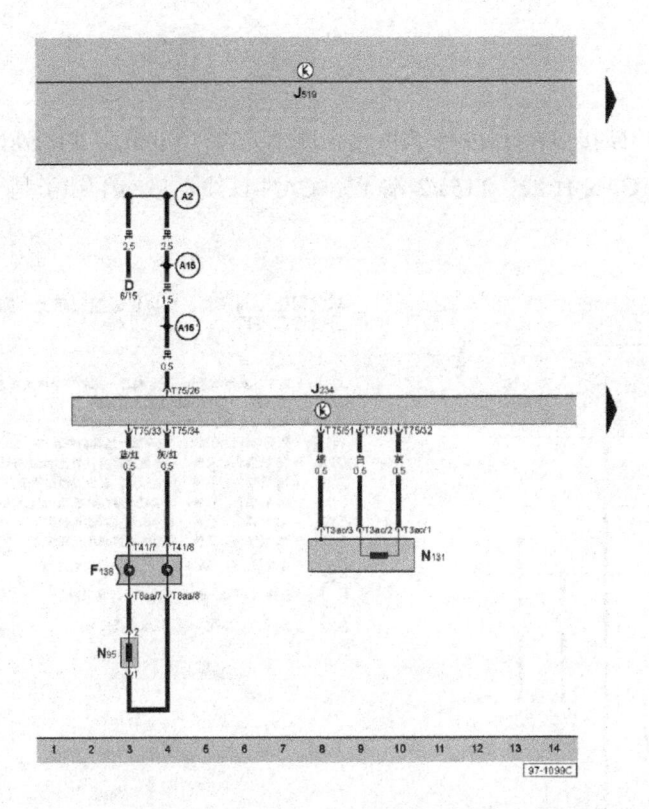

第 3 章 汽车电路图的识图方法 119

图 3.30 安全气囊控制电路（1）

如图 3.31 所示，J234 安全气囊控制单元，T75/74、T75/75 端子是 CAN 网络线，T75/74 端子是 CAN-H 线，T75/75 端子是 CAN-L 线，T75/74、T75/75 端子与 J285 组合仪表控制单元及 J519 车载网络控制单元连接。

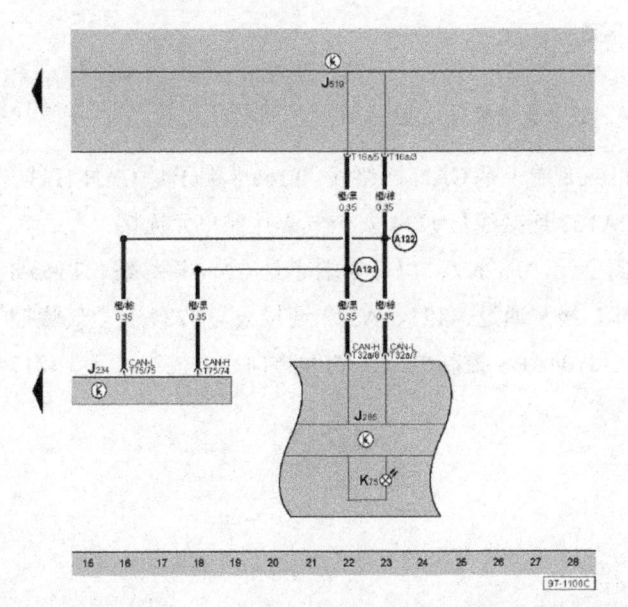

图 3.31 安全气囊控制电路（2）

9. CAN 总线控制电路

（1）驱动装置

如图 3.32 所示，J533 数据总线诊断接口在 J519 车载网络控制单元内，T16a/2、T16a/8 端子是 CAN 网络线，T16a/8 端子是 CAN-H 线，T16a/2 端子是 CAN-L 线，T18a/1 端子是 K-诊断接口线。

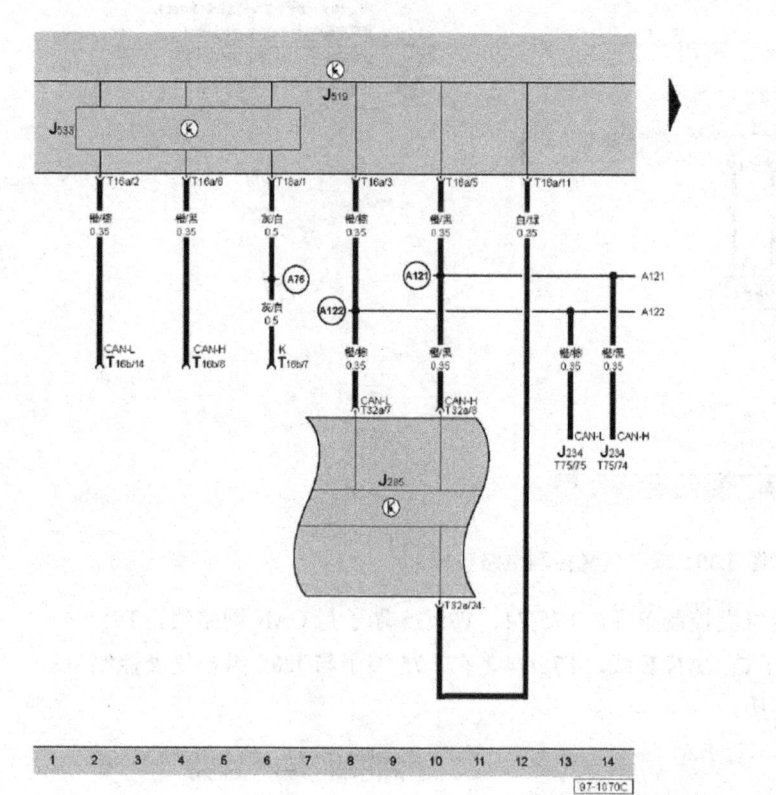

图 3.32 CAN 总线（驱动装置）电路（1）

J285 组合仪表控制单元，T32a/7、T16a/8 端子是 CAN 网络线，T16a/8 端子是 CAN-H 线，T32a/7 端子是 CAN-L 线，通过 A121、A122 连接线与 J234 安全气囊控制单元连接。

如图 3.33 所示，J285 组合仪表控制单元，T32a/7、T16a/8 端子是 CAN 网络线，T16a/8 端子是 CAN-H 线，T32a/7 端子是 CAN-L 线，通过 A121、A122 连接线与 J234 安全气囊控制单元、J220Motronic 发动机控制单元、J104ABS 控制单元、J500 转向助力控制单元、J217 自动变速器控制单元连接。

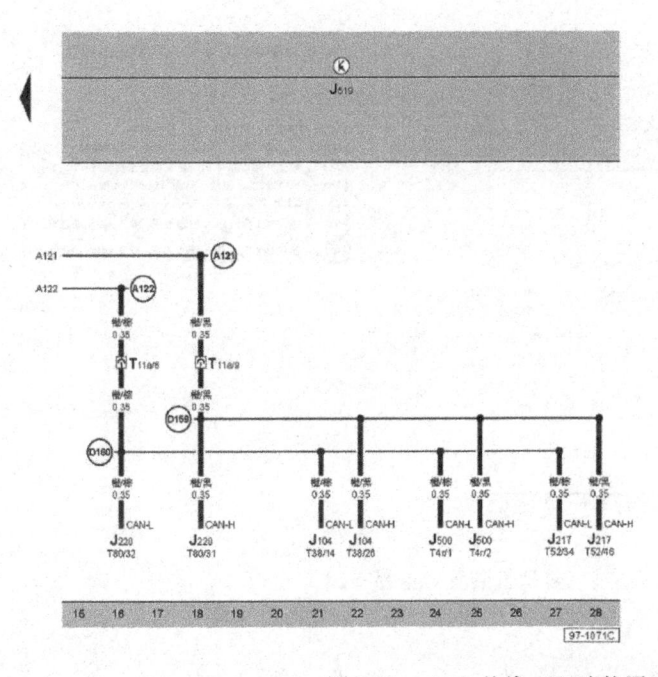

图 3.33　CAN 总线（驱动装置）电路（2）

（2）舒适装置

如图 3.34 和图 3.35 所示，J285 组合仪表控制单元，T32a/9、T16a/10 端子是 CAN 网络线，T32a/9 端子是 CAN-H 线，T16a/10 端子是 CAN-L 线，通过 A146、A147 连接线与 J310 空调控制单元、J393 舒适系统控制单元连接。

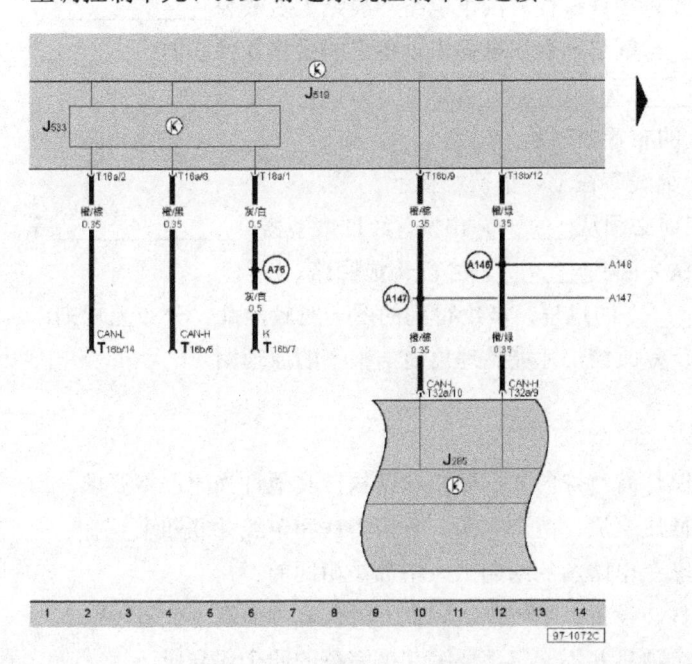

图 3.34　CAN 总线（舒适性装置）电路（1）

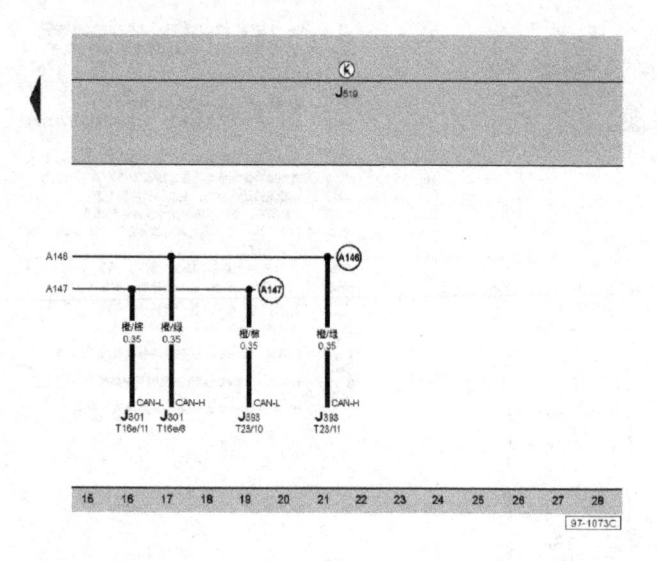

图 3.35　CAN 总线（舒适性装置）电路（2）

习题 3

一、填空题

1．识读汽车电路图时，首先要注意搭铁极性，汽车电路一般绝大多数为＿＿＿＿＿＿，即＿＿＿＿＿＿ ＿＿＿＿＿＿＿与整车的金属机体电设备之间是相互并联的。

2．汽车原理图分为＿＿＿＿＿＿、＿＿＿＿＿＿。

3．汽车电路原理图中电气装置的布置顺序从＿＿到＿＿，从＿＿到＿＿；供电电源（特别是蓄电池）在左，用电器在右，"火线"在上，搭铁线在下。

4．回路原则是指电路中电流流向必须从＿＿＿＿＿出发，经过熔断器、＿＿＿＿、＿＿＿＿等到达用电设备，再经过导线（或搭铁）回到＿＿＿＿＿，才能构成回路。

5．展绘是"＿＿＿＿＿＿＿＿＿＿"的过程，展绘得到的图一般较散乱，分布无规则，为便于分析、保存，一般还要几次反复改绘，才能整理出简洁整齐的原理图。

二、判断题

（　　）1．在照明设备中，前照灯有特殊的光学要求和结构，其他灯光无严格要求。

（　　）2．汽车电路的特点是低压直流、两个电源、负极搭铁和单线并联四个。

（　　）3．目前世界各汽车厂家在电路图的绘制上风格都是相同的。

（　　）4．用来表示项目在组件、设备、系统中实际位置的代号称为端子代号。

（　　）5．在实际应用中，每个项目并不一定都要编制出完整的四个代号段。

（　　）6．黑色导线除作为搭铁线外，没有其他用途。

三、选择题

1. 基本件是指在正常情况下（　　）再分解的一个或几个零件或元器件。
  A. 可以　　　　　　B. 不能　　　　　　C. 有时可以
2. 位置代号通常由（　　）选定的字母、数字或字母数字的组合构成。
  A. 国标　　　　　　B. 厂家　　　　　　C. 自行

四、简答题

1. 简述汽车电路图的识读要点。
2. 简述识读汽车电路原理图的一般步骤。
3. 简述汽车布线图的识图方法。
3. 简述汽车线束图的识图方法。
4. 大众汽车电路图分为几大部分？
5. 大众车系电路图有哪些特点？
6. 大众车系电路图中的接点标记 30、50、15、31、p、x 等符号表示什么含义？

五、分析题

1. 试分析下面的捷达轿车刮水器电路。

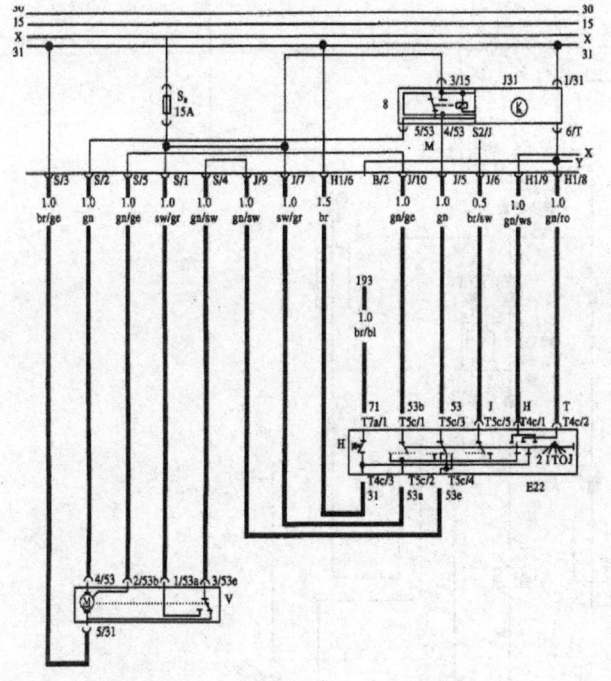

E22 — 风窗刮水器开关
H — 喇叭按钮
J31 — 刮水器与清洗器控制继电器
V — 前风窗刮水器电动机
T4c — 4 孔连接器（转向柱管上组合开关后面）
T5c — 5 孔连接器（转向柱管上组合开关后面）
T7c — 7 孔连接器（转向柱管上组合开关后面）

汽车整车电路识读及故障分析

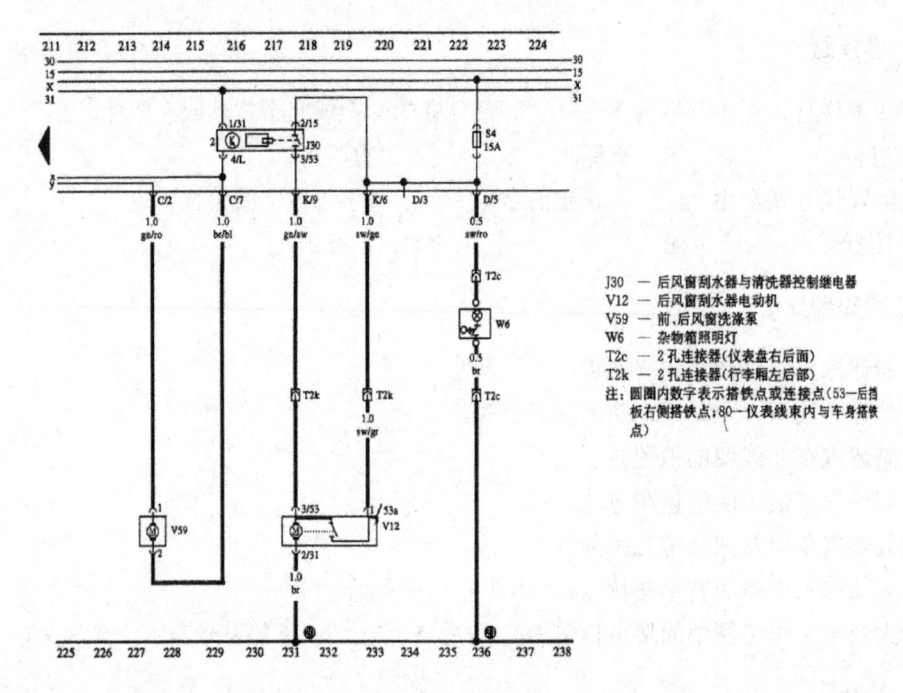

J30 — 后风窗刮水器与清洗器控制继电器
V12 — 后风窗刮水器电动机
V59 — 前、后风窗洗涤泵
W6 — 杂物箱照明灯
T2c — 2 孔连接器(仪表盘右后面)
T2k — 2 孔连接器(行李厢左后部)
注：圆圈内数字表示搭铁点或连接点(53—后围板右侧搭铁点；80—仪表线束内与车身搭铁点)

2. 下图为比亚迪 F3 的起动机电路图，试分析如果不能起动（起动时马达没反应），可能的故障原因及诊断步骤，并填入表中。

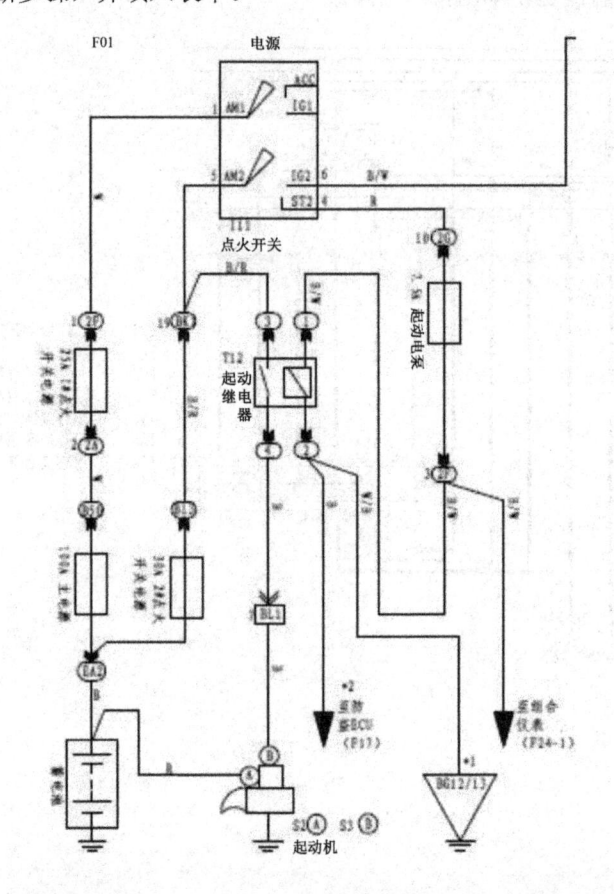

故障现象		
可能的故障原因	1	
	2	
	3	
	4	
	5	
	6	
诊断步骤	1	
	2	
	3	
	4	
	5	
	6	

第 4 章 典型车系汽车电路识图方法

本章内容概要

➢ 典型车系汽车电路图识图方法

本章学习目标

➢ 了解各典型车系汽车电路图的特点
➢ 熟悉各典型车系汽车电路图的图形符号
➢ 掌握各典型车系汽车电路图的读图方法

4.1 通用系列汽车电路图的识读

4.1.1 通用系列汽车电路图的识读方法

1. 通用汽车电路图的符号及含义

通用汽车电路图中各种符号及含义如表 4.1 所示。

表 4.1 通用汽车电路图符号及含义

| 本图标为静电放电敏感（ESD）图标，用于提醒技术人员，该系统含有对静电放电敏感的部件，在维修前需要特别注意。防止静电放电损坏所采取的措施如下：
· 在维修任何电气零件之前触摸金属接地点，去除身体上的静电；
· 勿触摸裸漏的端子；
· 维修连接器时，勿使用工具接触裸漏的端子；
· 如无要求，忽将零件从其保护盒中取出；
· 避免采取以下行动（除非诊断步骤中有要求）：
  a. 将零部件或连接器跨接或接地；
  b. 将测试设备探针与零部件或连接器相连接；
· 打开零部件保护性包装之前将其接地 | 本图标为辅助充气式保护装置（SIR）或辅助充气式保护系统（SRS）安全气囊图标，用于提醒技术人员，该系统含有辅助充气式保护装置（SIR）/辅助充气式保护系统（SRS）安全气囊部件。在维修时需要特别注意以下几点：
· 在进行任何进一步的检查之前要执行 SIR 的诊断系统的检查；
· 在进行维修工作前要使安全气囊失效；
· 在完成维修工作后应使安全气囊系统生效；
· 在把车辆交给用户前要执行 SIR 的诊断系统检查 |

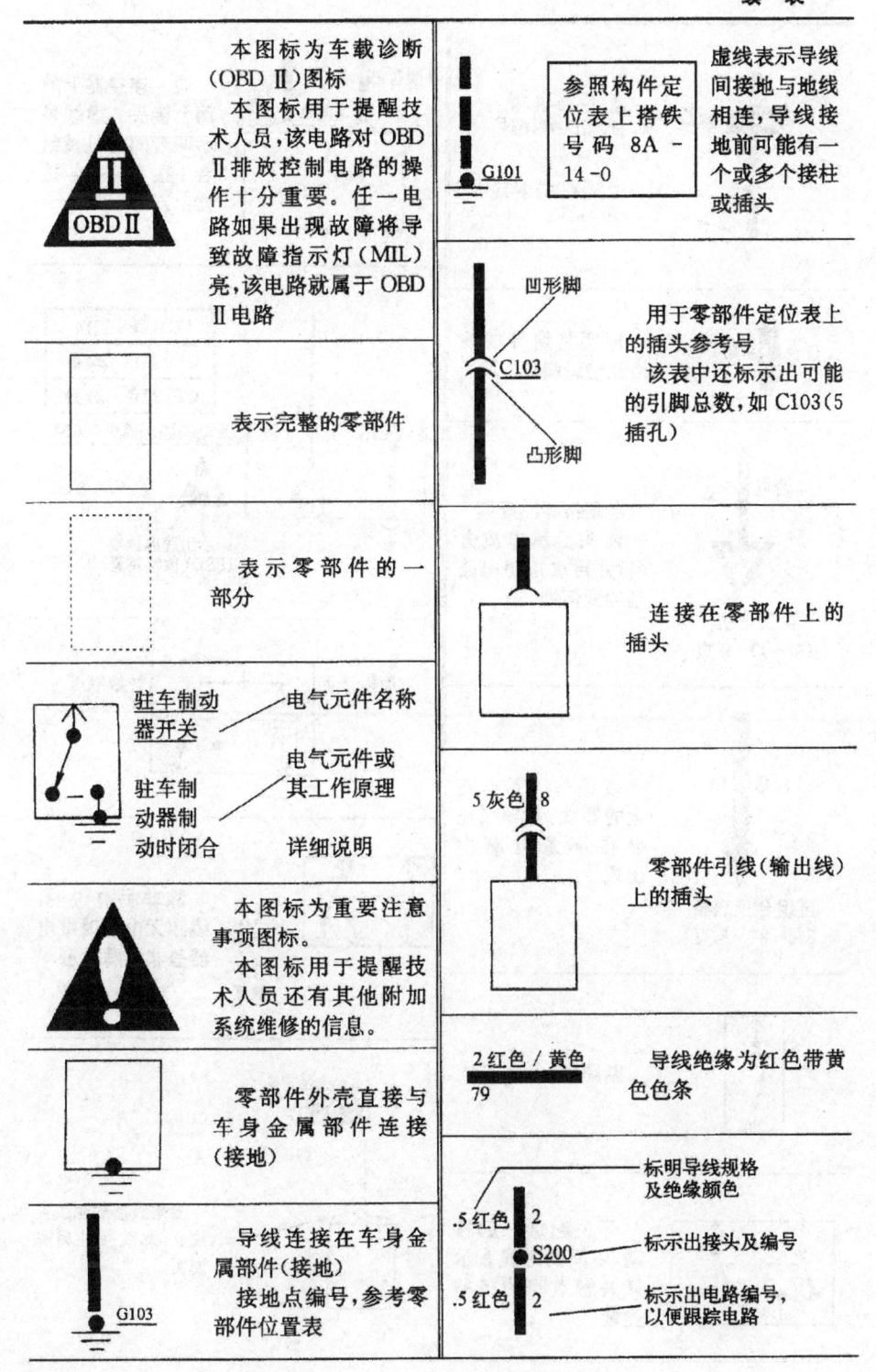

第4章 典型车系汽车电路识图方法

续 表

图标	说明	图标	说明
OBD Ⅱ	本图标为车载诊断（OBD Ⅱ）图标 本图标用于提醒技术人员,该电路对 OBD Ⅱ排放控制电路的操作十分重要。任一电路如果出现故障将导致故障指示灯（MIL）亮,该电路就属于 OBD Ⅱ电路	G101	参照构件定位表上搭铁号码 8A-14-0
□	表示完整的零部件	C103（凹形脚/凸形脚）	用于零部件定位表上的插头参考号 该表中还标示出可能的引脚总数,如 C103（5 插孔）
┆	表示零部件的一部分		连接在零部件上的插头
驻车制动器开关 / 驻车制动器制动时闭合	电气元件名称 电气元件或其工作原理 详细说明	5 灰色 8	零部件引线（输出线）上的插头
!	本图标为重要注意事项图标。 本图标用于提醒技术人员还有其他附加系统维修的信息。	2 红色/黄色 79	导线绝缘为红色带黄色色条
□	零部件外壳直接与车身金属部件连接（接地）	.5 红色 2 S200 .5 红色 2	标明导线规格及绝缘颜色 标示出接头及编号 标示出电路编号,以便跟踪电路
G103	导线连接在车身金属部件（接地） 接地点编号,参考零部件位置表		

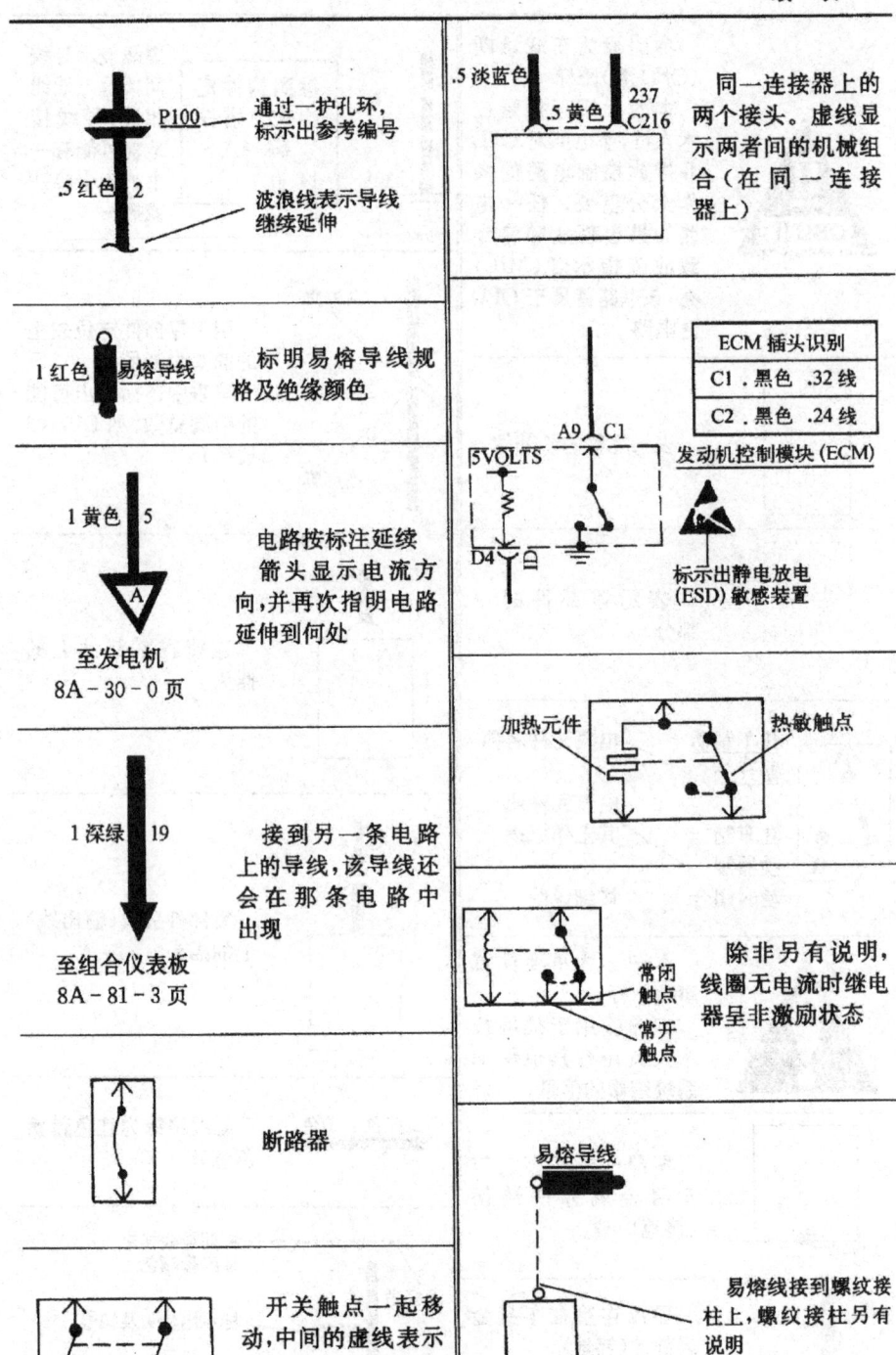

(P100, .5红色 2)	通过一护孔环，标示出参考编号；波浪线表示导线继续延伸	(.5淡蓝色, .5黄色, 237 C216)	同一连接器上的两个接头。虚线显示两者间的机械组合（在同一连接器上）
(1红色 易熔导线)	标明易熔导线规格及绝缘颜色	(5VOLTS, A9 C1, D4, ID, ECM插头识别 C1.黑色.32线 C2.黑色.24线)	发动机控制模块(ECM)；标示出静电放电(ESD)敏感装置
(1黄色 5, A, 至发电机 8A-30-0页)	电路按标注延续箭头显示电流方向，并再次指明电路延伸到何处	(加热元件, 热敏触点)	
(1深绿 19, 至组合仪表板 8A-81-3页)	接到另一条电路上的导线，该导线还会在那条电路中出现	(常闭触点, 常开触点)	除非另有说明，线圈无电流时继电器呈非激励状态
	断路器	易熔导线	易熔线接到螺纹接柱上，螺纹接柱另有说明
	开关触点一起移动，中间的虚线表示开关触点间的机械连接		

续 表

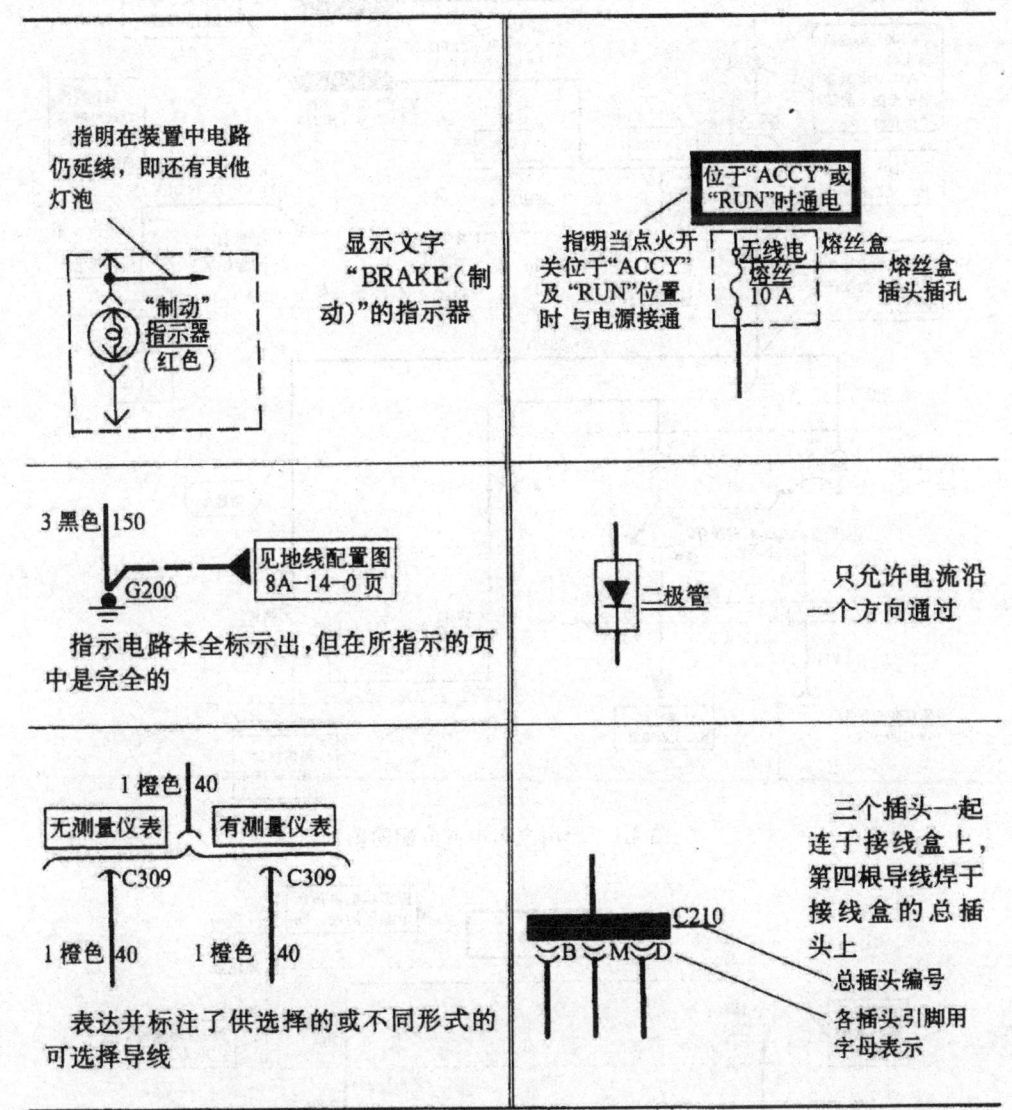

指明在装置中电路仍延续，即还有其他灯泡 / 显示文字"BRAKE（制动）"的指示器	指明当点火开关位于"ACCY"及"RUN"位置时与电源接通 / 位于"ACCY"或"RUN"时通电
指示电路未全标示出，但在所指示的页中是完全的	二极管　只允许电流沿一个方向通过
表达并标注了供选择的或不同形式的可选择导线	三个插头一起连于接线盒上，第四根导线焊于接线盒的总插头上 / 总插头编号 / 各插头引脚用字母表示

2．通用汽车电路图的组成

通用汽车电路图通常分为四类：电源分配简图（见图4.1），熔丝盒详图（见图4.2），系统电路图（见图4.3）和接地线路图（见图4.4）。系统电路图中，电源线从图的上方进入，通常从熔丝处开始，并在熔丝上方用黑线框标注此处与电源之间的通断关系。用电器在中部，接地点在最下方。如果是由电子控制的系统，电路图中除该系统的工作电路外还会包括与该系统工作有关的信号电路（如传感器等）。

通用汽车的系统电路图上方常用粗黑框内的文字标注与电源的通断情况，一般为"常通电"（常火线）式、"在ON或ACC时通电"（指点火开关在ON或ACC的位置时接通电源）。通用汽车电路图中用黑三角内的图案表示电路中需要注意的内容。

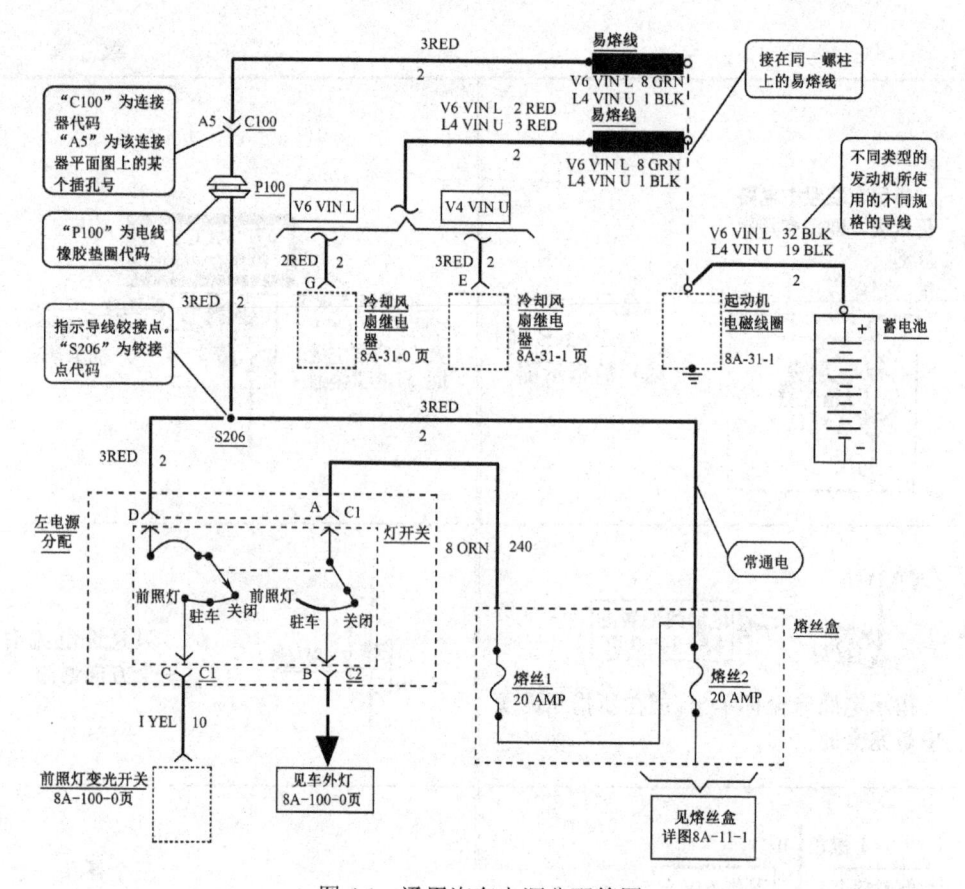

图 4.1　通用汽车电源分配简图

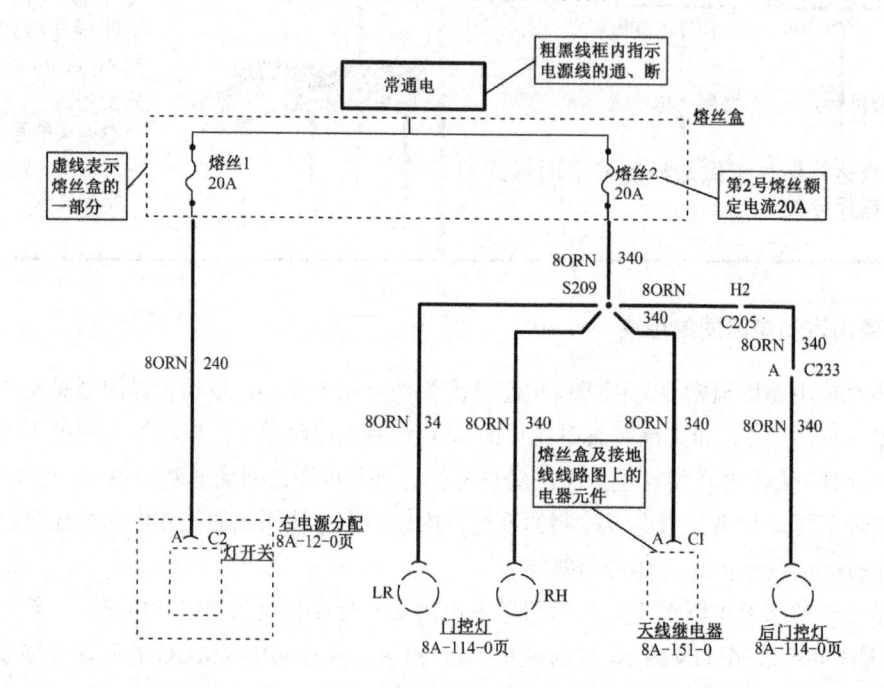

图 4.2　通用汽车熔丝盒详图

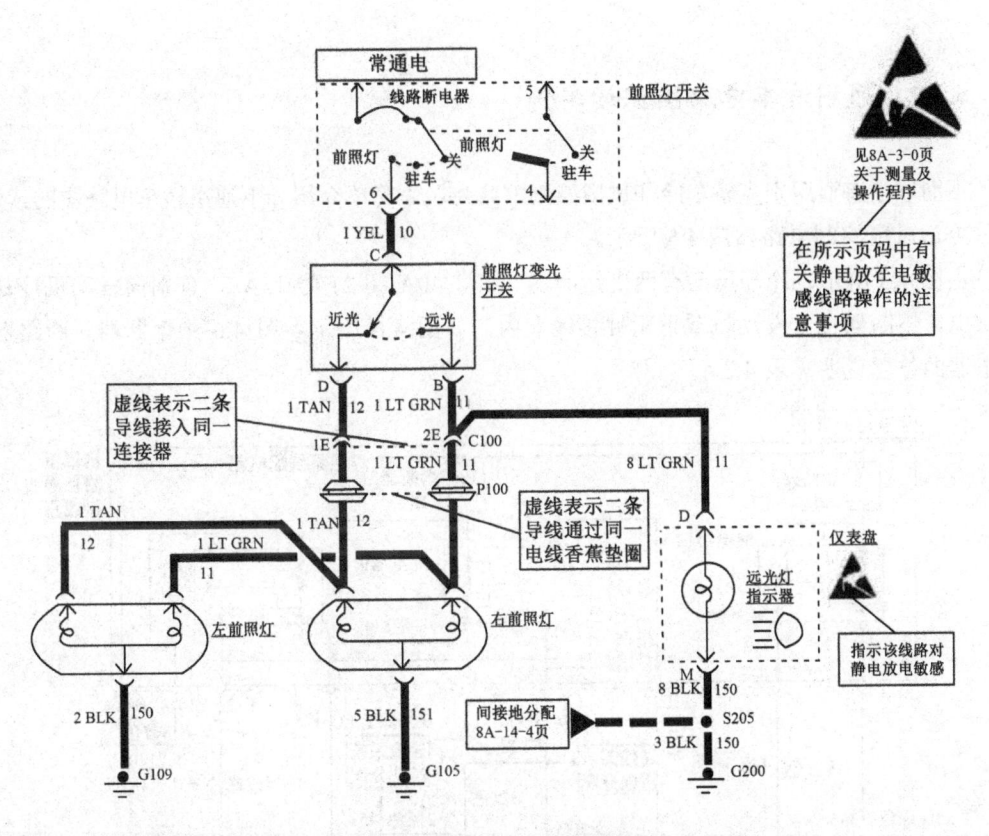

第4章 典型车系汽车电路识图方法

图4.3 通用汽车系统电路图

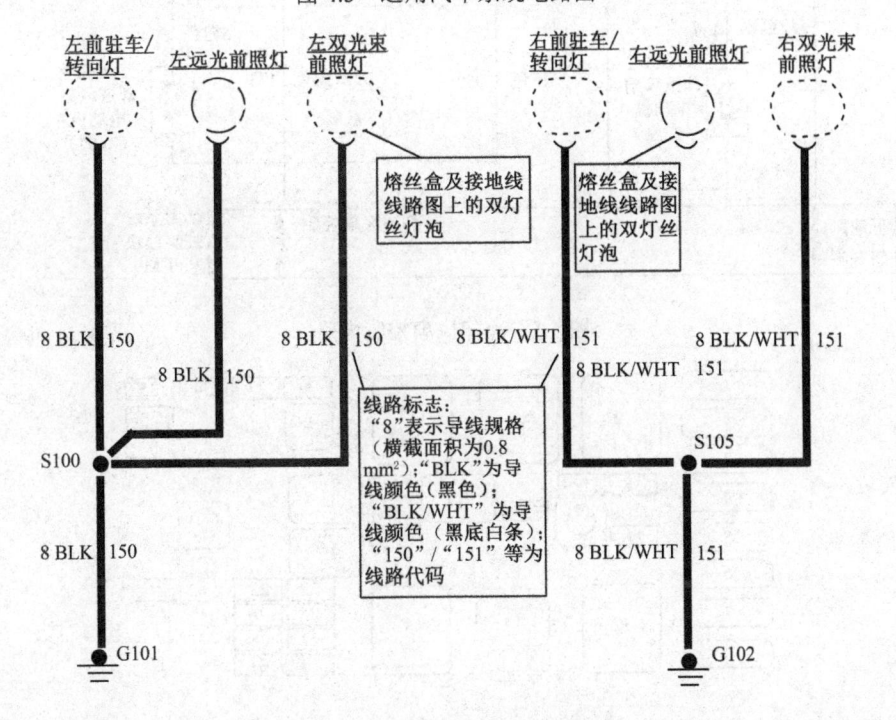

图4.4 通用汽车接地电路图

4.1.2 通用汽车电路图识读实例

下面以上海通用别克轿车冷却风扇控制电路为例来简单介绍一下通用轿车电路图的读法。冷却风扇控制电路如图 4.5 所示。

由图 4.5 所示,冷却风扇有两个熔断器(6 号 40A 和 21 号 15A),分别向发动机冷却风扇供电。熔断器位于发动机罩下附件接线盒内,如图 4.6 所示。图 4.6 中熔断器、断路器及继电器的位置说明见表 4.2。

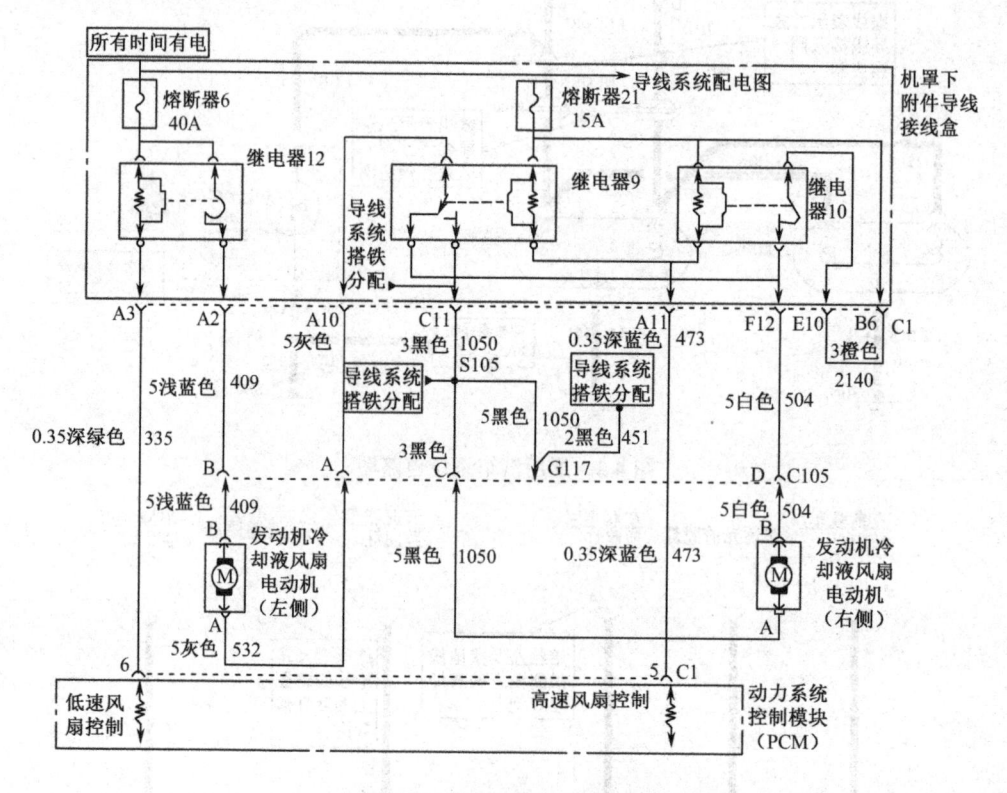

图 4.5 冷却风扇控制电路

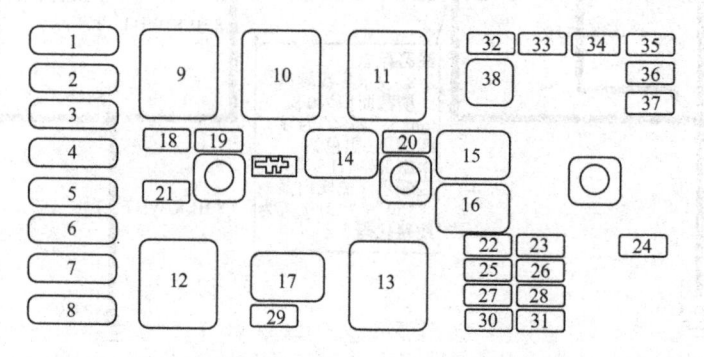

图 4.6 发动机罩下熔断器、断路器及继电器位置

表 4.2 发动机罩下熔断器、断路器及继电器位置说明

位置号	说明	位置号	说明
1	ABS 系统	21	冷却风扇
2	起动机电磁线圈	22	电子点火
3	电动座椅、后窗除雾器	23	变速器
4	高速鼓风机、危险警告灯、停车灯、电动后视镜、门锁	24	喇叭
5	点火开关、BTSI、停车灯、转向信号、仪表组件、气囊、自动前大灯控制模板	25	喷油器
6	冷却风扇	26	氧传感器
7	前大灯、自动前大灯控制模块、车身控制模块、预留附件电源	27	发动机排放
8	点火开关、刮水器、收音机、车身控制模块、辅助电源、电动车窗、空调系统、后窗除雾继电器、前大灯控制模块	28	前雾灯
9	冷却风扇 2	29	备用灯
10	冷却风扇 3	30	示宽灯
11	启动电磁线圈	31	燃油泵
12	冷却风扇 1	32	备用
13	点火总电源	33	备用
14	A/C 离合器	34	备用
15	喇叭	35	备用
16	前雾灯	36	备用
17	燃油泵	37	备用
18	发电机	38	熔断器拉出器
19	PCM	⊱	A/C 压缩机离合器二极管
20	A/C		

1. 冷却风扇低速工作时电路

如图 4.5 所示，动力系统控制模块 PCM 通过低速风扇控制电路为继电器 12 的控制电路提供搭铁。继电器 12 的控制电路的电流通路为：所有时间有电（与电源直接连接）→熔断器 6→继电器 12→PCM 的低速风扇控制电路搭铁形成回路。于是，继电器 12 的线圈中有电流通过，控制常开触点闭合，向冷却风扇电动机供电。冷却风扇电动机电流通路为：所有时间有电（与电源直接连接）→熔断器 6→继电器 12→左侧的冷却风扇电动机→继电器 9 的常闭

触点→右侧的冷却风扇电动机→搭铁→电源负端构成电流回路。导线系统搭铁分配器搭铁形成回路。此时由于左侧的冷却风扇电动机与右侧的冷却风扇电动机串联,所以风扇以低速运转。

2.冷却风扇高速工作时电路

动力系统控制模块 PCM 首先经低速风扇控制电路对继电器 12 提供搭铁路径,经 3s 延时后,动力系统控制模块 PCM 经高速风扇控制端为低点位,继电器 9 和继电器 10 回路接通。左侧风扇电动机电流通路为:所有时间有电(与电源直接连接)→熔断器 6→继电器 12 闭合的触电→左侧的冷却风扇电动机→继电器 9 的常开触点(此时已闭合)→搭铁→电源负端构成电流回路。右侧风扇电动机电流通路为:所有时间有电(与电源直接连接)→熔断器 21→继电器 10 的常开触点(此时已闭合)→右侧的冷却风扇电动机→搭铁→电源负端构成电流回路。由于左右冷却风扇电动机并联,所以风扇高速运转。

在识读电路图的同时还应清楚 PCM 在什么情况下控制继电器 12 搭铁,其条件为:
①当发动机冷却液温度超过 106℃;
②当请求 A/C 且环境温度高于 5℃;
③当 A/C 制冷剂压力大于 1.31MPa;
④当点火关闭且发动机冷却液温度高于 140℃。

对于风扇高速控制,PCM 延后右侧冷却风扇电动机和继电器 10 控制达 3s。3s 延时后可确保冷却风扇电负荷不超过系统的容量。

PCM 在以下各情况下为继电器 12、继电器 9 和继电器 10 提供搭铁:
①当发动机冷却液温度超过 110℃;
②当 A/C 制冷剂压力大于 1.655MPa。

4.2 丰田系列汽车电路图的识读

4.2.1 丰田汽车电路图的特点

1.丰田汽车的电路保护装置

丰田汽车的电路保护装置类型主要有电路断电器、易熔线和熔断器,它的外形、符号和名称见表 4.3。

表 4.3　丰田汽车的电路保护装置

外　形	符　号	名　称	缩略语
BE5594	IN0365	熔断丝	FUSE
BE5595	IN0366	中等电流熔断丝	M-FUSE
BE5596	IN0367	大电流熔断丝	H-FUSE
BE5597	IN0367	易熔线	FL
BE5598	IN0368	电路断电器	CB

2．导线的颜色

在线路图中，导线颜色用字母代号表示，字母代号的含义见表 4.4。导线颜色的表示方法如图 4.7 所示。

表 4.4　导线颜色

B-黑	L-蓝	R-红	BR-棕	LG-浅绿	V-紫
G-绿	O-橙	W-白	GR-灰	P-粉红	Y-黄

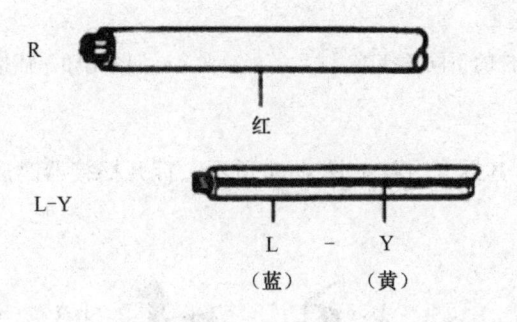

图 4.7　导线颜色表示方法

例如，线路图中导线颜色编号为 R，则说明在实际电路中，导线颜色为红色。如果导线为双色，则用第一个字母表示导线基本颜色，第二个字母表示导线的条纹颜色。例如导线颜色编号为 L-Y，则在实际电路中，导线的基本颜色为蓝色，条纹颜色为黄色。

3. 插接器

（1）插接器接线端子的编号

如图 4.8 所示，插接器的插座接线端子的编号为从左上至右下的次序进行编号；插接器的插头接线端子的编号为从右上至左下的次序进行编号。

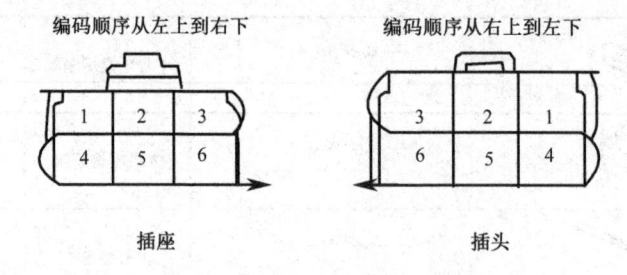

图 4.8　插接器接线端子的编号

具有相同端子数目的不同插接器用于同一个零件时，各插接器的名称(英文字母)和接线端子编号都有规定，如图 4.9 所示。

（2）插接器的插头和插座的区别

如图 4.10 所示，根据接线端子的形状识别插接器的插头和插座。

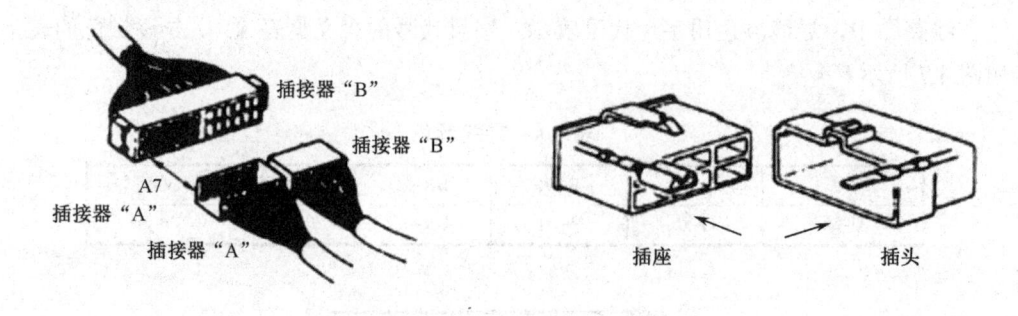

图 4.9　同一零件的不同插接器

图 4.10　插接器的插头和插座

（3）插接器的拆开

在拆开插接器时，其拆开方法如图 4.11 所示。拆开插接器时应拉插接器本体，切勿拉配线。

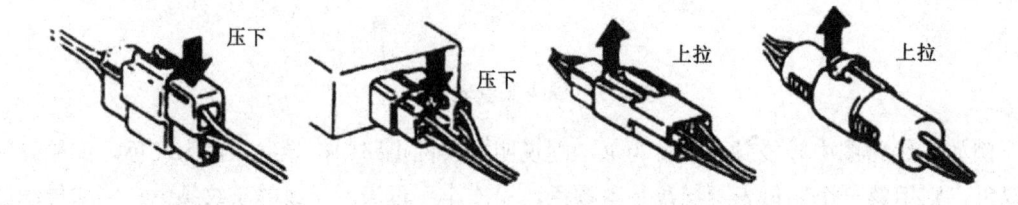

图 4.11　插接器拆开方法

4. 电路图中使用的符号及含义

丰田汽车电路图中使用的符号及含义见表 4.5。

表 4.5　丰田汽车电路图中使用的符号及含义

符　号	名　称	符　号	名　称
	蓄电池		继电器 1. 常闭 2. 常开
	电容器		
	点烟器		切换式继电器
	电路断电器		电阻
	二极管		按键式变阻器
	稳压二极管		可变电阻器
	分电器、集成点火装置		热敏电阻传感器
	熔断丝 易熔线		模拟速度传感器
	搭铁		短路插销
	单灯丝 双灯丝　前照灯		电磁阀或电磁线圈
	喇叭		扬声器
	点火线圈		手动开关 1. 常开 2. 常闭
	小灯		双投掷开关
	发光二极管		点火开关
	模拟式仪表		刮水器停放位置开关
	数字式仪表		三极管
	电动机		配线 1. 不连接； 2. 铰接

5. 丰田汽车电路各系统的符号及含义

丰田汽车电路由各独立的系统组成，其各系统的符号及含义见表 4.6。

表4.6 丰田汽车电路中各系统的符号及含义

含义	符号	含义	符号	含义	符号
ABS（防抱死制动系统）		发动机控制		超速驾驶	
AC（空调）		前雾灯		电源	
自动天线		燃油加热器		电动窗	
倒车灯		前刮水器和洗涤器		电动座位	
行李箱锁		电热和废气控制		散热器风扇和冷凝器风扇	
化油器		电热塞		音响	
充电系		前照灯		后雾灯	
点烟器和时钟		前照灯光束水平控制		后窗除雾器	
组合仪表		前照灯清洁器		后刮水器和洗涤器	
巡航控制		喇叭		遥控后视镜	
门锁		照明		座位加热器	
电子控制变速器和AT/指示灯		车内灯		换挡杆锁	
电控液压冷却风扇		灯光自动切断		SRS（乘员辅助安全系统）	
电控安全带张力减小器		灯光提醒蜂鸣器		启动和点火	
停车灯		车顶窗		尾灯	
转向信号和危险信号灯		开锁和座位安全带警告灯			

6. 丰田汽车电路中使用的缩略语

丰田汽车电路中常见的统略语如表 4.7 所示。

表 4.7 丰田汽车中常见的缩略语

缩略语	英文全称	含义
ABS	Anti-lock Brake System	防抱死制动系统
A/C	Air Condition	空调器
A/E	Automatic Drive	自动驾驶
A/T	Automatic Transmission	自动变速器
CB	Circuit Breaker	电流断电器
COMB	Combination	组合
ECT	Electronic Controlled Transmission	电子控制变速器
ECU	Electronic Control Unit	电控单元
EFI	Electronic Fuel Injection	电子控制燃油喷射
EGR	Exhaust Gas Recirculation	废气再循环
FL	Fusible Link	熔丝
J/B	Junction Block	接线盒
LH	Left-Hand	左侧
O/D	Overdrive	超速行驶
PPS	Progressive Power Steering	渐进式动力转向机构
RH	Right-Hand	右侧
RL	Rear Left	左后
RR	Rear Right	右后
SRS	Supplemental Restraint System	安全气囊（辅助成员保护系统）
SW	Switch	开关
TDIC	Total Diagnostic Communication Link	故障诊断通信接口
TEMP	Temperature	温度
TRC	Traction Control System	牵引力控制系统
VSV	Vacuum Switching Valve	真空开关阀

4.2.2 丰田汽车电路图表示方法

丰田汽车电路图的标示方法如图 4.12 所示，电路图中各部分的含义如下：

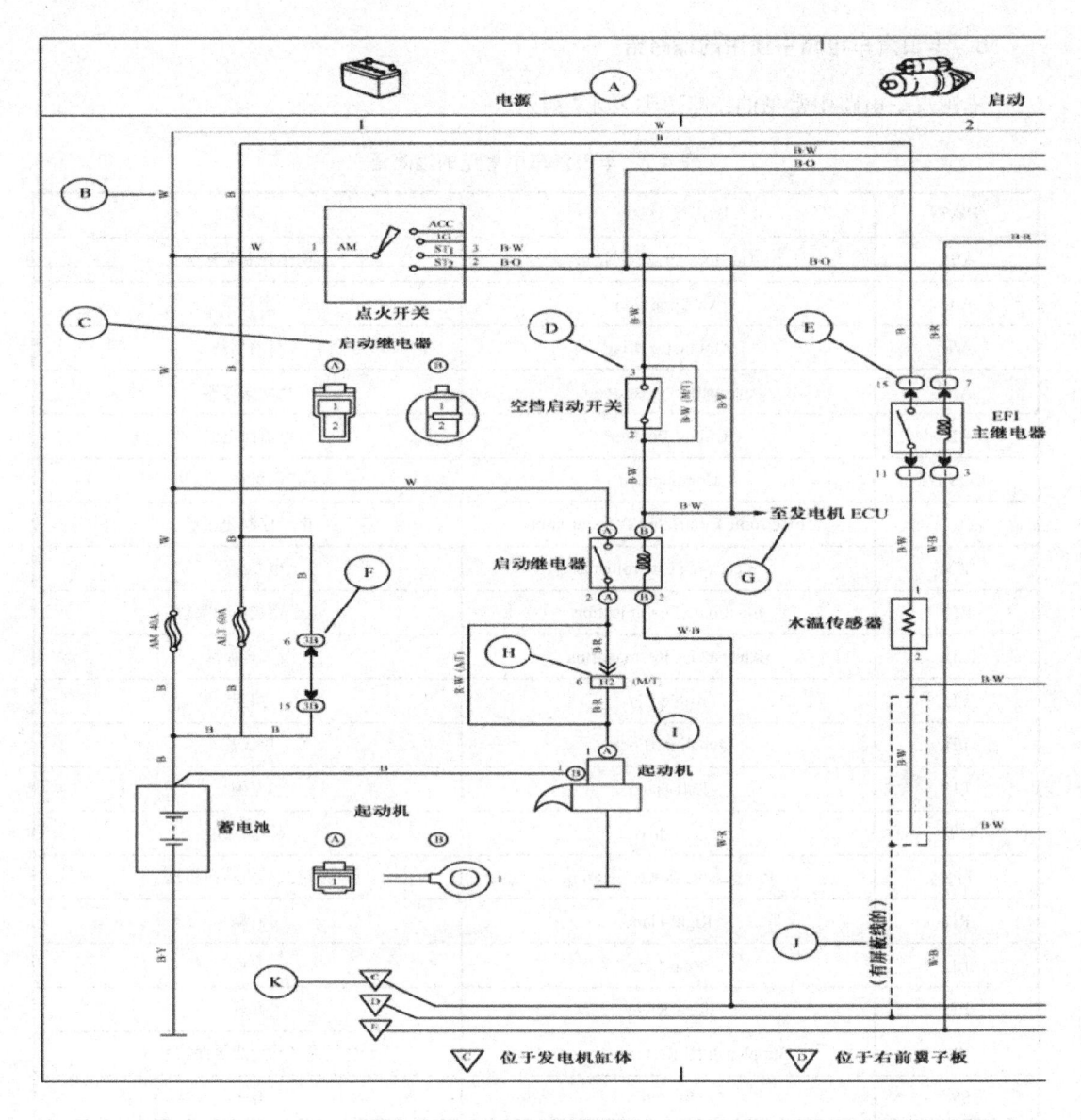

图 4.12　丰田汽车电路图的标示方法

A 系统标题。

B 表示配线颜色，图中 W 表示白色。

C 表示与电器元件连接的插接器（数字表示接线端子的编号）。

D 表示插接器的接线端子编号，其中插座和插头编号的方法不同。在插座编号中，顺序为从左至右，从上至下；插头则从右至左，从上至下。

E 表示继电器盒，图中只标明继电器盒的号码，亦不印上阴影，以有别于接线盒。图示继电器盒号码为 1，表示 EFI 主继电器在 1 号位置。

F 表示接线盒。圈内数字表示接线盒（J/B）号码，圈旁数字表示该插接器插座位置代码。

接线盒上一般印上阴影，使其与其他元件区分。不同的接线盒，用不同的阴影标出，以便区分。例如图中的 3B 表示它在 3 号接线盒内；数字 6 和 15 表示两条配线分别在插接器 6 号和 15 号接线端子上。

G 表示相关联的系统。

H 表示配线与配线之间的插接器，带插头的配线用符号"≶"表示，外侧数字 6 表示接线端子的号码。

I 当车辆型号、发动机型号或规格不同时，用（ ）中内容来表示不同的配线和插接器等。

J 表示屏蔽的配线。

K 表示搭铁（接地）点位置。搭铁（接地）在电路图中用"▽"符号表示。

4.2.3 丰田系列汽车电路图识读实例

下面以凌志轿车（LEXUS-LS4OO）刮水器和洗涤器、喇叭电路为例，介绍丰田轿车电路的读图方法。

凌志轿车（LEXUS-LS4OO）刮水器和洗涤器、转向信号和危险警告、喇叭电路如图 4.13 和图 4.14 所示。分析电路之前，首先要弄清以下三方面的内容，再进行具体分析。

（1）元件的安装位置

拿到电路图首先要找到该系统的主要电器元件，然后再进行线路分析，从而避免盲目性。例如，刮水器电动机 W5、洗涤电动机 W2、刮水器和洗涤器组合开关 C15、刮水器控制继电器 W8、点火开关 I17 等。配合元件的位置图就能够知道这些电器元件在车上的安装位置，如刮水器电动机 W5、洗涤电动机 W2 的安装位置可从发动机舱元件位置图获得，参见图 4.15。

（2）继电器位置

在各系统的工作电路中经常出现一些继电器，这些继电器的位置可通过继电器位置图获得。例如，图 4.13 中的喇叭继电器在继电器盒中，刮水器控制继电器 W8 可从图 4.16 仪表板继电器位置图获得。

（3）J/B 和 R/B 构成及内部电路

在对刮水器和洗涤器电路进行分析时将会遇到 1 号 J/B（接线盒）；在对喇叭电路进行分析时将会遇到 2 号 J/B（接线盒）。了解接线盒的结构及其内部电路将会给电路分析和使用带来很多方便。

例如，2 号 J/B 位置在发动机舱左侧，在 5 号 R/B 附近，2 号 J/B 的结构如图 4.17 所示，内部电路如图 4.18 所示。1 号 J/B 位于转向柱左侧，和 7 号 R/B 相邻。1 号 J/B 的结构如图 4.19 所示，内部电路如图 4.20 所示。

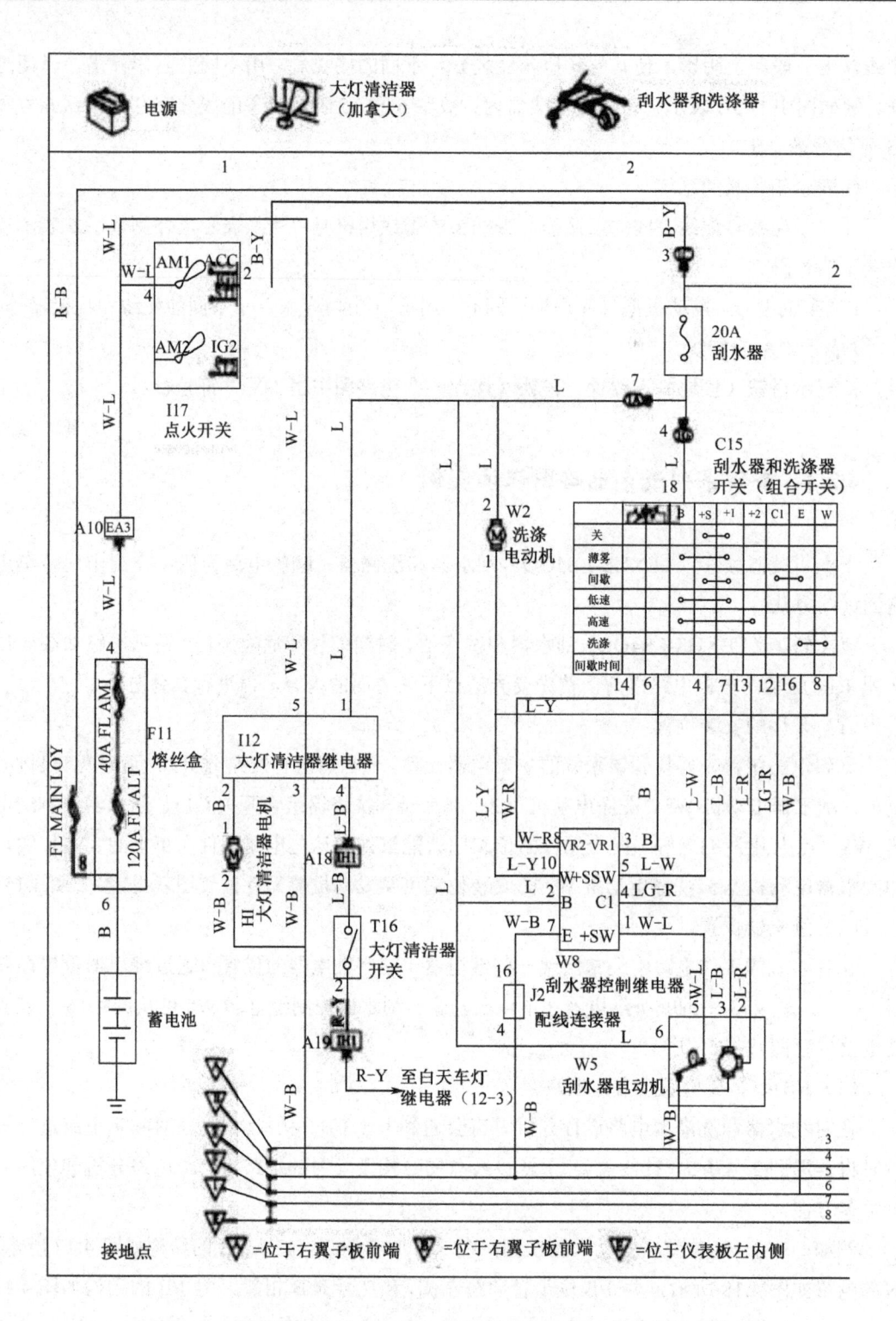

图 4.13 刮水器和洗涤器、转向信号和危险警告、喇叭电路（1）

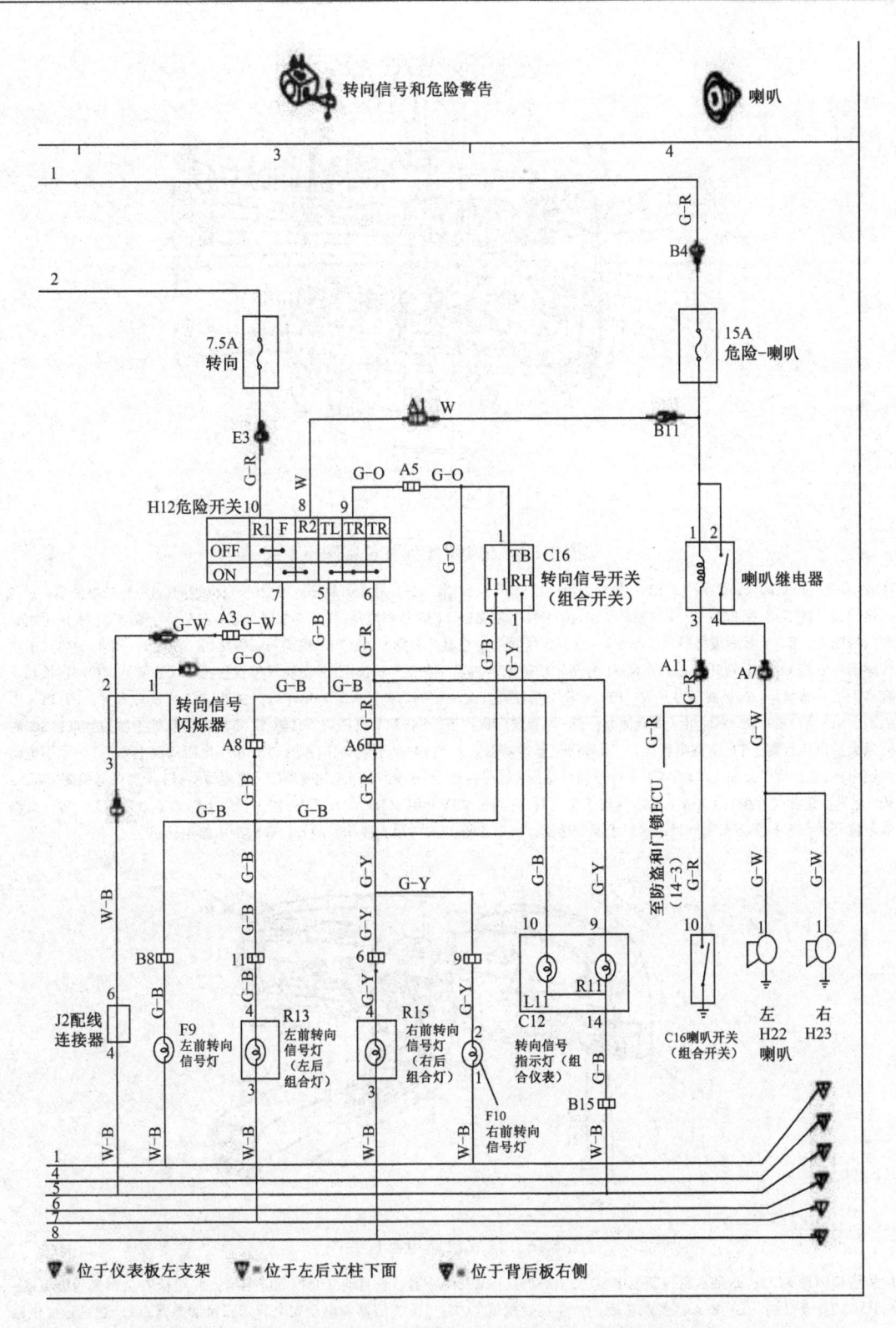

图 4.14 刮水器和洗涤器、转向信号和危险警告、喇叭电路（2）

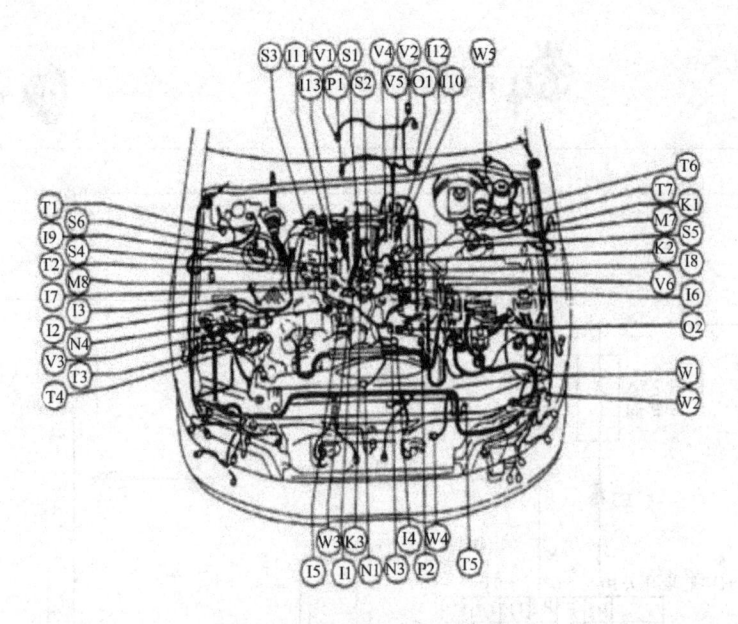

图 4.15 发动机舱元件位置图

I1-怠速空气控制阀（ISC 阀）；I2-1 号点火器；I3-2 号点火器；I4-1 号点火线圈；I5-2 号点火线圈；I6-1 号喷油器；I7-2 号喷油器；I8-3 号喷油器；I9-4 号喷油器；I10-5 号喷油器；I11-6 号喷油器；I12-7 号喷油器；I13-8 号喷油器；K1-无钥匙开门蜂鸣器；K2-1 号爆震传感器（左侧）；K3-2 号爆震传感器（右侧）；M7-加热式主氧传感器（左侧）；M8-加热式主氧传感器（右侧）；N1-噪声滤波器；N3-1 号凸轮轴位置传感器（左侧）；N4-2 号凸轮轴位置传感器（右侧）；O1-直接挡离合器速度传感器；O2-机油压力开关；P1-停车/空挡位置开关（空挡启动开关），倒车灯开关和 A/T 指示灯开关；P2-PPS 电磁阀；S1-启动机；S2-启动机（蓄电池）；S3-副节气门执行器；S4-副节气门位置传感器；S5-左前悬架控制执行器；S6-右前悬架控制执行器；T1-防盗喇叭；T2-节气门位置传感器；T3、T4-牵引制动执行器；T5-牵引电磁阀继电器；T6-牵引电动机继电器；T7-牵引泵和电动机；V1-1 号车速传感器（速度传感器）；V2-2 号车速传感器（速度传感器）（来自电控变速器）；V3-空气流量计（容积式）；V4-VSV（用于空气泵）；V5-VSV（用于 EVAP）；V6-VSV（用于燃油压力升高）；W1-洗涤液液位开关；W2-洗涤器电动机；W3-水温传感器；W4-水温开关（用于冷却风扇）；W5-刮水器电动机

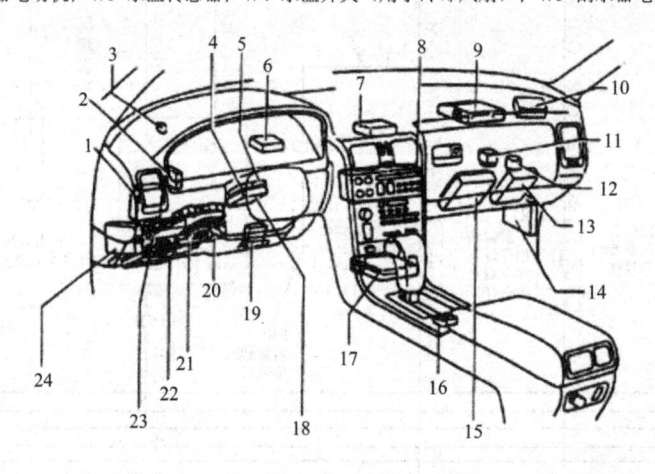

图 4.16 仪表板继电器位置图

1-防盗和门锁 ECU；2-刮水器控制继电器；3-自动灯光控制传感器；4-自动灯光控制继电器；5-座椅安全带警告继电器；6-4 号 J/B；7-3 号 J/B；8-A/C 控制总成；9-遥控后视镜 ECU；10-变阻器和电动安全肩带张紧继电器；11-超高速继电器（风机电动机）；12-白天行车灯 4 号继电器；13-ABS（不带牵引控制）或 ABS 和 TRC ECU；14-牵引控制；15-发动机和 ECT ECU；16-换挡锁定 ECU；17-中央安全气囊传感器总成；18-倾斜 ECU（不带电动伸缩）或倾斜和电动伸缩 ECU；19-白天行车灯继电器（主）；20-PPS ECU；21-1 号 J/B；22-7 号 R/B；23-集成继电器；24-巡航控制 ECU

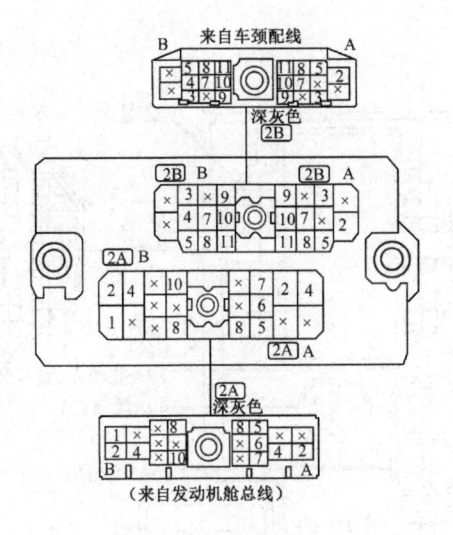

第 4 章 典型车系汽车电路识图方法 145

图 4.17 2 号 J/B 结构图

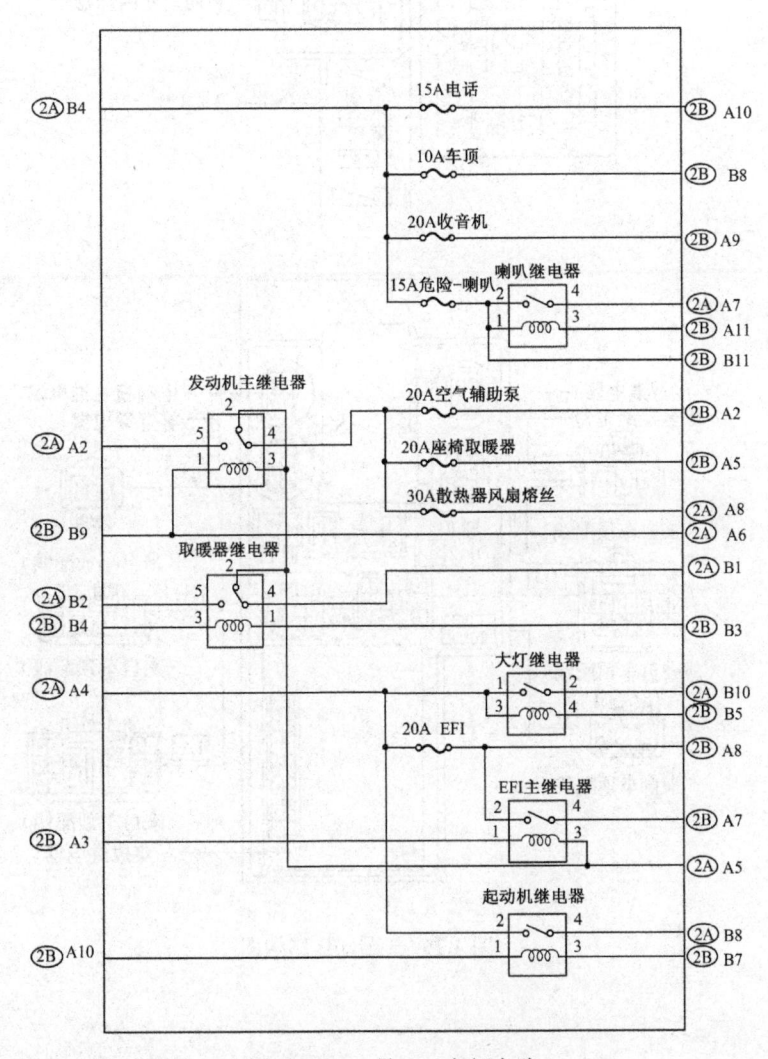

图 4.18 2 号 J/B 内部电路

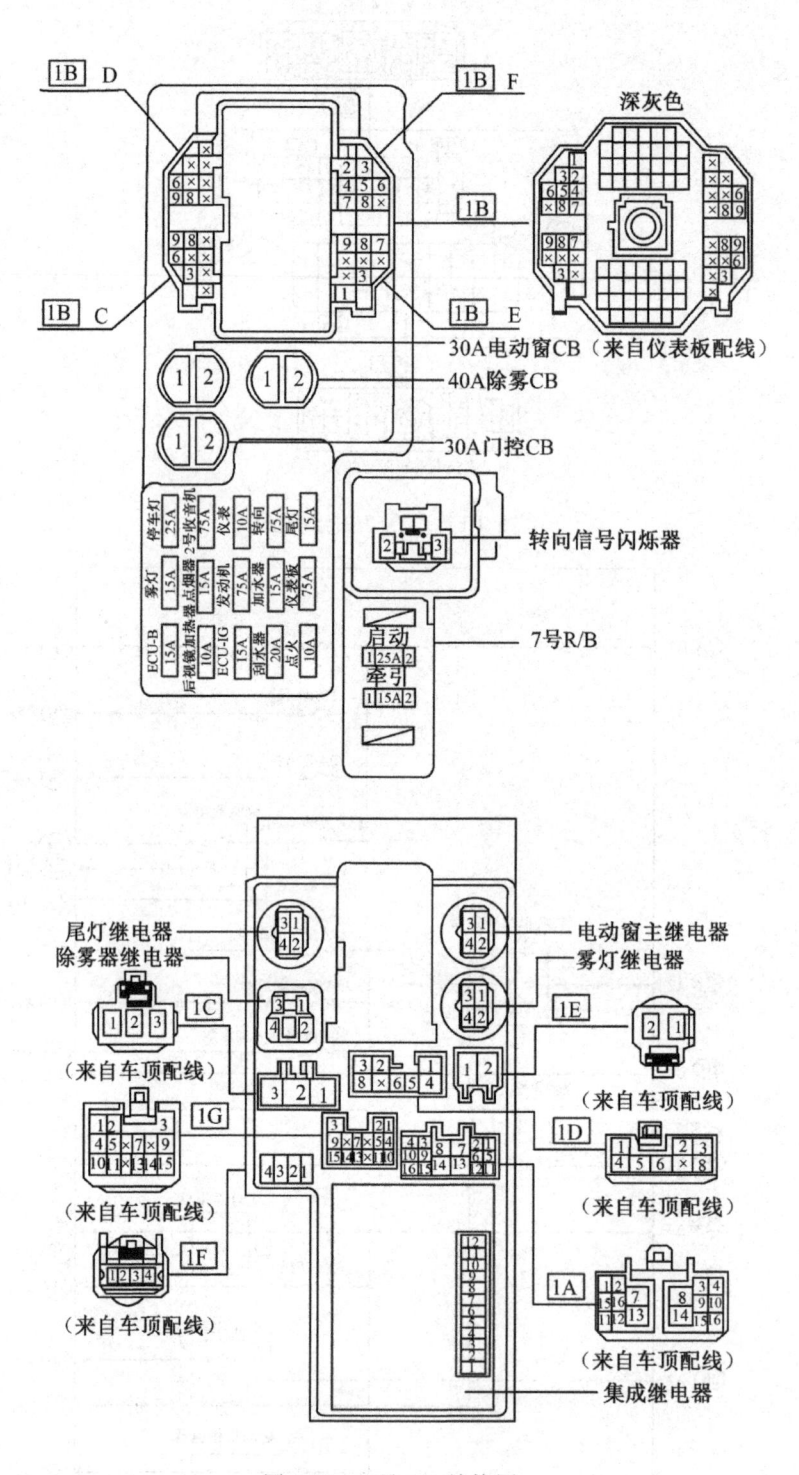

图 4.19　1 号 J/B 结构图

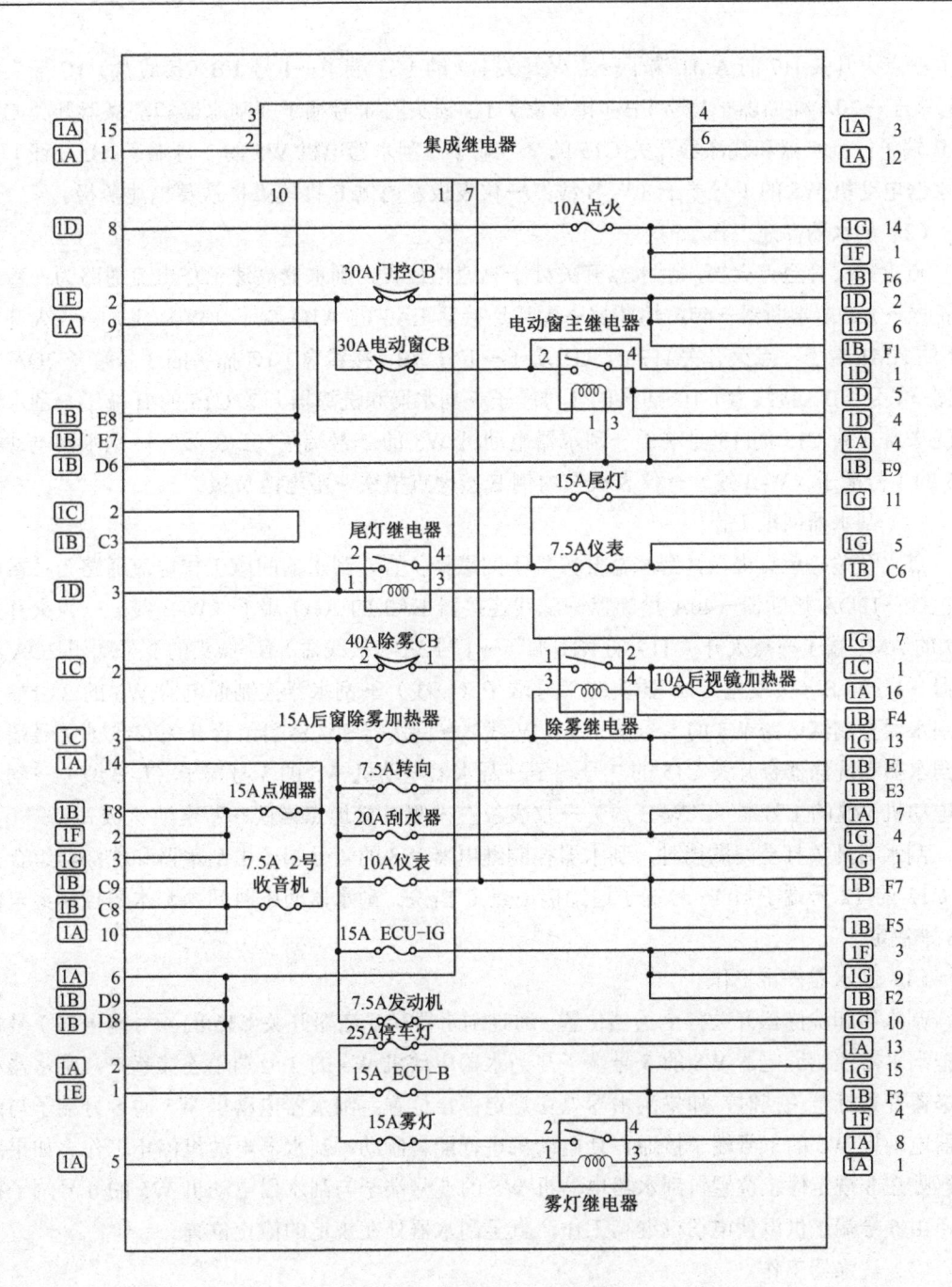

图 4.20　1号 J/B 内部电路

在了解以上三方面内容的基础上，就可以进行电路分析了。

1. 刮水器和洗涤器工作电路

（1）刮水器低速工作

如图 4.13 所示，点火开关打至点火挡，刮水器和洗涤器开关处于低速挡位置，刮水低速工作电流通路为：蓄电池正→120A 熔断器→40A 熔断器→配线连接器 EA3 的 A10 端子（W-L

线）→点火开关 I17 的 AM1 端子→点火开关 I17 的 1G1 端子→1 号 J/B（接线盒）1C 插头的 3 号端子→20A 熔断器→1 号 J/B（接线盒）1G 插头的 4 号端子→刮水器和洗涤器开关 C15 的 B 端子→刮水器和洗涤器开关 C15 的 7 号端子→刮水器电机 W5 的 3 号端子（L-B 线）→刮水器电动机 W5 的 1 号端子（W-B 线）→仪表板左内侧 E 接地点搭铁蓄电池负极。

（2）刮水器高速工作

点火开关打至点火挡，刮水器开关处于高速挡位置，刮水器高速工作电流通路为：蓄电池正极→12OA 熔断器→40A 熔断器→配线连接器 EA3 的 A1O 端子（W-L 线）→点火开关 I17 的 AM1 端子→点火开关 I17 的 IG1 端子→1 号 J/B（接线盒）1C 插头的 3 号端子 2OA 熔断器→1 号 J/B（接线盒）1G 插头的 4 号端子→刮水器和洗涤器开关 C15 的 B 端子→刮水器和洗涤器开关 C15 的 13 号端子→刮水器电动机 W5 的 2 号端子（L/R 线）→刮水器电动机 W5 的 1 号端子（W-B 线）→仪表板左内侧 E 接地点搭铁→蓄电池负极。

（3）刮水器间歇工作

点火开关打至点火挡，刮水器开关处于间歇挡位置，刮水器间歇工作电流通路为：蓄电池正极→12OA 熔断器→40A 熔断器→配线连接器 EA3 的 A1O 端子（W-L 线）→点火开关 117 的 AM1 端子→点火开关 I17 的 IG1 端子→1 号 J/B（接线盒）1C 插头的 3 号端子 2OA 熔断器→1 号 J/B（接线盒）1A 插头的 7 号端子（L 线）→刮水器控制继电器 W8 的 2 号端子→刮水器控制继电器 W8 的 5 号端子（L/W 线）→刮水器和洗涤器组合开关 C15 的 4 号端子→刮水器和洗涤器合开关 C15 的 7 号端子→刮水器电动机 W5 的 3 号端子（L-B 线）→刮水器电动机 W5 的 1 号端子（W-B 线）→仪表板左内侧 E 接地点搭铁→蓄电池负极。

刮水器开关打至间歇挡时，刮水器控制继电器 W8 的 4 号端子由刮水器和洗涤器组合开关 C15 的 12 号端子与 16 号端子通过接地点 F 搭铁。刮水器间歇时间由刮水器控制继电器 W8 来决定。

（4）刮水器停止工作

刮水器和洗涤器开关打至关挡位置，通过刮水器和洗涤器开关 C15 的 4 号端子与 7 号端子把刮水器控制继电器 W8 的 5 号端子与刮水器电动机 W5 的 3 号端子连接起来。刮水器和洗涤器开关打至关挡时，如果刮水器处在规定停止位置，刮水器电动机 W5 的 5 号端子与刮水器电动机 W5 的 1 号端子接通，使电动机进行能耗制动，刮水器电动机停止工作。如果刮水器处在非规定停止位置，刮水器电动机 W5 的 5 号端子与刮水器电动机 W5 的 6 号端子接通，由 6 号端子供电使电动机继续工作，直至刮水器处在规定的停止位置。

（5）洗涤器工作

点火开关打至点火挡，洗涤器开关处于洗涤挡位置，洗涤器工作电流通路为：蓄电池正极→12OA 熔断器→40A 熔断器→配线连接器 EA3 的 A1O 端子（W-L 线）→点火开关 I17 的 AM1 端子→点火开关 I17 的 IG1 端子→1 号 J/B（接线盒）1C 插头的 3 号端子→2OA 熔断器→1 号 J/B（接线盒）1A 插头的 7 号端子→洗涤电动机 W2→刮水器和洗涤器开关 C15 的 8 号端子→刮水器和洗涤器开关 C15 的 16 号端子→仪表板左支架接地点 F 搭铁→蓄电池负极。洗涤器工作的同时，触发刮水器控制继电器 W8 工作，便于刮水器配合洗涤器工作一段时间。

2. 喇叭工作电路

图 4.14 中的喇叭工作电路比较简单，请读者自己练习阅读分析。

4.3 本田系列汽车电路图的识读

4.3.1 本田系列汽车电路图的特点

1. 本田汽车电路图中符号的含义

本田汽车电路图中各种符号及含义如表 4.9 所示。

表 4.9 本田汽车电路图中各种符号及含义

蓄电池	搭铁点	GROUND 元件外壳搭铁	熔断丝	电磁线圈	点烟器
电阻	可变电阻	热敏电阻器	点火开关	灯泡	加热器
电动机	泵	断电器	喇叭	二极管	扬声器
桅杆式 天线	窗式	三极管	常开式开关 开关	常闭式开关	发光二极管
常开式继电器	常闭式继电器	电容器	输入 输出	插接器	舌簧开关

2. 导线

在电路图中，线路部分都以粗实线画出，集中在图的中间部分。每条导线上都有颜色，其颜色是指导线绝缘层的颜色，有单色线和双色线，以英文缩写来表示，对应关系如表 4.10 所示。

表 4.10 导线的颜色

代号	颜色	代号	颜色	代号	颜色
BLK	黑色	GRN	绿色	PUR	紫色
WHT	白色	ORN	橙色	LT BLU	淡蓝色
RED	红色	PNK	粉红色	LT GRN	淡绿色
YEL	黄色	BRN	棕色		
BLU	蓝色	GRY	灰色		

如果导线是双色的，则以两种颜色的英文缩写共同组成，例如"WHT/BLK"，斜杠"/"前面的"WHT"指导线颜色为白色或底色，而斜杠后面的"BLK"指条纹部分为黑色，为了方便起见，把它叫做白黑线。

同一电气系统中颜色相同但不同的导线，用上角标以示区别，如 BL^2 与 BLU^3 是不同的导线。

本田轿车的电路图导线并没有标出导线的截面积，只是根据和导线相连接的熔丝的通电电流的大小来判断导线的截面积大小。

3. 本田汽车电路图中各种符号标示方法

（1）本田汽车电路图中线路符号标示

本田汽车电路图中线路符号的标示如图 4.21 所示。其中图注说明如下：

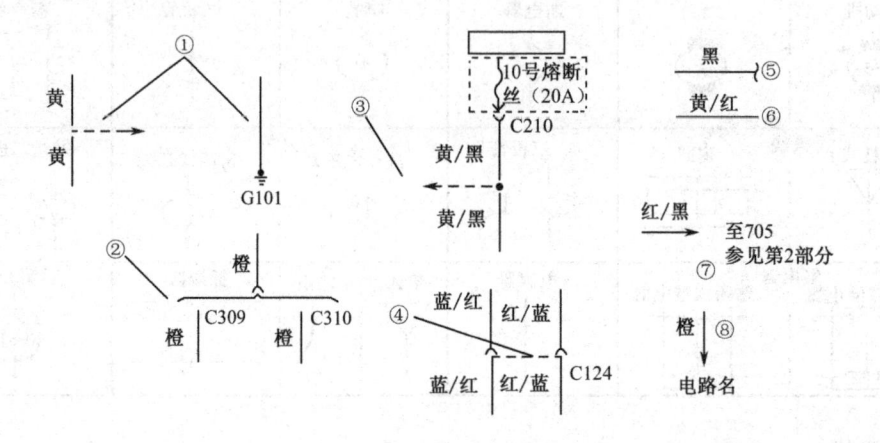

图 4.21 本田汽车线路符号标示

①虚线表示图中只显示了部分电路(完整的电路参见箭头所指的系统或元件的电路)；
②根据不同的车型或选装件来选择不同的线路(左边或右边)；
③在导线的连接处只标出了线接头，接线的详情参见箭头所指的系统或元件的电路；
④虚线表示蓝/红和红/蓝导线端子均在 C124 插接器的接线端子上；

⑤线端的波浪表示该导线在下页继续；
⑥电线的绝缘皮可为单色或一种颜色配上不同颜色的条纹；
⑦表示导线接至另一侧（箭头表示电流方向）；
⑧表示导线与另一电路相接。

（2）本田汽车电路图中接线端子、搭铁线连接符号的标示

本田汽车电路图中接线端子、搭铁线连接符号的标示如图 4.22 所示。

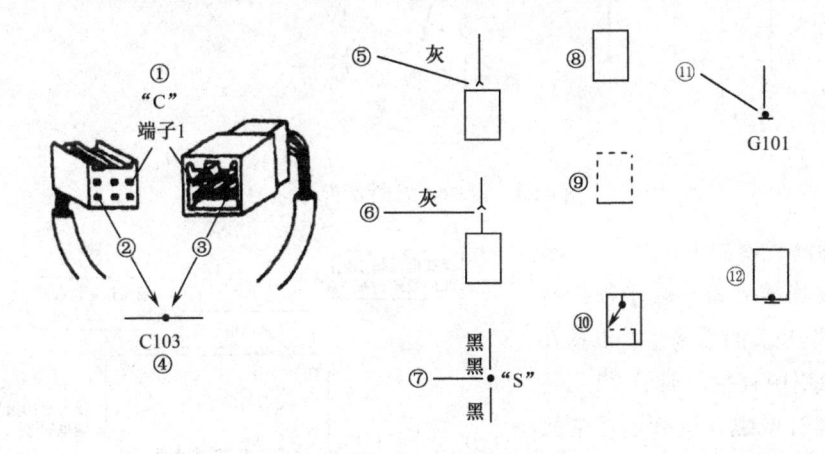

图 4.22 接线端子、搭铁线连接符号标示

其中图注说明如下：

①插接器 "C"；

②插孔；

③插头；

④每个插接器都有标号（以字母 "C" 开头），以备在元件位置索引中查找，其插头的接线端子的编号从左上开始，对每个接线端子的插孔和插头进行编号，使对应的插孔和插头号相同；

⑤表示接线端子直接与元件连接；

⑥表示接线端子与元件的引线连接；

⑦导线连接，"S" 线路图上的圆点表示线接头；

⑧实线表示显示了整个元件；

⑨虚线表示只显示了元件的一部分；

⑩元件名称出现在符号的右上角，下面是有关元件功能的说明；；

⑪该符号表示接线端子与汽车的车身连接（每根导线的搭铁都标有以字母 "G" 开头的搭铁符号，以备在元件位置索引中查找）；

⑫表示元件外壳直接与汽车的车身连接搭铁。

（3）丰田汽车电路图中开关、熔丝符号的标示

本田汽车电路图中开关、熔丝符号的标示如图 4.23 所示。

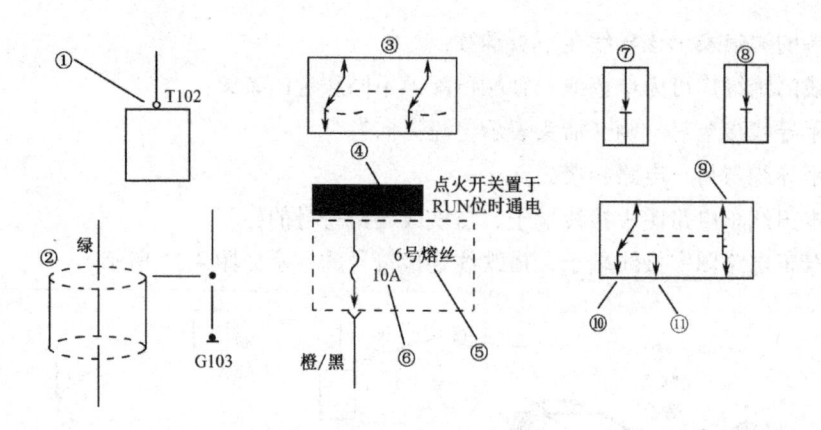

图 4.23 开关、熔断器符号标示

其中图注说明如下:

①螺纹连接(每个端子都标有以字母"T"开头的端子号,以备在元件位置索引中查找,端子"T"是一种采用螺钉或螺丝进行连接的接头而不是采用一种推拉型的插接接头);

②屏蔽(代表电线周围的无线电频率干涉屏蔽,该屏蔽总是搭铁);

③联动开关(虚线表示开关之间的机械连接);

④表示点火开关处在接通位置;

⑤熔丝编号;

⑥熔丝的额定电流;

⑦、⑧二极管;

⑨线圈(这是一个继电器,其线圈内无电流通过);

⑩常闭触点;

⑪常开触点。

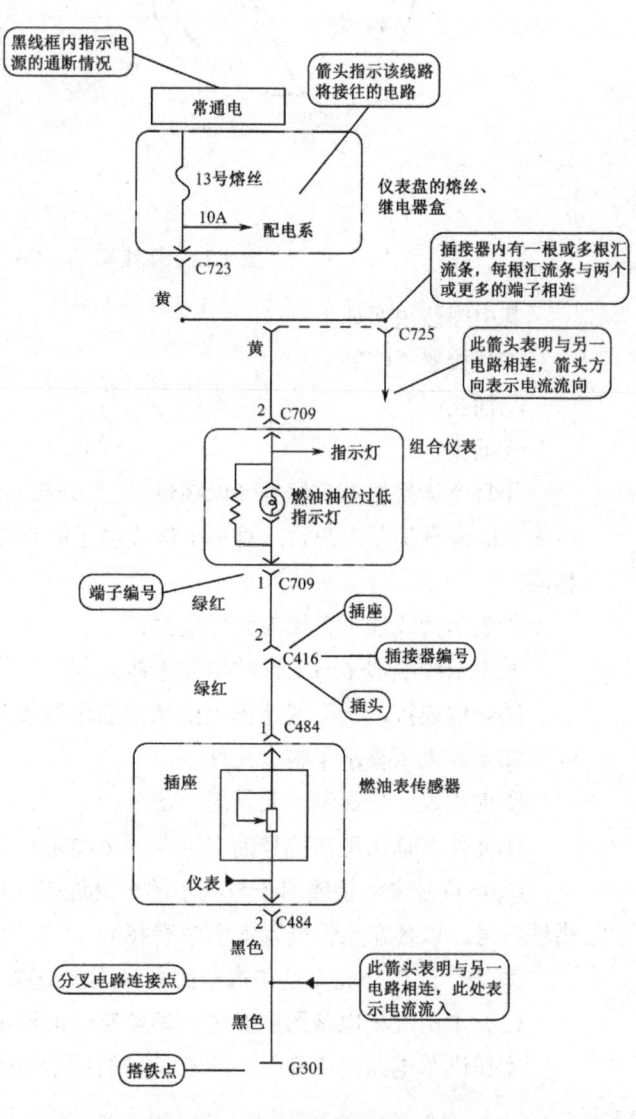

(4)本田汽车电路图的范例

本田汽车电路图的范例如图4.24所示。

图 4.24 本田汽车电路图的范例

4.3.2 本田汽车电路图识读实例

下面以广州本田雅阁轿车的照明和信号系统为例介绍电路图的读法。

1. 继电器与熔断器的位置

在阅读和使用电路图时,了解继电器与熔断器的位置十分必要。

(1)发动机盖下熔断器/继电器盘布置

发动机盖下继电器盘的布置如图 4.25 所示,各熔断器及被保护的元件如表 4.11 所示。

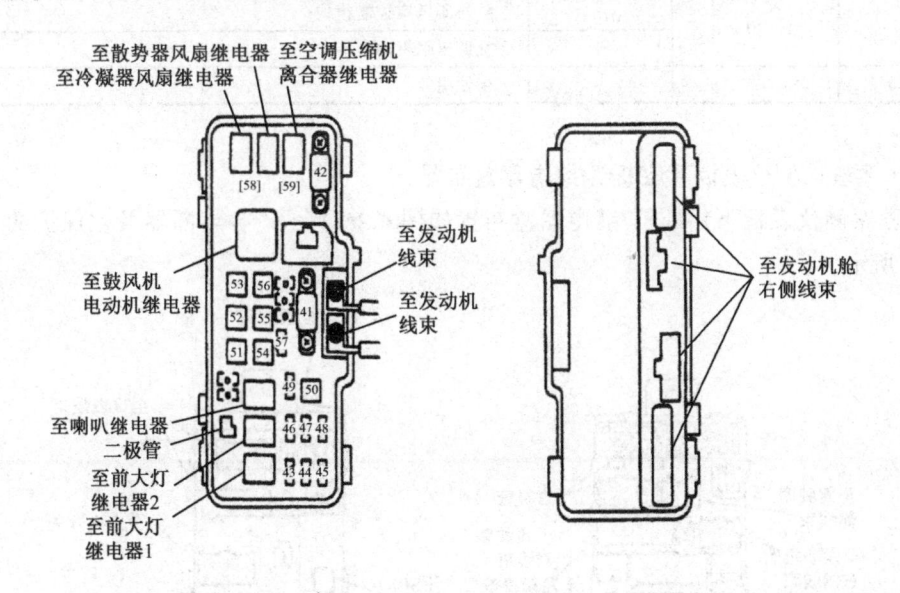

(a)发动机盖下继电器盘正面布置　　(b)发动机盖下继电器盘背面布置

图 4.25　发动机盖下继电器盘布置图

表 4.11　发动机盖下熔断器/继电器盘的熔断器及被保护的元件

熔断器号	额定电流/A	导线颜色	被保护的元件或电路
41	100		蓄电池与各电源线
42	50	白	点火开关
43			未使用
44			未使用
45	20		远光指示灯、左侧前大灯
46	15		PGM-F1 主继电器、数据传输插头(DLC)、交流发电机
47	20	白/黄	点火开关钥匙灯、ABS 控制装置、定速巡航控制装置、ECM/PCM、喇叭、多路控制装置、高位制动灯、制动器故障传感器
48	20	白/绿	ABS 前后车轮电磁阀
49	15	白/绿	转向信号/危险报警继电器、危险报警灯
50	30	白	ABS 油泵电动机
51	40	白/蓝	第 1、7、8、15 号熔断器(前乘客席侧仪表板下熔断器/继电器盒)
52			未使用

续表

熔断器号	额定电流/A	导线颜色	被保护的元件或电路
53	40	白/绿	后车窗除霜器继电器
54	40	黄	第9、10、11、12和13号熔断器（前乘客席侧仪表板下熔断器/继电器盒）
55	40	黄/绿	第2、4和5号熔断器（前乘客席侧仪表板下熔断器/继电器盒）
56	40	黄/黑	鼓风机电动机
57	20	蓝/黑	散热器风扇电动机
58	20	蓝/黄	冷凝器风扇电动机
		白	散热器风扇控制模块
		红	空调压缩机离合器
59			未使用

（2）驾驶席侧仪表板下熔断器/继电器盒布置

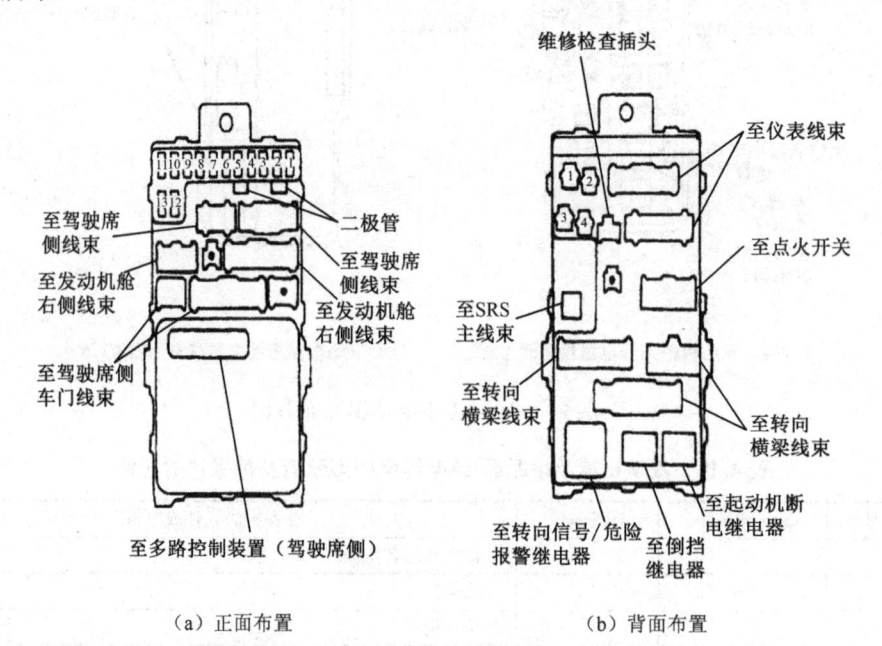

驾驶席侧仪表板下熔断器/继电器盒布置如图 4.26 所示，各熔断器及被保护的元件如表 4.12 所示。

（a）正面布置　　　　　　（b）背面布置

图 4.26　驾驶席侧仪表板下熔断器/继电器盒

注：图（b）中的1、2、3和4分别为备用插头（ACC）、备用插头（IG2）、备用插头（+B）、备用插头

表 4.12　驾驶席侧仪表板下熔断器/继电器盒的熔断器及被保护的元件

熔断器号	额定电流/A	导线颜色	被保护的元件或电路
1	15	红/白	PGM—F1 主继电器
		红/白	SRS 装置（VA）
2	10	黑/白	SRS 装置（VB）

续表

熔断器号	额定电流/A	导线颜色	被保护的元件或电路
3	7.5	黑/黄	加热器控制板、空气循环控制电动机、鼓风机高速电动机继电器、后车窗除霜继电器、散热风扇控制模块、车内温湿控制装置
4	7.5	黄/黑	ABS控制装置、电动后视镜控制器
		熔断器/继电器盒插座	备用插头
5			未使用
6	15	黑/黄	ECM/PCM、定速巡航控制装置、定速巡航主开关指示灯、氧传感器、仪表总成、交流发电机、发动机支架控制电磁阀、燃油蒸发排放控制电磁阀、散热器风扇控制模块
7	7.5	黄/黑	多路控制装置、电动车窗继电器、挡风玻璃清洗器电动机
8	7.5	黄/黑	附件插座继电器
		熔断器/继电器盒插座	备用插头
9	7.5	黄	仪表总成、时钟、倒车灯、换挡锁止电磁阀、制动器故障传感器、多路控制装置（乘客席侧）
		熔断器/继电器盒插座	多路控制装置（驾驶席侧）、倒挡继电器
10	7.5	黄/红	转向信号/危险报警继电器
11	15	黑/黄	点火线圈
12	30	绿/黑	挡风玻璃刮水器间歇控制继电器、挡风玻璃刮水器电动机
13	7.5	蓝/橙	PMG—F1主继电器、ECM/PCM

（3）前乘客席侧仪表板下熔断器/继电器盒布置

前乘客席侧仪表板下熔断器/继电器盒布置如图4.27所示，各熔断器及被保护的元件如表4.13所示。

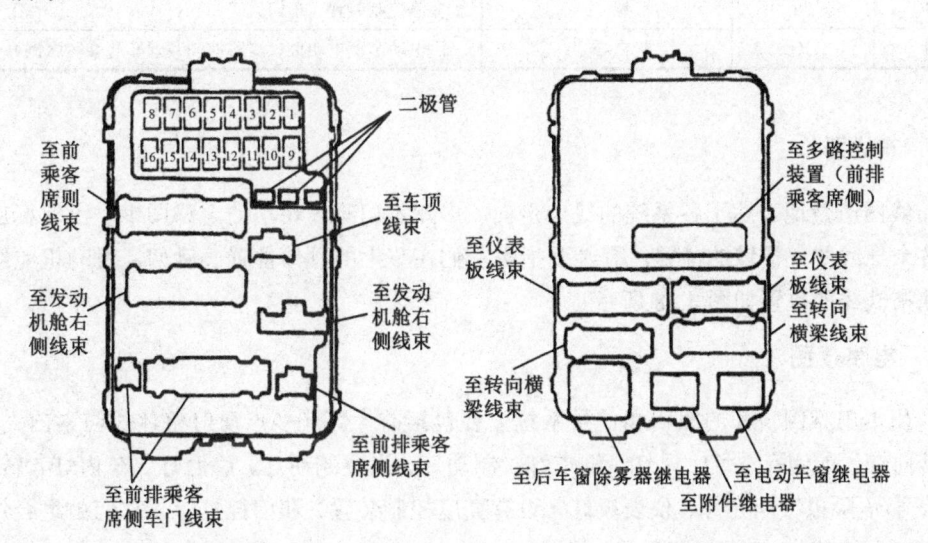

图4.27 前乘客席侧仪表板下熔断器/继电器盒布置图

表 4.13 前乘客席侧仪表板下熔断器/继电器盒的熔断器及被保护的元件

熔断器号	额定电流/A	导线颜色	被保护的元件或电路
1	30	绿	电动天窗电动机
2	20	红	电动座椅调节电动机
3			未使用
4	20	蓝	电动座椅调节电动机
5	7.5	绿	ECM/PCM
		熔断器/继电器插座	多路控制装置（前乘客席侧）
6			未使用
7	20	白/黄	电动天窗开启与关闭继电器、后电动车窗电动机、多路控制装置（驾驶席侧）
8	20	蓝/黑	前乘客席侧电动车窗电动机、多路控制装置（前乘客席侧）
9	20	白/绿	音响装置
		白/红	音响装置、附件插座、点烟器
10	10	红/绿	加热器控制板、定速巡航主开关灯、A/T 档位控制灯、仪表灯、音响装置、电动天窗开关灯、时钟、解除报警开关灯、化妆镜灯、杂物箱灯、前驻车灯、前侧标志灯、多路控制装置（驾驶席侧）、车内温湿控制装置、后部阅读灯、点烟器灯
11	7.5	白/蓝	门控灯、聚光灯、车内顶灯、行李箱灯
12	20	熔断器/继电器插座	多路控制装置（前乘客席侧）
13	7.5	白/黄	ECM/PCM、加热器控制板、安全防盗指示灯、多路控制装置（车门及驾驶席侧）、仪表总成、时钟、车内温湿控制装置、可折回电动后视镜控制装置
		熔断器/继电器插座	多路控制装置（乘客席侧）
14	7.5	绿	ABS 控制装置
15	20	绿/白	多路控制装置（车门）
16	20	白/黑	后电动车窗电动机、多路控制装置（前乘客席侧）

2．布线图

布线图清楚地表达了各系统的线束走向。广州本田雅阁轿车的电路图中，没有标出蓄电池及各个导线线束搭铁的位置，有必要指出它们在车上的具体位置。例如，发动机舱线束和蓄电池搭铁线的位置如图 4.28 所示。

3．电路读图

广州本田雅阁轿车的照明和信号系统主要包括前大灯（多点反射整体式卤素前大灯）、前侧转向灯、前侧标志灯、尾灯、倒车灯、制动灯、高位制动灯、牌照灯、车内灯、转向灯、转向信号/危险报警闪光灯、仪表板灯（设有亮度控制装置）和门控灯等。它们由组合灯开关控制，组合灯开关电路图如图 4.29 所示。

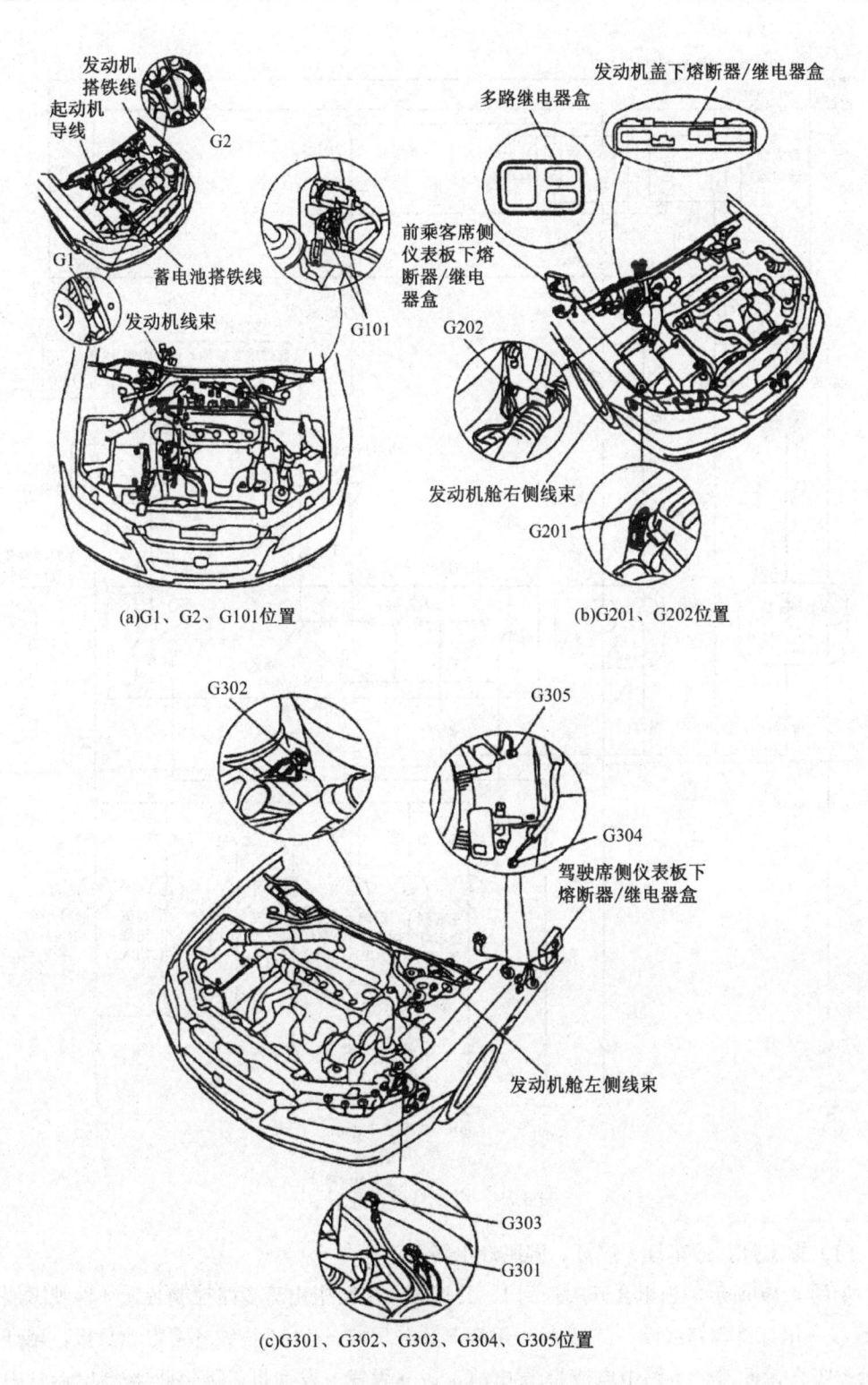

图 4.28 发动机舱线束和蓄电池搭铁线的位置

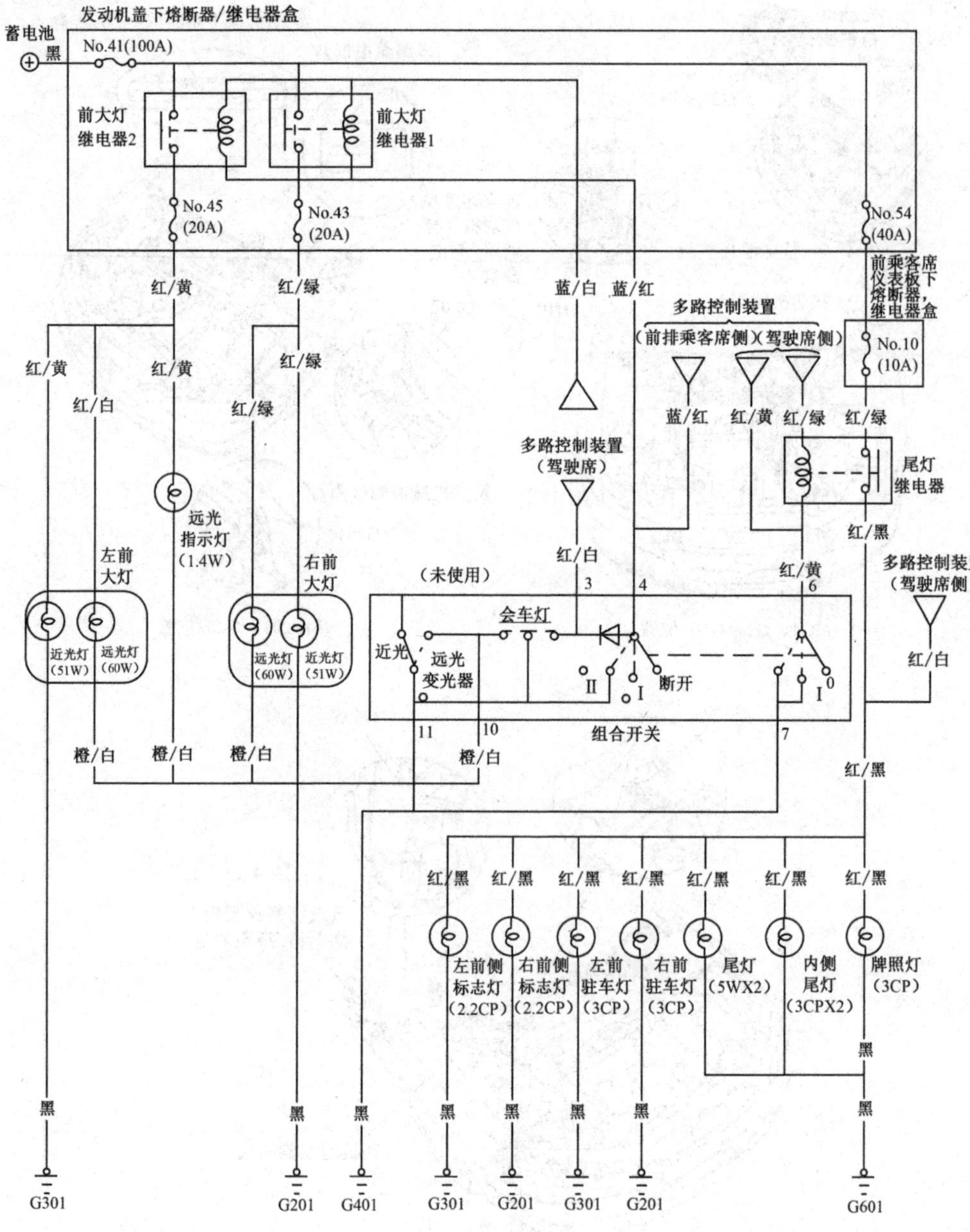

图 4.29 组合灯开关电路图

（1）标志灯、停车灯、尾灯、牌照灯电路

如图 4.29 所示，当组合开关打到 I、II 挡时，电路中电流多路控制装置（驾驶席侧）→红/绿线→尾灯继电器线圈→红/黄线→组合开关→黑线→G401 搭铁→蓄电池负极。尾灯继电器触点吸合，此时，电路中电流为：蓄电池正极→黑线→发动机盖下熔断器/继电器盒中的熔断器 No.41(100A)→熔断器 No.54→熔断器 No.10→尾灯继电器→红/黑线→牌照灯（3CP）、内侧尾灯（3CP×2）、尾灯（5W）→黑线→G601 搭铁→蓄电池负极，上述灯点亮。

尾灯继电器→红/黑线→右前驻车灯（3CP）→黑线 G2O1 搭铁→蓄电池负极，右前驻车灯（3CP）点亮。

尾灯继电器→红/黑线→左前驻车灯（3CP）→黑线 G301 搭铁→蓄电池负极，左前驻车灯（3CP）点亮。

尾灯继电器→红/黑线→右前侧标志灯（2.2CP）→黑线 G2O1 搭铁→蓄电池负极，右前驻车灯（2.2CP）点亮。

尾灯继电器→红/黑线→左前侧标志灯（2.2CP）→黑线 G301 搭铁→蓄电池负极，左前驻车灯（2.2CP）点亮。

（2）前大灯电路

将点火开关打到点火挡时，电路中电流由蓄电池正极→黑线→发动机盖下熔断器/继电器盒中的熔断器 No.41（100A）→No.42（50A）→点火开关→黑/黄线→驾驶席侧仪表板下熔断器/继电器盒→多路控制装置（驾驶席侧）。

当组合开关打到Ⅱ挡时，接通前大灯继电器 1、前大灯继电器 2 线圈电路，即多路控制装置（驾驶席侧）→篮/白线→前大灯继电器 1、前大灯继电器 2 线圈→蓝/红线→组合开关→G401 搭铁→蓄电池负极。此时，前大灯继电器 1、前大灯继电器 2 触点吸合，接通前大灯电路。

①左前大灯远近光、远光指示灯电路

当远近光变光器打到远光时，蓄电池正极→黑→发动机盖下熔断器/继电器盒中的熔断器 No.41（100A）→前大灯继电器 2→熔断器 No.45（20A）→红/黄线→左前大灯远光灯→橙/白线→组合开关 10 脚→组合开关 11 脚→G401 搭铁→蓄电池负极，左前大灯远光灯丝点亮。

同时，蓄电池正极→黑线→发动机盖下熔断器/继电器盒中的熔断器 No.41（100A）→前大灯继电器 2→熔断器 No.45（20A）→红/黄线→前大灯远光指示灯→橙/白线→组合开关→远近光变光器→G401 搭铁→蓄电池负极，前大灯远光指示灯点亮。

当远近光变光器打到近光时，蓄电池正极→黑线→发动机盖下熔断器/继电器盒中的熔断器 No.41（100A）→前大灯继电器 2→熔断器 No.45（20A）→红/黄线→左前大灯→近光灯→搭铁。

②右前大灯远近光电路。

当远近光变光器打到远光时，蓄电池正极→黑线→发动机盖下熔断器/继电器盒中的熔断器 No.41（100A）→前大灯继电器 1→熔断器 No.43（20A）→红/绿线→右前大灯远光灯→橙/白线→组合开关→远近光变光器→G401 搭铁→蓄电池负极，右前大灯远光灯点亮。

当远、近光变光器打到近光时，蓄电池正极→黑线→发动机盖下熔断器/继电器盒中的熔断器 No.41（100A）→前大灯继电器 1→熔断器 No.43（20A）→红/绿线→右前大灯近光灯→黑线→G201 搭铁→蓄电池负极，右前大灯近光灯丝点亮。

当会车时，将变光器开关打到近光位置，将远光的搭铁线路切断。此时，只有左、右近光灯亮。

当超车时，按下超车灯开关，将远近光灯电路同时接通，左、右远近光灯同时亮。

(3) 转向信号/危险报警电路

转向信号/危险报警电路如图 4.30 所示。

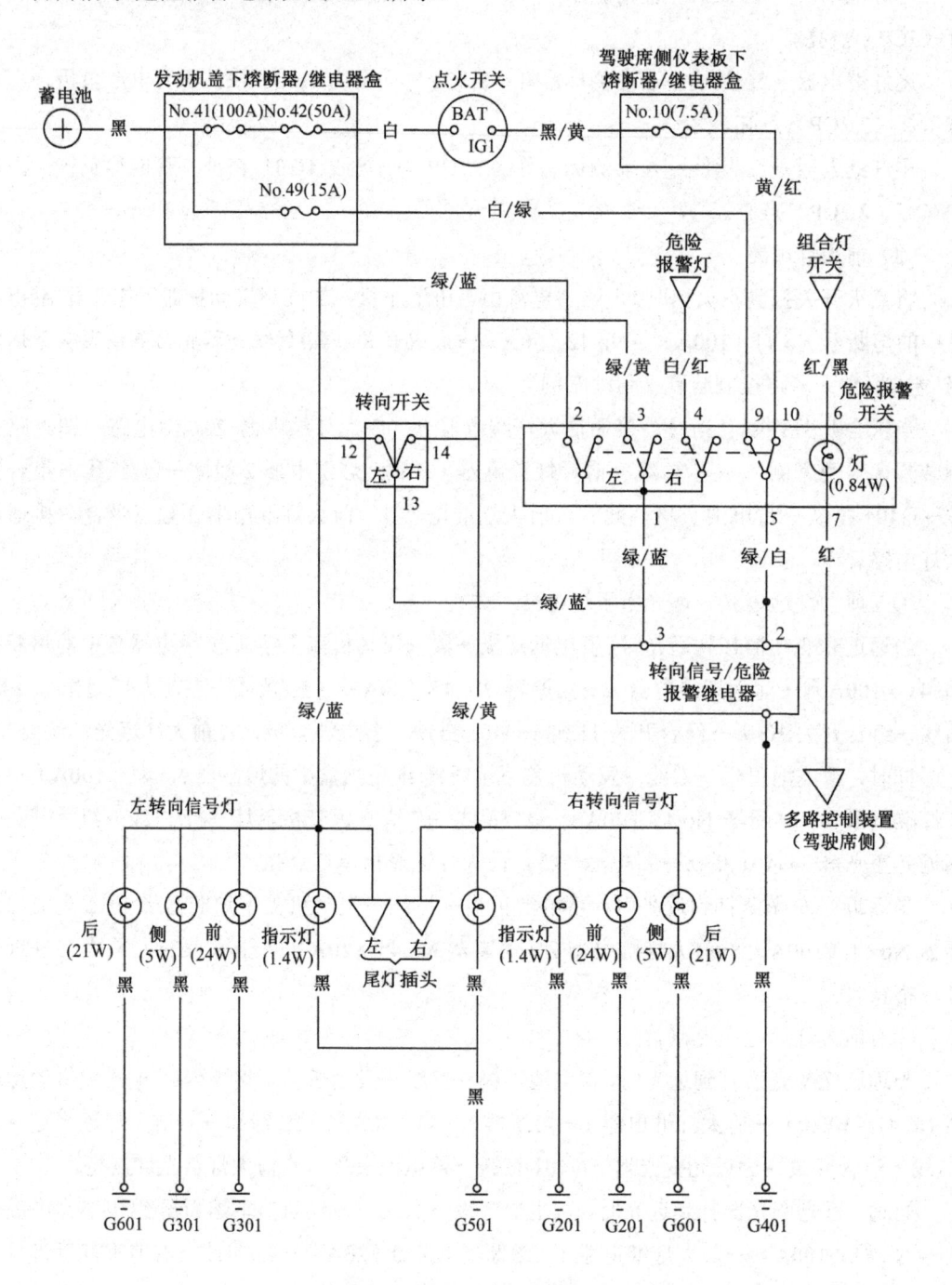

图 4.30 转向信号、危险报警装置电路图

①左转向信号灯电路

如图4.30所示,将点火开关打到点火挡,当将转向开关打到左位置时,电路中电流由蓄电池正极→黑线→发动机盖下熔断器/继电器盒中的熔断器No.41(100A)→No.42(50A)→点火开关→黑/黄线→驾驶席侧仪表板下熔断器/继电器盒(熔断器No.10(7.5A))→黄/红线→危险报警开关10号插脚→危险报警开关5号插脚→绿/白线→转向信号/危险报警继电器2号插脚→转向信号/危险报警继电器3号插脚→绿/蓝线斗转向信号开关13号插脚→转向信号开关12号插脚→绿/蓝线→转向指示灯(1.4W)→黑线→G501搭铁。转向指示灯(1.4W)亮。

同时,蓄电池正极→黑线→发动机盖下熔断器/继电器盒中的熔断器No.41(100A)No.42(50A)→点火开关→黑/黄线→驾驶席侧仪表板下熔断器/继电器盒熔断器No.10(7.5A)→黄/红线→危险报警开关10号插脚→危险报警开关5号插脚→绿/白线→转向信号/危险报警继电器2号插脚→转向信号/危险报警继电器3号插脚→绿/蓝线→转向信号开关13号插脚→转向信号开关12号插脚→绿/蓝线→前左转向灯(24W)→黑线→G301搭铁。前左转向灯亮。侧左转向灯(5W)、后左转向灯(21W)分别通过G301、G601搭铁也点亮。

③右转向信号灯电路

如图4.30所示,将点火开关打到点火挡,当将转向开关打到右位置时,电路中电流由蓄电池正极→黑线→发动机盖下熔断器/继电器盒中的熔断器No.41(100A)→N0.42(50A)→点火开关→黑/黄线→驾驶席侧仪表板下熔断器/继电器盒(熔断器N0.10(7.5A))→黄/红线→危险报警开关10号插脚→危险报警开关5号插脚→绿/白线→转向信号/危险报警继电器2号插脚→转向信号/危险报警继电器3号插脚→绿/蓝线→转向信号开关13号插脚→转向信号开关14号插脚→绿/黄线→转向指示灯(1.4W)→黑线→G501搭铁。转向指示灯亮。

同时,蓄电池正极→黑线→发动机盖下熔断器/继电器盒中的熔断器No.41(100A)→No.42(50A)→点火开关→黑/黄线→驾驶席侧仪表板下熔断器/继电器盒(熔断器No.10(7.5A))→黄/红线→危险报警开关10号插脚→危险报警开关5号插脚→绿/白线→转向信号/危险报警继电器2号插脚→转向信号/危险报警继电器3号插脚绿/蓝线→转向信号开关13号插脚→转向信号开关14号插脚→绿/黄线→右前转向灯(24W)→黑线→G201搭铁,右前转向灯亮。侧右转向灯(5W)、后右转向灯(21W)分别通过G201、G601搭铁也点亮。

④危险报警信号电路

当按下危险报警开关时,接通报警电路。电路中的电流由蓄电池正极→黑线→发动机盖下熔断器/继电器盒中的熔断器No.49(15A)→白/绿线→危险报警开关9号插脚危险报警开关5号插脚→转向信号/危险报警继电器2号插脚→转向信号/危险报警继电器3号插脚→危险报警开关1号插脚→危险报警开关2、3和4号插脚,通过绿/蓝线将左侧所有转向信号灯、报警指示灯点亮。同时,通过绿/黄线将右侧所有转向信号灯、报警指示灯点亮,发出警报信号,以警示其他行人和车辆。

（4）室内灯电路

室内灯电路如图4.31所示。

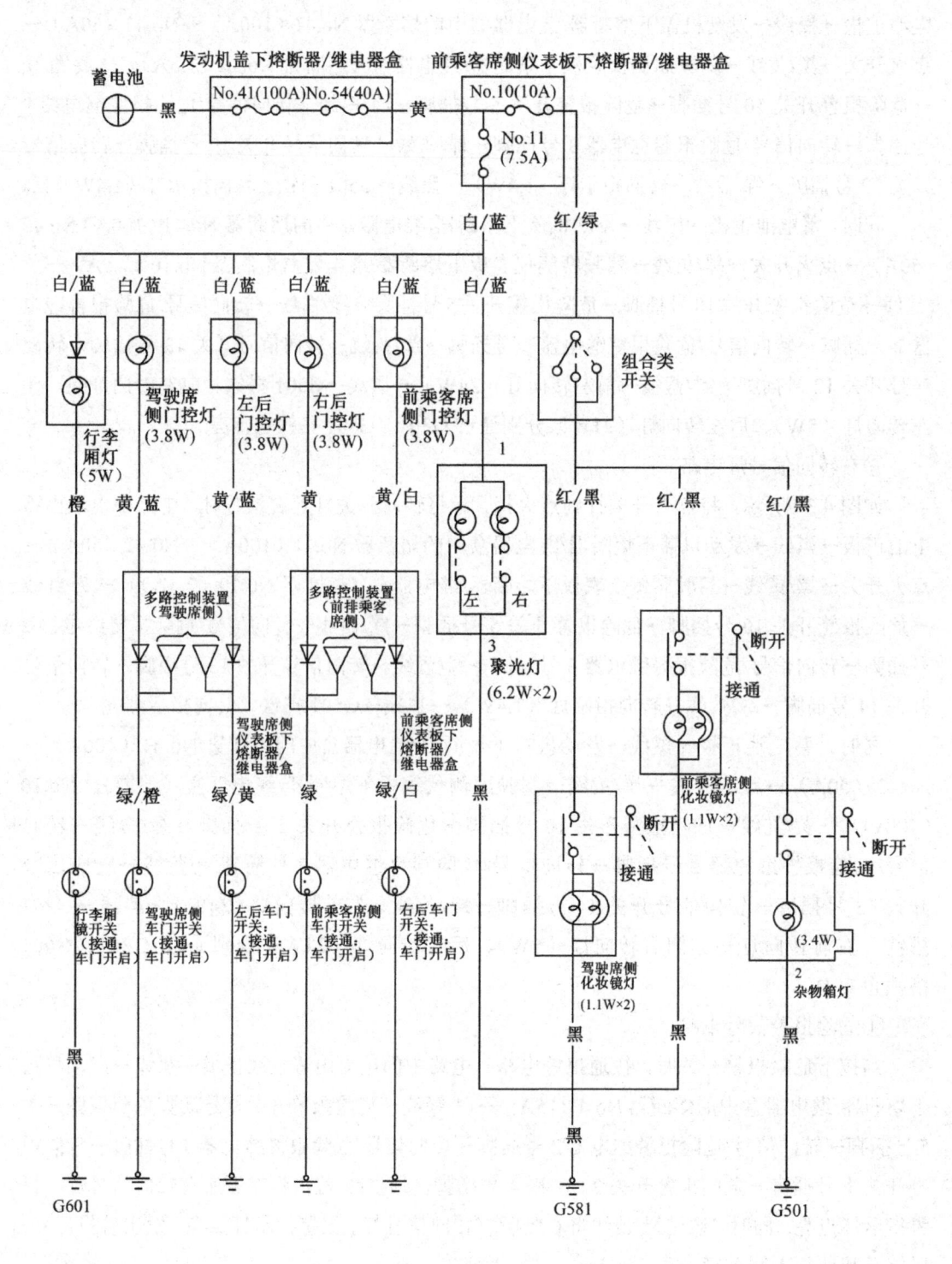

图4.31 室内灯电路

①门控灯、行李箱灯、左右聚光灯电路

当车门开启，行李箱锁开关接通时，电路中的电流由蓄电池正极→黑线→发动机盖下熔断器/继电器盒中的熔断器 No.41（100A）→No.54（40A）→黄线→前乘客席侧仪表板下熔断器/继电器盒的熔断器 No.11（7.5A）→白/蓝线→行李箱灯（5W）→橙色线斗行李箱锁开关→黑线→G601 搭铁→蓄电池负极。行李箱灯亮。

当车门开启，驾驶席侧车门开关接通时，电路中的电流蓄电池正极→黑线→（发动机盖下熔断器/继电器盒)熔断器 No.41（100A）→No.54（40A）→黄线→（前乘客席侧仪表板下熔断器/继电器盒）熔断器 No.11（7.5A）→白/蓝线+驾驶席侧门控灯（3.8W）黄/蓝线→多路控制装置（驾驶席侧）→绿/橙线→驾驶席侧门车门开关→G601 搭铁斗蓄电池负极。驾驶席侧门控灯亮。

当车门开启，左后车门开关接通时，电路中的电流由蓄电池正极→黑线→（发动机盖下熔断器/继电器盒）熔断器 No.41（100A）→No.54（40A）→黄线→（前乘客席侧仪表板下熔断器/继电器盒）熔断器 No.11（7.5A）→白/蓝线→左后门控灯（3.8W）→黄/绿线→多路控制装置（驾驶席侧）→绿/黄线→左后车门开关→G601 搭铁→蓄电池负极。左后门控灯亮。

当车门开启，右后车门开关接通时，电路中的电流由蓄电池正极→黑线→（发动机盖下熔断器/继电器盒)熔断器 No.41（100A）→No.54（40A)→黄线→（前乘客席侧仪表板下熔断器/继电器盒）熔断器 No.11（7.5A）→白/蓝线→右后门控灯（3.8W）→黄线→多路控制装置（前排乘客席侧）→绿线→右后车门开关→G601 搭铁→蓄电池负极。右后门控灯亮。

当接通左（右）聚光灯开关时，电路中的电流由蓄电池正极→黑线→（发动机盖下熔断器/继电器盒）熔断器 No.41（100A）→No.54（40A）→黄线→（前乘客席侧仪表板下熔断器/继电器盒）熔断器 No.11（7.5A）→白/蓝线→左（右）聚光灯（6.2W×2）→左（右）聚光灯开关→G581 搭铁→蓄电池负极。左（右）聚光灯亮。

②驾驶席侧化妆镜灯、前乘客席侧化妆镜灯、杂物箱灯电路。

当接通组合开关、驾驶席侧化妆镜灯开关（前乘客席侧化妆镜灯开关）时，电路中的电流由蓄电池正极→黑线→（发动机盖下熔断器/继电器盒）熔断器 No.41（100A）→No.54（40A）→黄线→（前乘客席侧仪表板下熔断器/继电器盒)熔断器 No.10（10A)组合开关→红/黑线→驾驶席侧化妆镜灯开关(前乘客席侧化妆镜灯开关)→驾驶席侧化妆镜灯（前乘客席侧化妆镜灯）（1.1W×2）→黑线→G581 搭铁→蓄电池负极。驾驶席侧化妆镜灯（前乘客席侧化妆镜灯）亮。

当接通组合开关、杂物箱开关时，电路中的电流由蓄电池正极→黑线→（发动机盖下熔断器/继电器盒）熔断器 No.41（100A）→No.54（40A）→黄线→（前乘客席侧仪表板下熔断器/继电器盒）熔断器 No.10（10A）→组合开关→红/黑线→杂物箱灯（3.4W）→黑线→G501 搭铁→蓄电池负极。杂物箱灯亮。

（5）仪表板灯亮度控制装置

仪表板灯亮度控制电路如图 4.32 所示。仪表板灯亮度控制装置的各个端子的通断情况如表 4.14 所示。具体电路情况请读者自己分析。

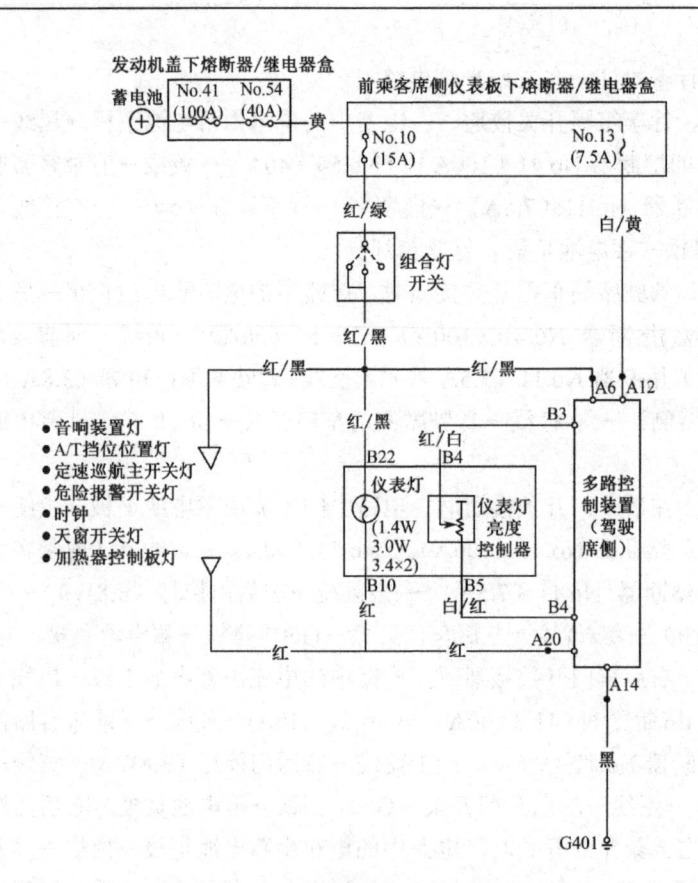

图 4.32 仪表板灯亮度控制电路

表 4.14 仪表板灯亮度控制装置的各个端子的通断情况

端子号	导线颜色	端子的通断情况
A6	熔断器/继电器盒插座	接通组合开关,端子与搭铁之间的电压应为蓄电池电压
A12		接通点火开关,端子与搭铁之间的电压应为蓄电池电压
A14		在任何情况下,端子与搭铁之间应为导通
A20	红	接通组合开关,将端子打铁仪表板灯应调至最大亮度
B3 与 B4	红/白与白/红	将插头与继电器盒插座重新连接;转动调整刻度盘,端子 B3 与 B4 之间的电阻值应在 0~200Ω 之间变化

4.4 马自达轿车电路图的识读

4.4.1 马自达轿车电路图的特点

1. 电路图中符号的含义

马自达轿车电路图中使用符号及含义如表 4.15 所示。

表 4.15 马自达轿车电路图中使用符号及含义

符号	含义	符号	含义
	蓄电池		易熔线
	管状熔断丝		片状熔断丝
	通过导线搭铁		通过电器部件外壳搭铁
	NPN 型三极管		PNP 型三极管
	常开式继电器		常闭式继电器
	电动机		泵
	常开开关		常闭开关
	不连接的交叉导线		有连接点的交叉导线
	可变电阻式传感器		热敏电阻式传感器
	电容器		二极管
	点烟器		电加热器
	喇叭		扬声器
	车速传感器		电磁线圈
	发光二极管		稳压二极管
	点火开关		逻辑符号"或"
	逻辑符号"与"		逻辑符号"非"
	灯泡		插接器

2. 导线颜色

电路图中导线颜色代码的含义如表 4.16 所示。

表 4.16 导线颜色代码的含义

字母	导线的颜色	字母	导线的颜色
B	黑色	P	粉红色
BR	棕色	R	红色
G	绿色	S	银色
GR	灰色	V	紫色
L	蓝色	W	白色
LG	淡绿色	Y	黄色
O	橙色		

3. 电路图各部分含义

马自达轿车电路图各部分的含义如图4.33所示。

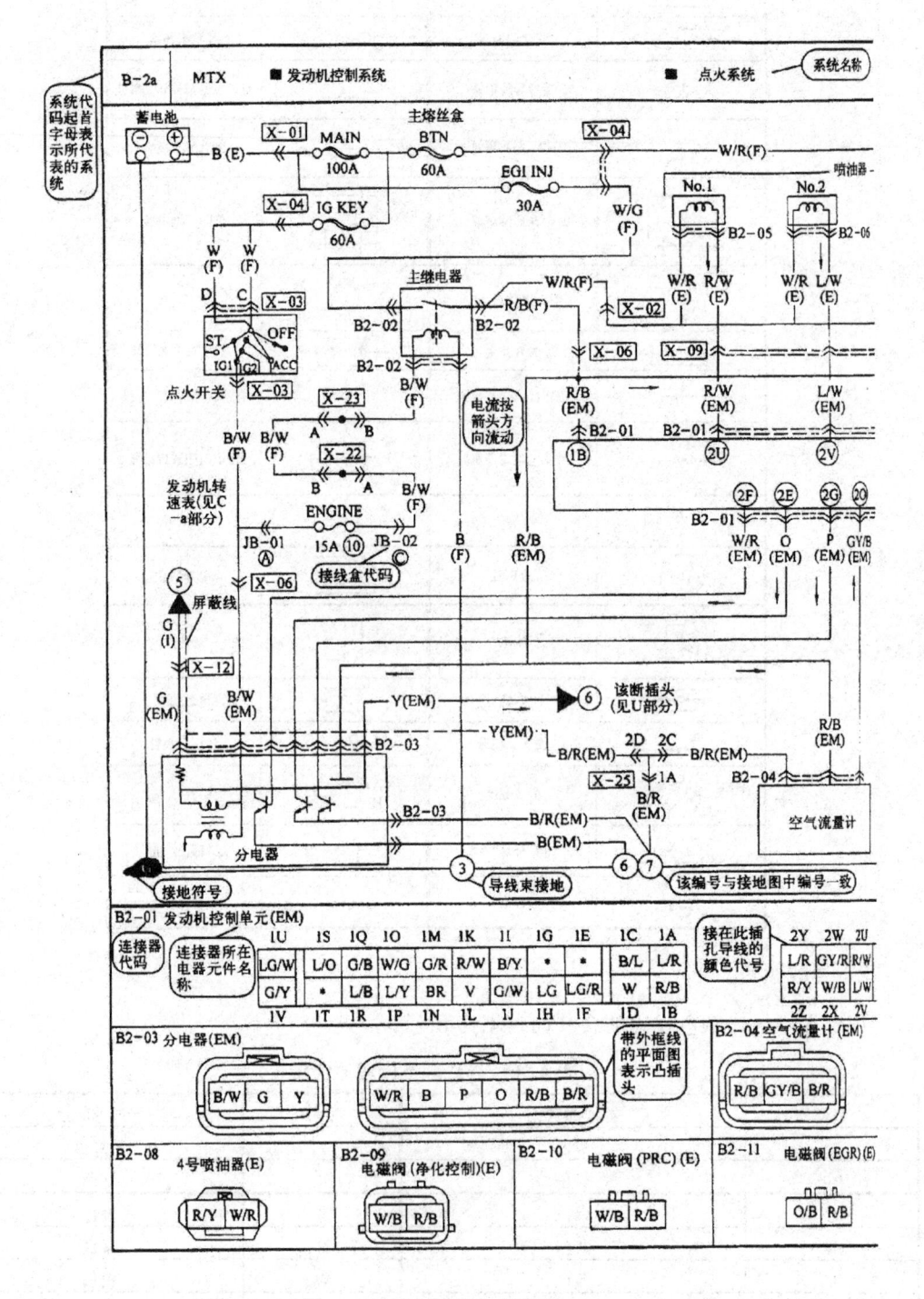

图 4.33 马自达汽车电路图

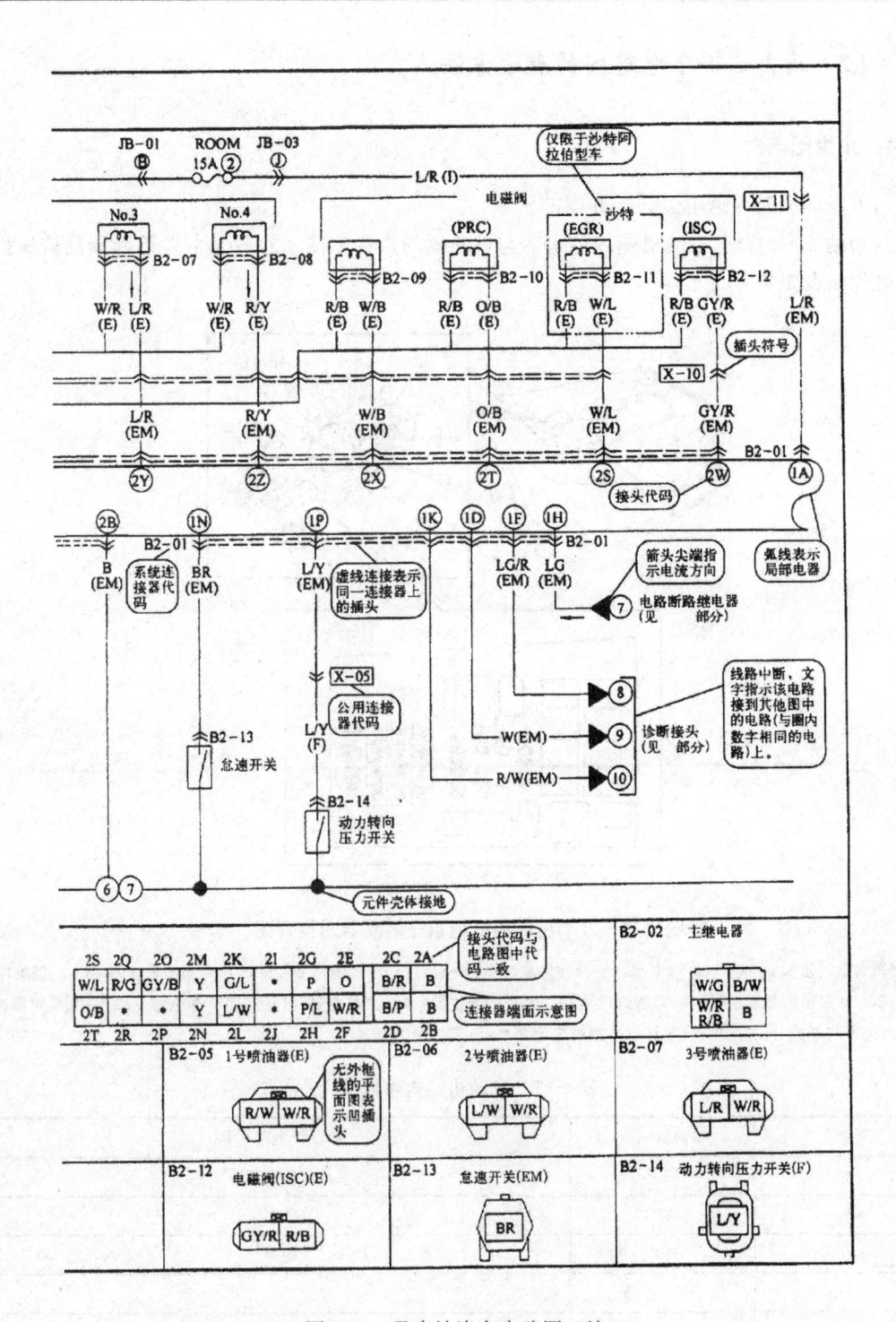

图4.33 马自达汽车电路图（续）

4.4.2 马自达轿车电路图的表示方法

1. 中央配电盒

（1）发动机舱内继电器与熔断器的位置

马自达 6(M6) 轿车发动机舱内继电器与熔断器的位置如图 4.34 所示，各熔断器及被保护电路名称如表 4.17 所示。

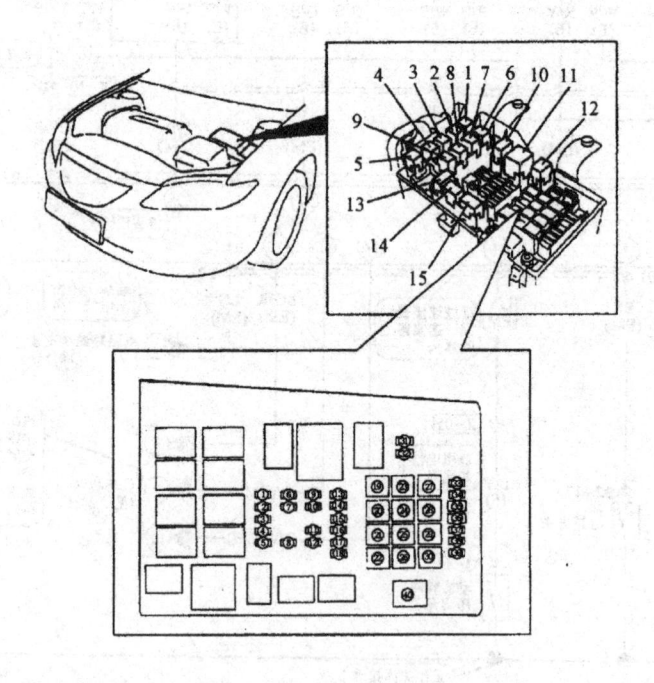

图 4.34 发动机舱内继电器与熔断器的位置图

1-冷却风扇继电器 No.2；2-喇叭继电器；3-冷却风扇继电器 No.3；4-启动继电器；5-冷却风扇继电器 No.4；6-低音喇叭继电器；7-后窗除霜继电器；8-后雾灯继电器；9-空调继电器；10-主继电器；11-前照灯继电器；12-TNS 继电器；13-冷却风扇继电器 No.1；14-前照灯清洁器继电器；15-前雾灯继电器.

表 4.17 发动机舱内熔断器

位置号	容量/A	被保护电路名称
1	20	备用
2	15	备用
3	10	备用
4	—	
5	5	电控模块
6	15	喷油器
7	10	空气流量计，EGR 控制阀
8	15	氧传感器
9	15	大灯-近光灯（右）

续表

位置号	容量/A	被保护电路名称
10	15	大灯-近光灯（左）
11	10	大灯-远光灯（左）
12	10	大灯-远光灯（右）
13	10	智能型电子传动控制单元
14	10	转向信号灯
15	15	制动信号灯/尾灯
16	10	电控模块，智能型电子传动控制单元
17	—	
18	20	燃油泵
19	40	风窗刮水器，发动机控制单元，车灯
20	—	
21	—	
22	40	电热塞
23	30	倒车灯，加热器控制单元
24	40	鼓风机
25	40	车内照明灯，电动门锁
26	20	加热器
27	40	后窗除霜器
28	60	ABS系统
29	30	冷却风扇
30	30	冷却风扇
31	30	制动信号灯/尾灯，牌照灯
32	10	仪表板照明
33	10	电磁离合器
34	15	音响系统
35	30	自动调整座椅
36	—	
37	15	座椅加热器
38	20	大灯清洁器
39	15	前雾灯
40	100	保护所有电路

（2）驾驶室内继电器与熔断器的位置

驾驶室内继电器与熔断器的位置如图 4.35 所示，各熔断器及被保护电路名称如表 4.18 所示。

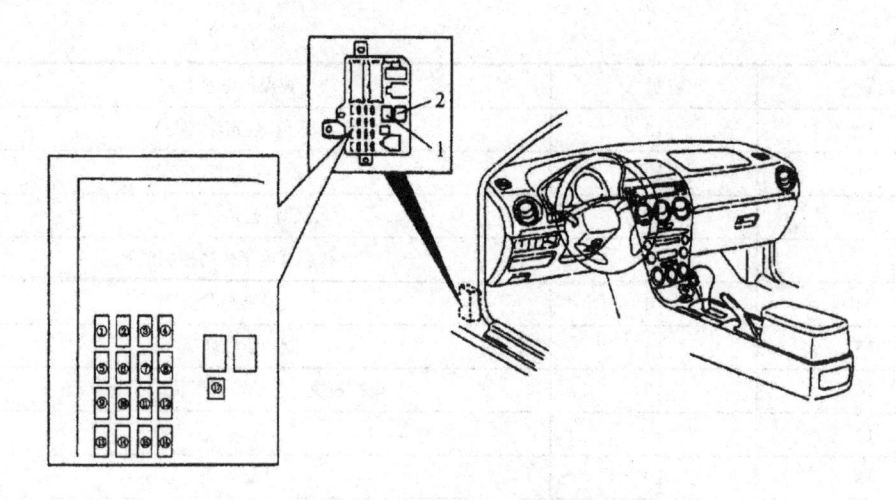

图 4.35 驾驶室内继电器与熔断器的位置

1-燃油泵继电器；2-鼓风机继电器

表 4.18 驾驶室内熔断器

位置号	容量/A	被保护电路名称
1	15	发动机控制系统
2	15	仪表组
3	15	座椅加热器、后窗除霜器
4	7.5	后视镜除霜器
5	20	后窗镜除霜器
6	15	ABS 系统、SRS 系统
7	5	倒车灯
8	15	空调加热器
9	5	仪表组
10	15	点烟器
11	15	车内照明灯
12	10	后窗刮水器与清洁器
13	5	后窗镜自动控制系统，音响系统
14	—	
15	20	驾驶员侧电动车窗
16	30	电动门锁
17	30	乘员电动车窗

4.4.3 马自达轿车电路实例

图 4.36 所示是马自达 6 轿车喇叭系统电路图，该电路比较简单，请读者练习分析。

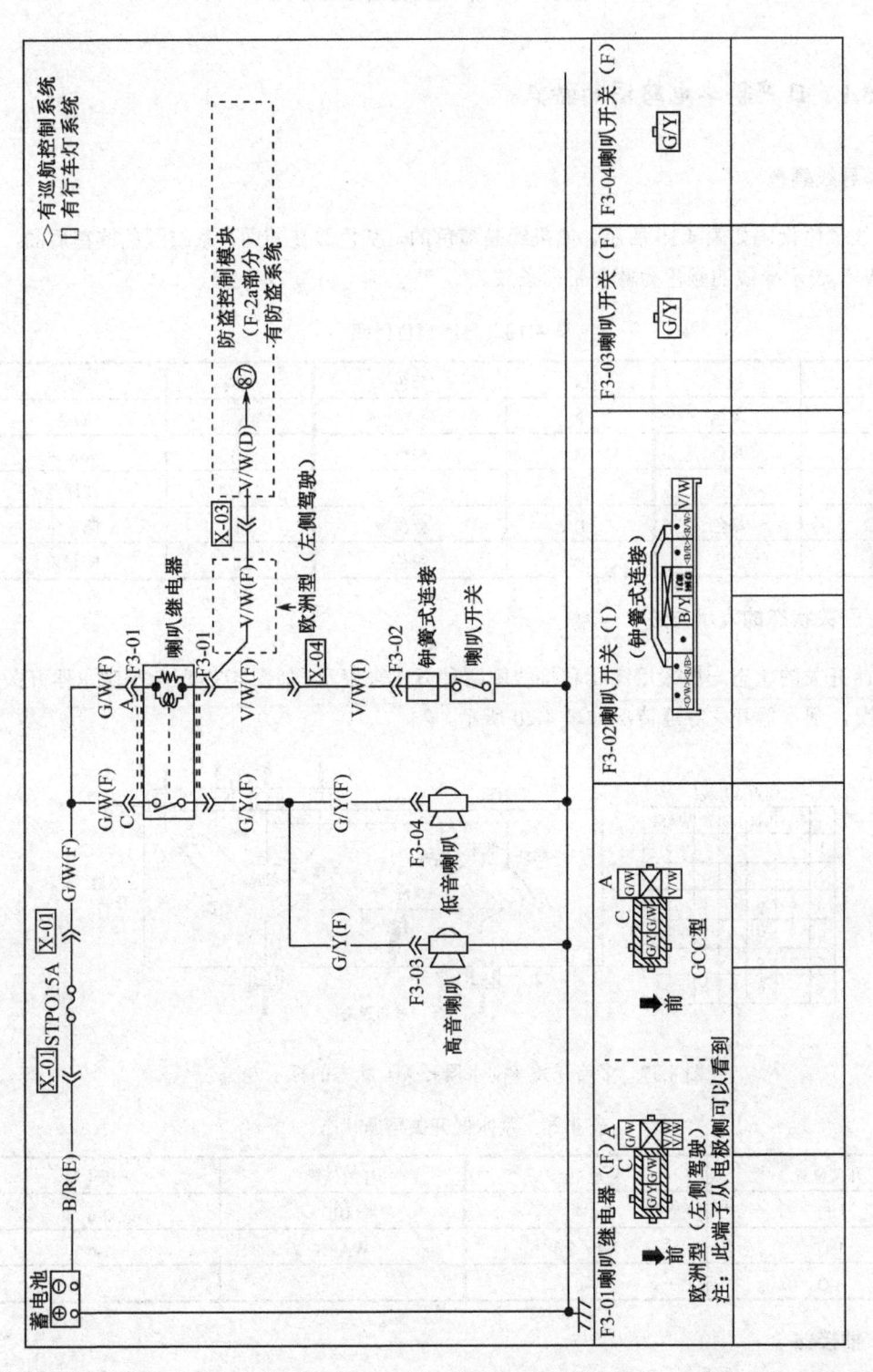

图4.36 马自达6轿车喇叭系统电路图

4.5 日产轿车电路图的识读

4.5.1 日产轿车电路图的特点

1. 导线颜色

导线颜色代码如表 4.19 所示。如果线是多色的，基色放在前面，条纹颜色放在后面，例如"L/W"表示导线的颜色为蓝色带白条纹。

表 4.19 导线颜色代码

代码	颜色	代码	颜色	代码	颜色
B	黑色	P	粉红色	Y	黄色
BR	褐色	G	绿色	SB	天蓝色
W	白色	PU	紫色	LG	淡绿色
OR	橙色	L	蓝色	CH	暗褐色
R	红色	GY	灰色	DG	暗绿色

2. 开关状态的表示方法

多路开关的状态一般采用图示和接线图两种方式来表示。如图 4.37 所示是刮水器开关的工作情况，刮水器开关导通情况如表 4.20 所示。

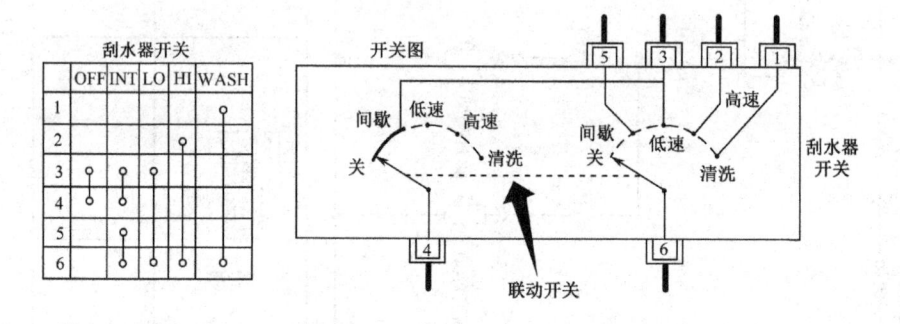

图 4.37 多路开关（刮水器开关）状态的标示方法

表 4.20 刮水器开关导通状态

开关位置	导通电路	开关位置	导通电路
OFF	3-4	HI	2-6
INT	3-4, 5-6	WASH	1-6
LO	3-6		

3. 插接器

插接器接线端子的位置图如图 4.38 所示，单线框表示从端子侧看到的接线端子的位置图，双线框表示是从线束侧看到的接线端子的位置图。插接器由插头和插座(阴阳端子)组成，如图 4.39 所示,插座(阴端子)的导槽未涂黑,被涂黑的部分表示插头(阳端子)。

如图 4.40 所示为插接器布置图实例,表示线路图接线端子的编号与具体插接器的关系,从中可了解线路走向和电路原理。

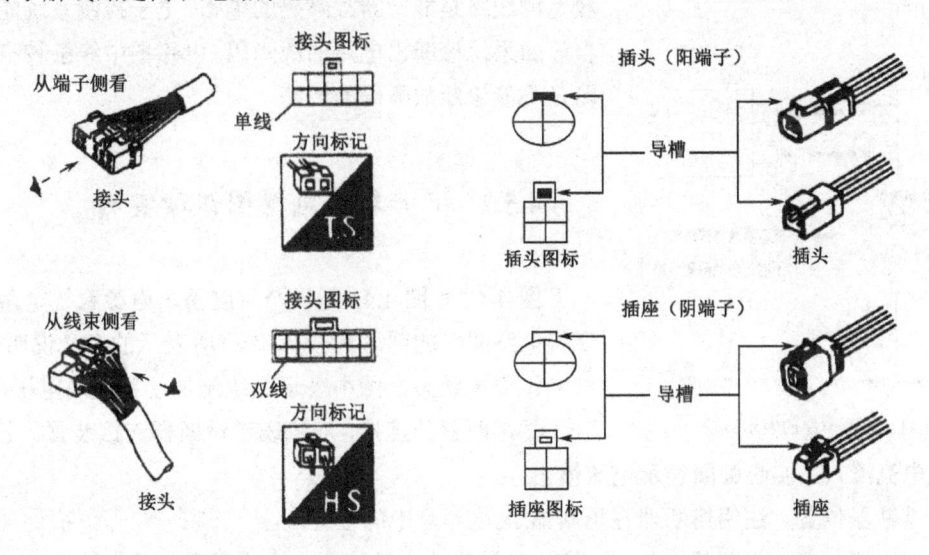

图 4.38　插头端子位置的标示方法　　　　图 4.39　阴阳端子的标示方法

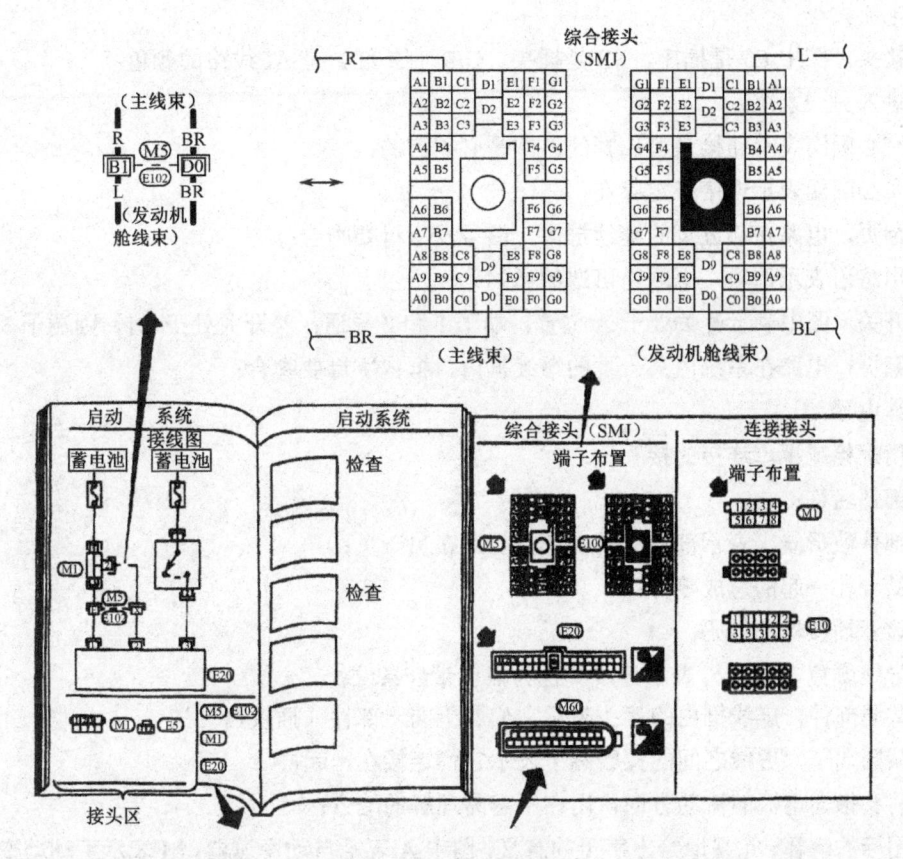

图 4.40　插接器布置图

4. 诊断电路的表示

诊断电路的表示方法如图 4.41 所示，电路图中线条较宽的线路是能诊断故障码的电路，电子控制系统能应用自诊断系统诊断出电路的故障码。电路图中线条较窄的线路是不能诊断故障码的电路。

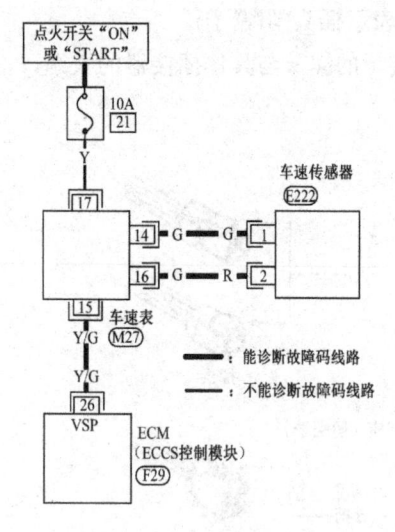

图 4.41 诊断电路的表示方法

4.5.2 日产轿车电路图识读实例

图 4.42 和图 4.43 是日产风度轿车电源系统电路图，现将电路图中的图形、符号、代号所表示的意义说明如下：

①供电状态，图中表示系统施加了蓄电池电压；
②熔断器的连接，双线表示熔断器连接装置，空心圆圈表示电流流入，实心圆圈表示电流流出；
③熔断器位置，注明熔断器在熔断器/继电器盒中的位置；
④熔断器，单线表明是熔断器，空心圆圈表示电流流入，实心圆圈表示电流流出；
⑤电流大小；
⑥接头，图中 E3 是插座，M1 是插头，G/R（绿/红）是 A1 线路的颜色；
⑦进入另一系统；
⑧空心圆圈表示连接是可选择的，不是必须有的；
⑨实心圆圈表示连接必定存在；
⑩翻页，电路在邻近页的继续框内，图号及字母要吻合；
⑪用略语表示选项，电路是可选的；
⑫开关，图中表示开关处于 A 位置，端子 1 和 2 导通；若开关处于 B1，则端子 3 导通；
⑬翻页，电路在系统内某一页的继续框内，框内字母要吻合；
⑭继电器；
⑮用螺栓或螺母连接的接头；
⑯部件名称；
⑰部件波形线，表示部件的另一部分显示在另一页；
⑱结合在一起的总成零件；
⑲显示插接器的号码；
⑳导线颜色，"B/R"表示导线颜色为黑色带红条纹；
㉑共同部件，虚线框内的接头表示它们属于同一部件（插接器）；
㉒共同端子，虚线之间的接线端子表示它们连接在一起；
㉓箭头指向电流的流动方向，用在不容易理解的地方；
㉔图标的解释，完整地给出字母的意义，图中 A 表示自动变速器，M 表示手动动变速器；
㉕搭铁；

㉖显示该页电路图中接线端子的视图;

㉗显示熔断器连接和熔断器的布置,用于电源主线路,空心方框表示电流流入,实心方框表示电流流出;

㉘参考提示,表示可参考最后一页电路图,可查到多个接线端子更多信息;

㉙屏蔽线,外面有虚线套的是屏蔽线;

㉚插接器的颜色代码;

㉛表示多根导线汇聚在一起搭铁。

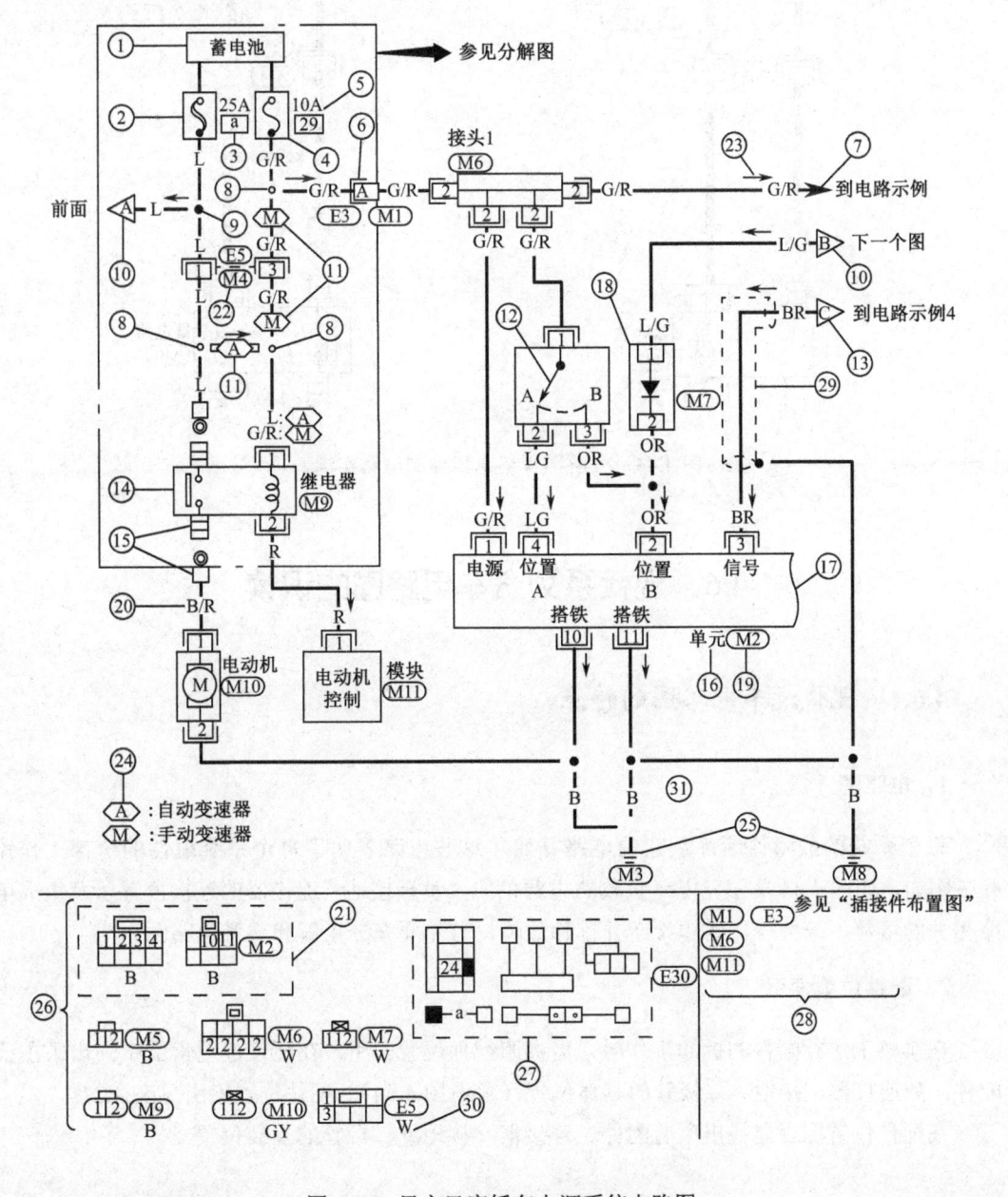

图4.42 日产风度轿车电源系统电路图

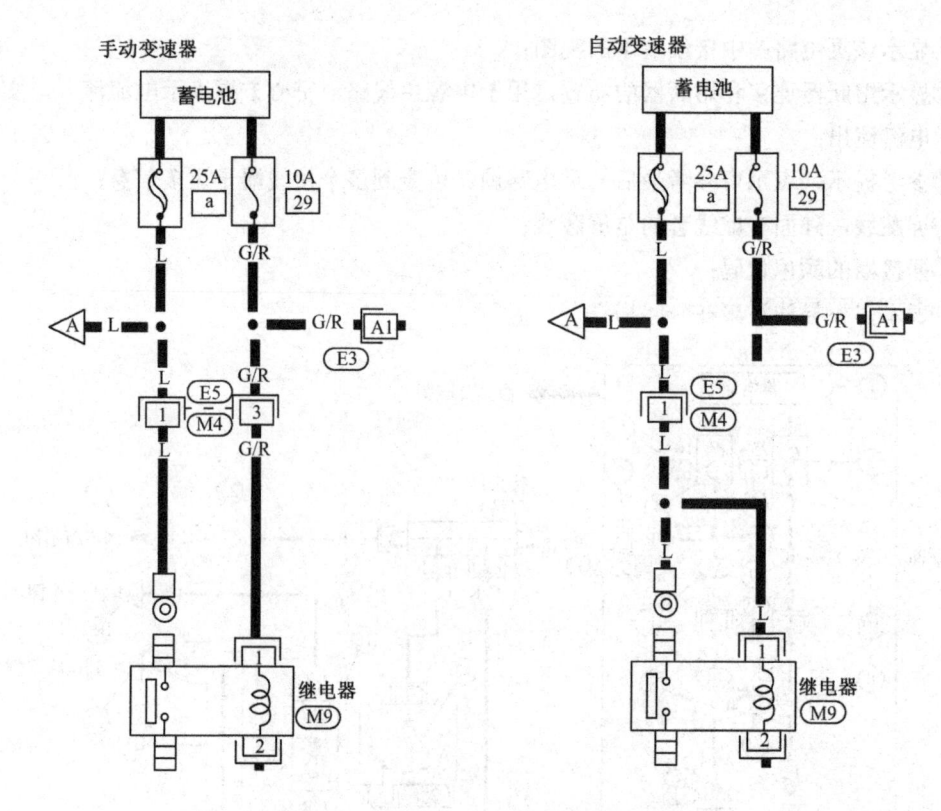

图 4.43　分解图（继电器控制电路实例）

4.6　现代系列汽车电路图的识读

4.6.1　现代汽车电路图的特点

1. 电路图

每个系统的故障诊断都从它的电路开始，这些电路表明了每个系统配件的全部工作路径。例如，如图 4.44 所示，电气负载的电源供应及负极接地，连接器的连接位置以及组成电路相关的熔丝、开关等，要想诊断并排除故障，首先要充分了解和熟悉电路图。

2. 配件位置索引

在车辆上进行配件的拆卸工作时，需参照配件位置索引。在配件位置索引中列出了主要配件，如连接器、接地、二极管的具体位置（参考图 4.44）。配件位置索引见表 4.21。

在配件位置图上能找出所有配件、连接器、接地或二极管的安装位置。

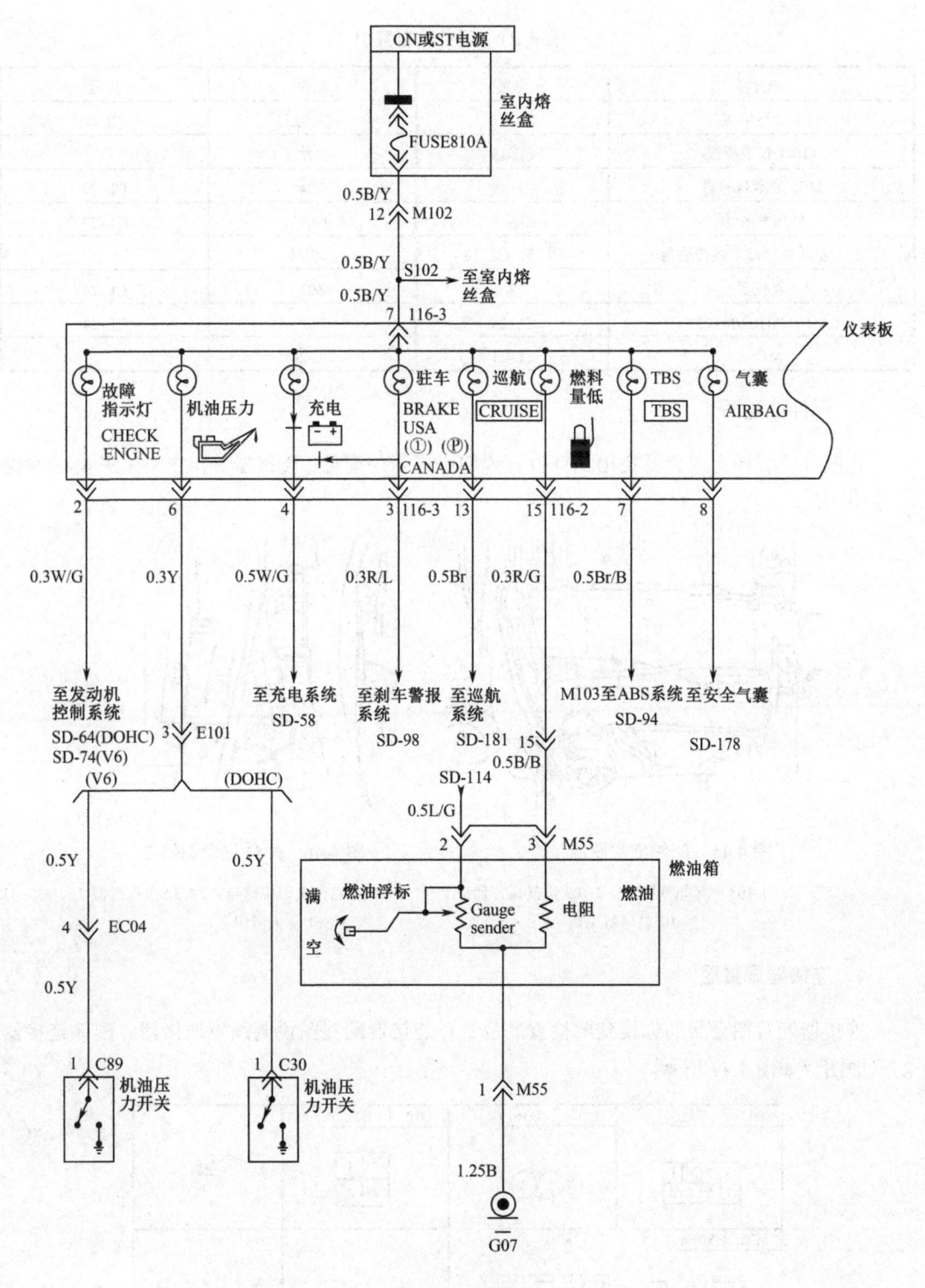

图 4.44 图例

表 4.21 配件位置索引

配件	位置	配件	位置
112 数字表	CL-15	CC02	CL-8
116-1 仪表板报	CL-15	接地	
M55 油量传感器	CL-19	G04	CL-23
M56 燃油泵	CL-19	G07	CL-23
C34 发动机冷却水温传感器	CL-5，CL-18	二极管	
连接器		Z01	CL-24
M101/M102/M103	CL-21	Z02	CL-24
MC02	CL-21	CL-24	

3. 配件位置图

在配件位置图上很容易找出配件位置说明中所示的配件、连接器等，分别如图 4.45 和图 4.46 所示。

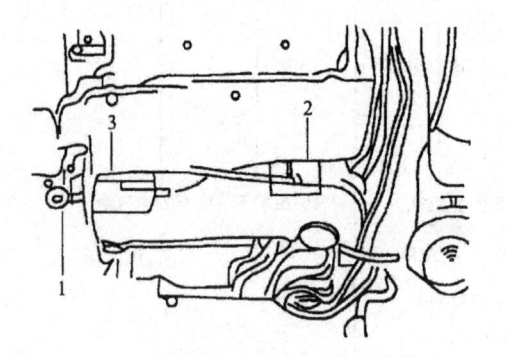

图 4.45 配件位置图例 1

1-105 鼓风机变阻器；2-103 进气执行器；
3-101 鼓风机电阻

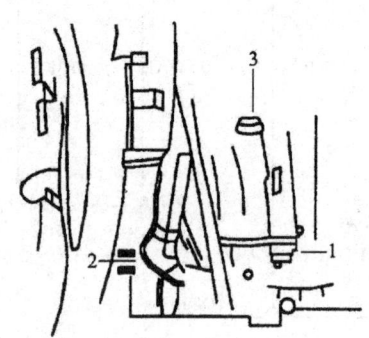

图 4.46 配件位置图例 2

1-C50 点火失败传感器；2-C52 点火线圈 2；
3-C51 点火线圈 1

4. 连接器配置图

连接器配置图会帮助你找到要检查的位置，连接器配置图说明线束连接器、配件连接器的平面图，如图 4.47 所示。

图 4.47 连接器配置图

(1) 连接器平面图如图 4.48 所示。

	内连接器	外连接器	注意事项
实际连接器图	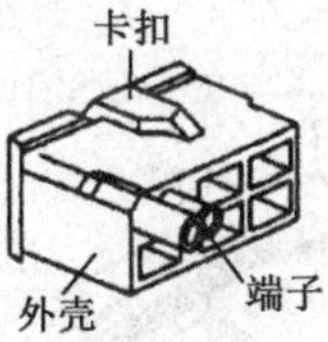 卡扣 外壳 端子 MG1-002A	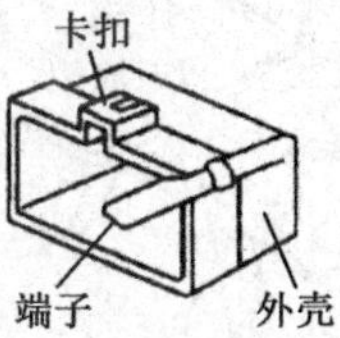 卡扣 端子 外壳 MG1-003A	这不是连接器外壳形状，而是辨别内外连接器的端子。内外连接器参照这里所表示的数字，有的连接器端子不使用这种表示方法。详细的连接器端子号码还要参照连接器配置图
连接器端位置图	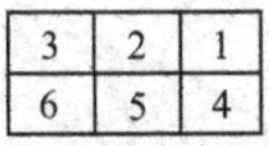 3 2 1 6 5 4 E1AA001B	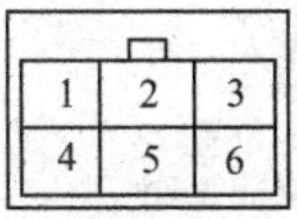 1 2 3 4 5 6 E1AA001C	

图 4.48 连接器平面图

(2) 端子号顺序如图 4.49 所示。

	端子号顺序	注意事项
内连接器	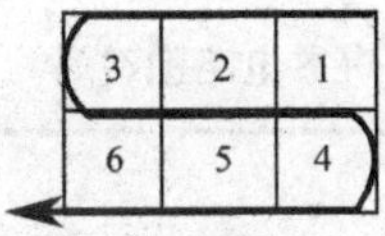 3 2 1 6 5 4 E1AA001D	从右上侧开始往左下侧的顺序读号码
外连接器	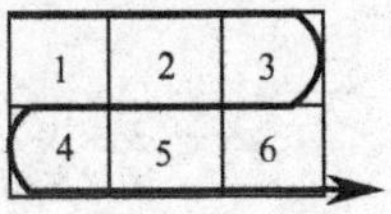 1 2 3 4 5 6 E1AA001E	从左上侧开始往右下侧的顺序读号码

图 4.49 端子号顺序

5. 线束布置图

线束布置图说明主线束、串联连接器和主线束固定部位的路线，如图 4.50 所示，这些线束配置使电路检修更简便。

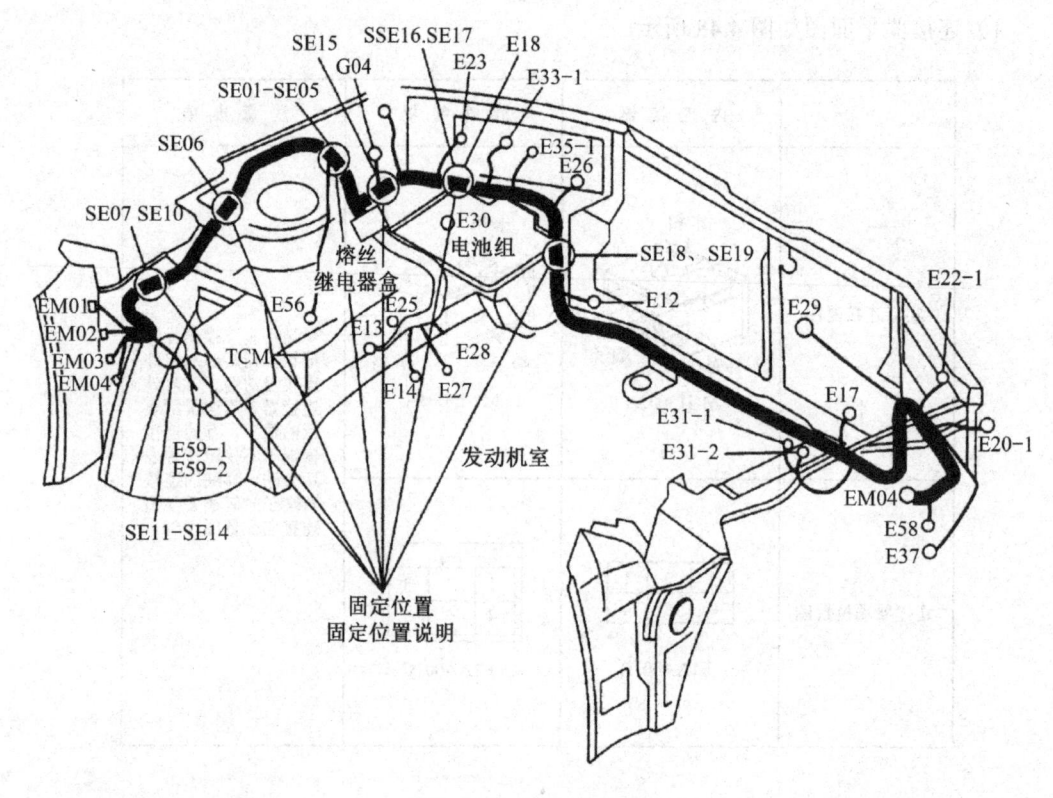

图 4.50 线束布置图

6. 符号及缩写名称

(1) 线路图中符号

线路图中符号如表 4.22 所示。

表 4.22 现代汽车电路图符号

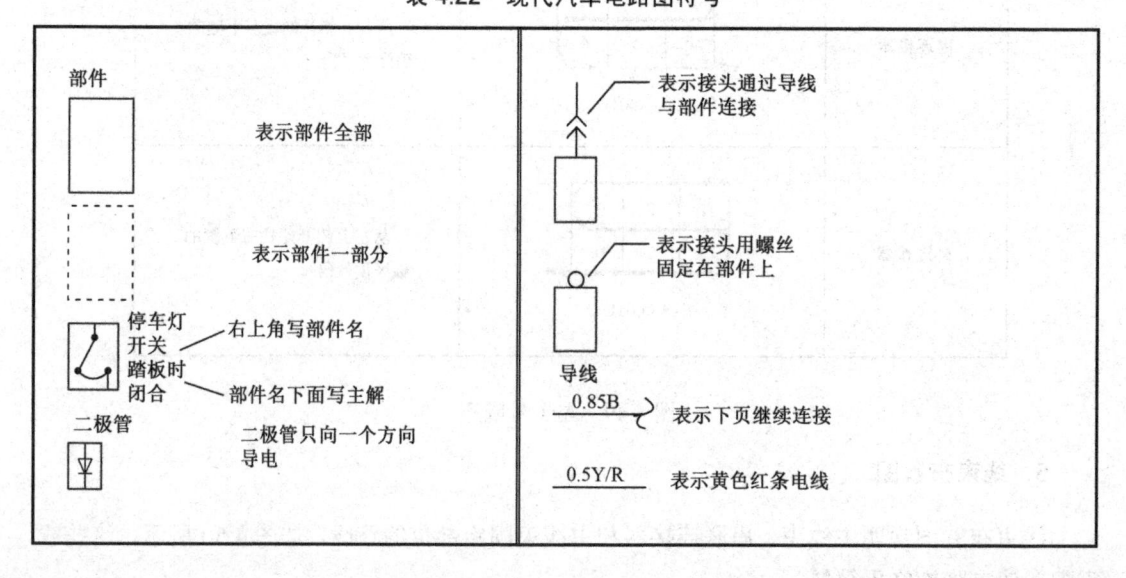

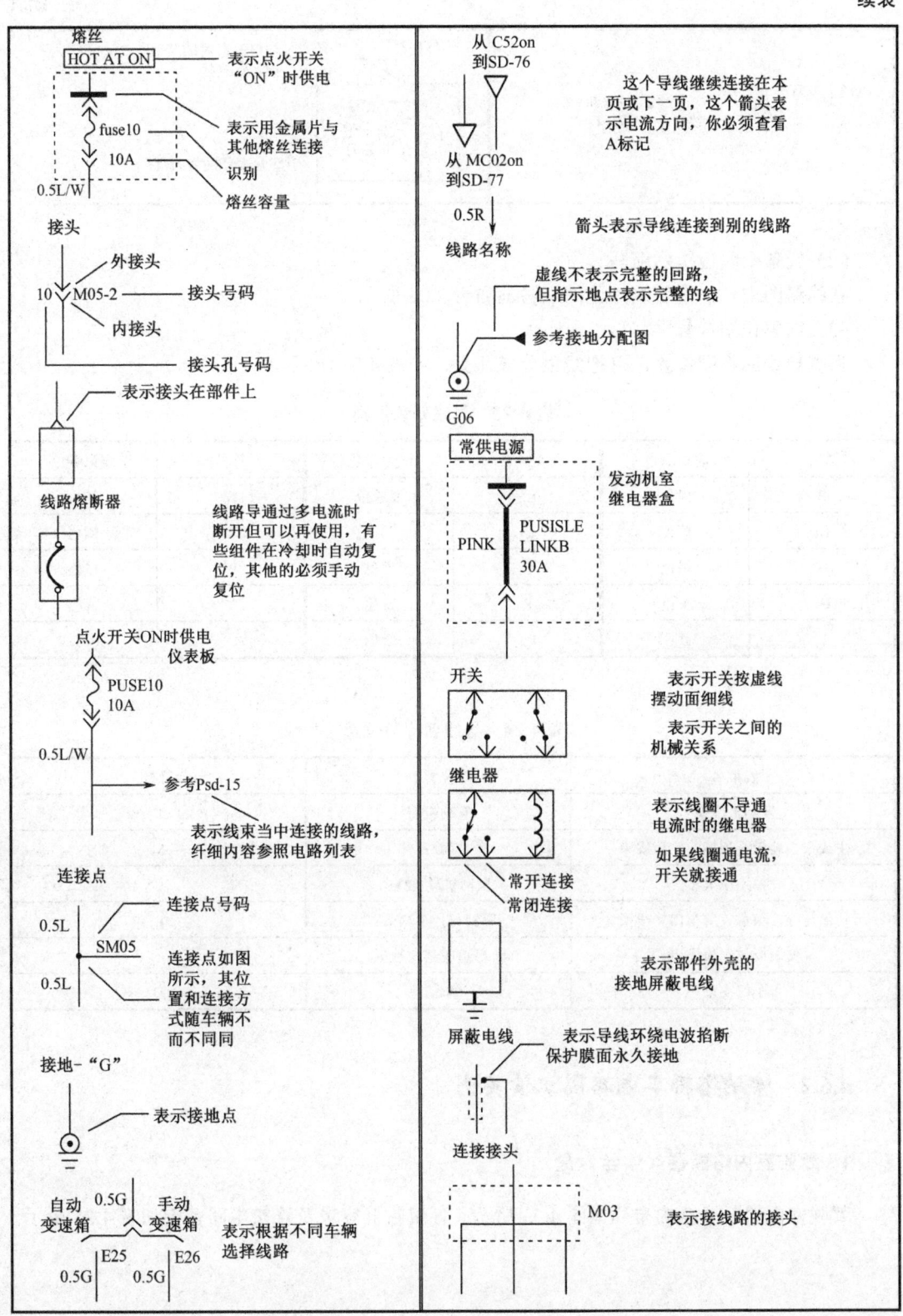

续表

熔丝 HOT AT ON — 表示点火开关"ON"时供电 fuse10 — 表示用金属片与其他熔丝连接识别 10A — 熔丝容量 0.5L/W	从C52on到SD-76 — 这个导线继续连接在本页或下一页，这个箭头表示电流方向，你必须查看A标记 从MC02on到SD-77 0.5R 线路名称 — 箭头表示导线连接到别的线路
接头 外接头 10 M05-2 — 接头号码 内接头 接头孔号码	虚线不表示完整的回路，但指示地点表示完整的线 G06 — 参考接地分配图
表示接头在部件上	常供电源 PINK PUSISLE LINKB 30A — 发动机室继电器盒
线路熔断器 — 线路导通过多电流时断开但可以再使用，有些组件在冷却时自动复位，其他的必须手动复位	开关 — 表示开关按虚线摆动面细线 表示开关之间的机械关系
点火开关ON时供电 仪表板 PUSE10 10A 0.5L/W 参考Psd-15 — 表示线束当中连接的线路，纤细内容参照电路列表	继电器 — 表示线圈不导通电流时的继电器 常开连接 常闭连接 — 如果线圈通电流，开关就接通
连接点 0.5L SM05 — 连接点号码 0.5L — 连接点如图所示，其位置和连接方式随车辆不而不同同	表示部件外壳的接地屏蔽电线 屏蔽电线 — 表示导线环绕电波挡断保护膜面永久接地
接地-"G" 表示接地点	连接接头 M03 — 表示接线路的接头
自动变速箱 0.5G / 手动变速箱 E25 E26 0.5G 0.5G — 表示根据不同车辆选择线路	

续表

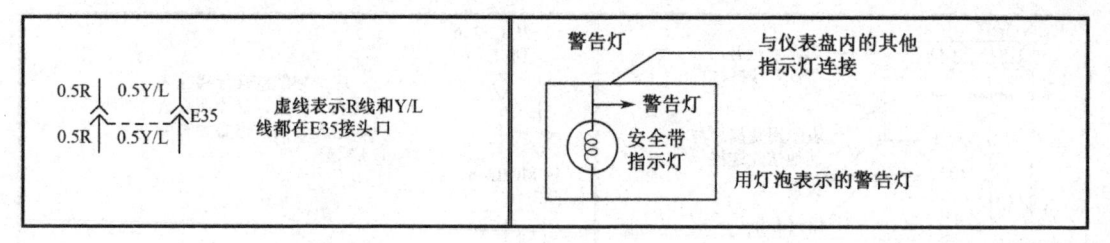

0.5R ╱ 0.5Y/L ╲ E35 虚线表示R线和Y/L线都在E35接头口	警告灯——与仪表盘内的其他指示灯连接 →警告灯 安全带指示灯 用灯泡表示的警告灯

（2）线条上颜色指示缩写

在线路图中，识别导线颜色的缩写词如表 4.23 所示。

（3）线束识别符号

根据导线的不同位置，可把线束分成几类，如表 4.24 所示。

表 4.23 导线颜色识别

符号	线束颜色	符号	线束颜色	符号	线束颜色
B	黑色	Lg	浅绿色	R	红色
Br	棕色	Li	浅蓝色	T	褐色
G	绿色	O	橙色	W	白色
Gr	灰色	P	粉色	Y	黄色
L	蓝色	Pp	紫色		

表 4.24 导线名称与位置

线束名	位置	符号
发动机线束	发动机室	E
主线束、地板、顶棚、座椅线束	驾驶室	M
控制线束	发动机/驾驶室	C
后侧与行李箱盖（后车门）线束	后侧与行李箱盖	R
仪表板与气囊线束	防撞垫底部与地板	I
车门线束	车门	D

4.6.2 索纳塔轿车电路图识读实例

1. 驾驶室内熔断器（熔丝）盒

驾驶室内熔断器盒的布局如图 4.51 所示。各熔断器容量及连接电路范围如表 4.25 所示。

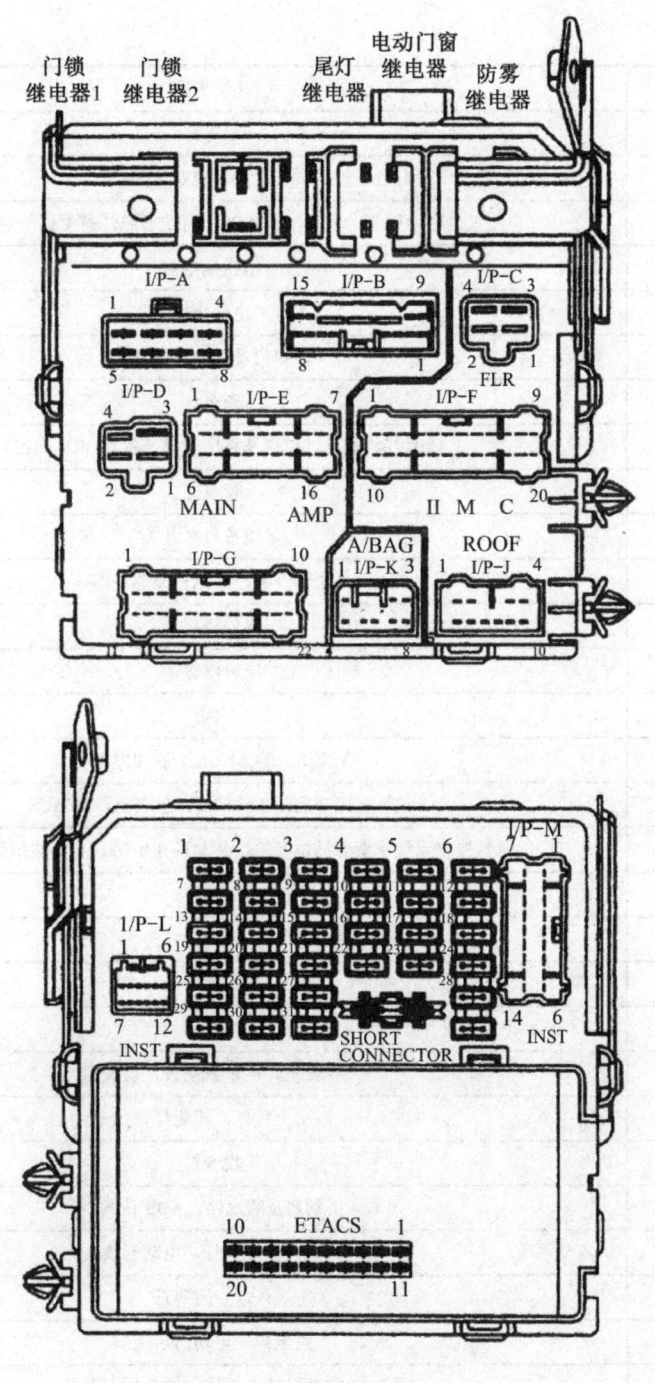

图 4.51 驾驶室内熔丝盒布置图

表 4.25 驾驶室内熔断器容量及连接电路范围

熔丝	容量/A	连接电路
1	10	空调控制系统，电动门后视镜除霜器
2	10	危险警告灯

续表

熔丝	容量/A	连接电路
3	15	后雾灯
4	10	空调控制
5	10	空调控制，天窗，ETACS，自动前照灯高度调整装置
6	15	门锁继电器
7	25	电动座椅
8	15	油箱门及行李厢门开关
9	15	刹车灯
10	15	前照灯，前照灯雨刷及高度调整装置，DRL，HID 灯
11	10	仪表灯
12	10	危险警告灯开关
13	10	空调开关，鼓风机高速电器
14	15	附件连接器
15	15	座椅取暖器
16	15	气囊
17	10	倒车灯，TCM，A/T 脉冲发生器
18	10	防盗控制器，巡航控制，仪表盘，ETACS
19	15	巡航控制系统，变速挡位开关，起动机（手动），防盗报警器继电器
20	15	未使用
21	15	未使用
22	15	未使用
23	15	未使用
24	10	收音机，电子数字钟，仪表盘
25	10	外灯，照明灯
26	10	收音机
27	20	雨刷器及喷水器，ABS 传感器
28	10	室内灯，门灯，电动天线
29	10	外灯，照明灯
30	15	点烟器，电动门后视镜
31	10	电控动力转向系统，巡航控制系统

2. 发动机舱接线盒布置图

发动机舱接线盒的布置如图 4.52 所示。各熔断器容量及连接电路范围如表 4.26 所示。

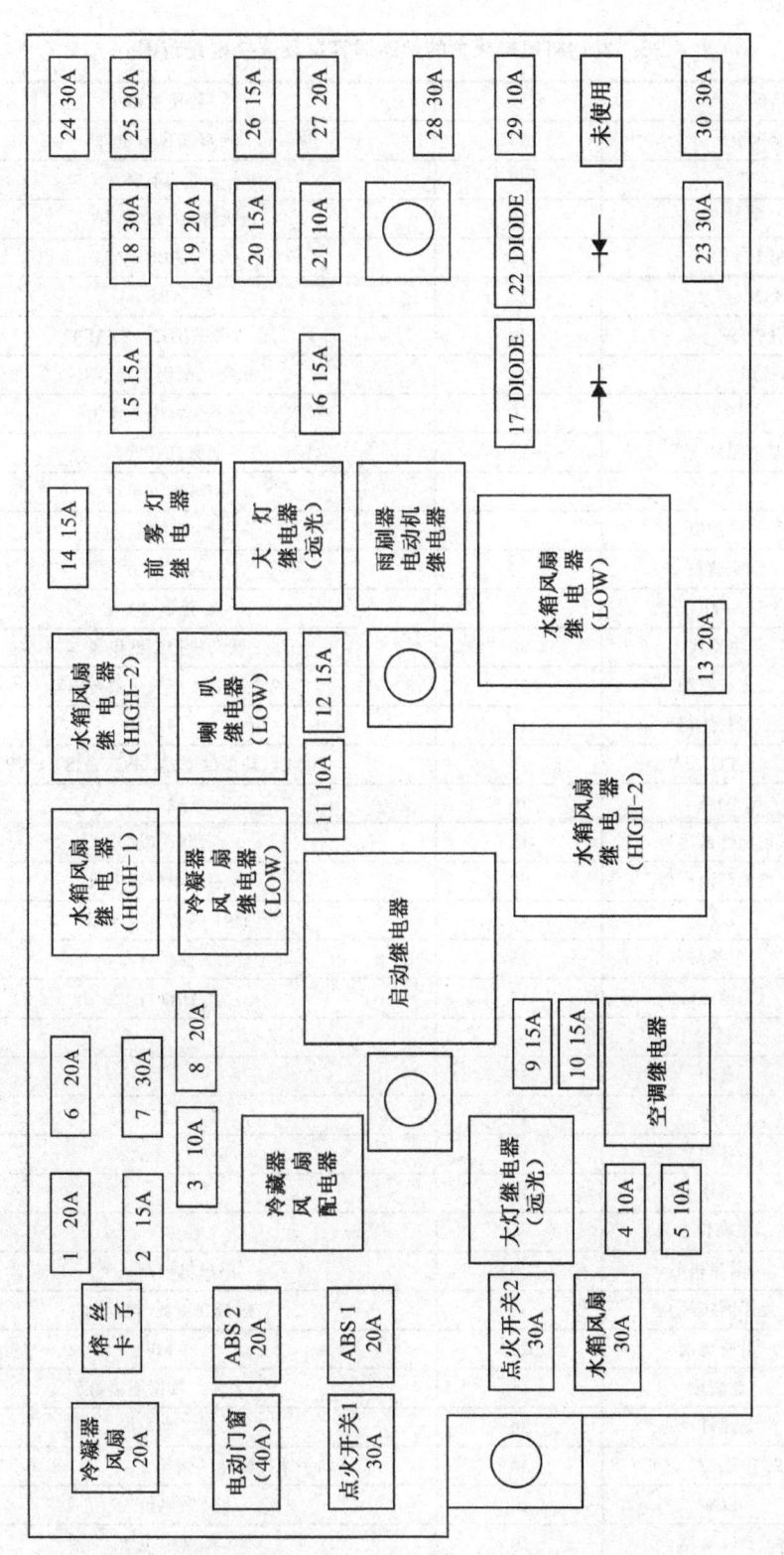

图4-52 发动机舱接线盒的布置

表 4.26 发动机舱接线盒的熔断器容量及连接电路范围

易熔丝		容量/A	连接电路
冷凝器风扇		20	冷凝器风扇电机
电动天窗		40	电动车窗
点火开关 1		30	点火开关（ACC、IG1）
ABS1		20	ABS
ABS2		20	ABS
点火开关 2		30	点火开关（IG2、START）
水箱风扇		30	水箱风扇继电器电机
1	汽油泵	20	汽油泵继电器电机
2	左前照灯（近）	15	前照灯（近）
3	ABS	10	ABS 控制模块
4	喷油嘴	10	喷油嘴
5	空调泵	10	A/C 控制
6	A/T	20	A/C 控制继电器
7	主熔丝	30	发动机控制继电器
8	点火线圈	20	点火线圈，点火失效传感器
9	氧传感器	15	氧传感器
10	EGR	15	ECM,汽油泵继电器，PCV，IS，CKP
11	喇叭	10	喇叭
12	前照灯（远）	15	前照灯（远）
13	前照灯雨刷器	20	前照灯雨刷器电机
14	DRL	15	DRL 控制，警报器
15	前雾灯	15	前雾灯
16	右前照灯	15	HID 灯
17	二极管 1	-	
18	备用	30	
19	备用	20	
20	备用	15	
21	备用	10	
22	二极管 2	-	
23	鼓风机	30	鼓风机控制系统
24	助手席接线盒	30	短接连接器，熔丝 6
25	音响电源	20	AMP
26	遮阳棚	15	天窗，数据连接器
27	尾灯	20	尾灯继电器
28	助手席接线盒 1	30	助手席接线盒（熔丝 2、3、7、8、9）
29	ECM	10	发电机
30	后除雾器	30	除雾继电器

3. 各控制系统熔断器布置图

JC01（DOHC）、JC02（V6）控制系统，JE01 发动机系统，JM09 主熔断器的布局如图 4.53 所示。

	F12	E12	D12	C12	B12	A12	F12	E12	D12	C12	B12	A12	F12	E12	D12	C12	B12	A12
	F11	E11	D11	C11	B11	A11	F11	E11	D11	C11	B11	A11	F11	E11	D11	C11	B11	A11
	F10	E10	D10	C10	B10	A10	F10	E10	D10	C10	B10	A10	F10	E10	D10	C10	B10	A10
	F9	E9	D9	C9	B9	A9	F9	E9	D9	C9	B9	A9	F9	E9	D9	C9	B9	A9
	F8	E8	D8	C8	B8	A8	F8	E8	D8	C8	B8	A8	F8	E8	D8	C8	B8	A8
	F7	E7	控制		B7	A7	F7	E7	发动机		B7	A7	F7	E7	主熔丝		B7	A7
	F6	E6			B6	A6	F6	E6			B6	A6	F6	E6			B6	A6
	F5	E5	D5	C5	B5	A5	F5	E5	D5	C5	B5	A5	F5	E5	D5	C5	B5	A5
	F4	E4	D4	C4	B4	A4	F4	E4	D4	C4	B4	A4	F4	E4	D4	C4	B4	A4
	F3	E3	D3	C3	B3	A3	F3	E3	D3	C3	B3	A3	F3	E3	D3	C3	B3	A3
	F2	E2	D2	C2	B2	A2	F2	E2	D2	C2	B2	A2	F2	E2	D2	C2	B2	A2
	F1	E1	D1	C1	B1	A1	F1	E1	D1	C1	B1	A1	F1	E1	D1	C1	B1	A1

JC01(DOHC)　　　　　JE01　　　　　JM09
JC02(V6)

图 4.53　控制系统熔断器布置

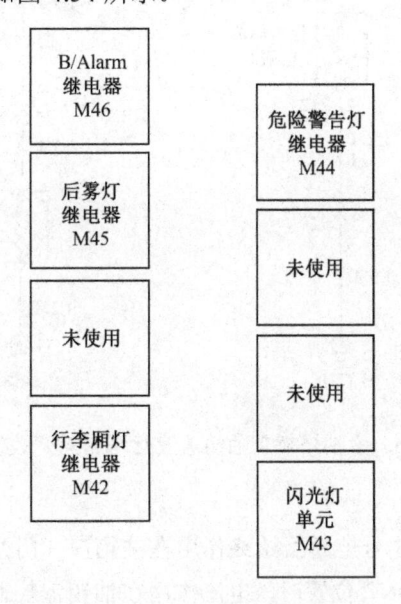

4. 前乘员侧接线盒布置图

前乘员侧接线盒布置图如图 4.54 所示。

前乘员侧接线盒元件：
- B/Alarm 继电器 M46
- 后雾灯继电器 M45
- 未使用
- 行李厢灯继电器 M42
- 危险警告灯继电器 M44
- 未使用
- 未使用
- 闪光灯单元 M43

图 4.54　前乘员侧接线盒布置图

5. 电路实例

图 4.55 是索纳塔轿车油箱盖及行李箱盖开关线路图。

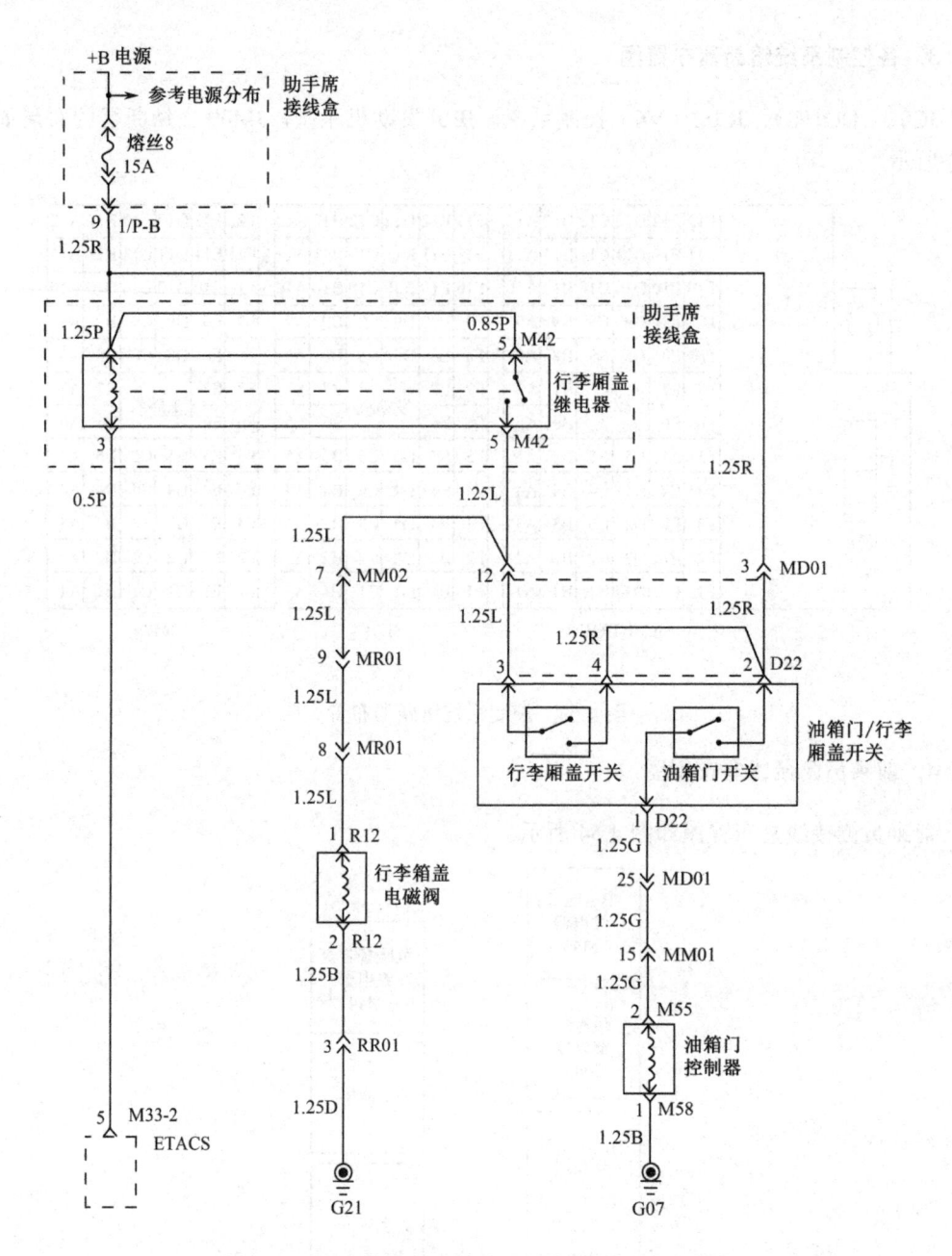

图 4.55 索纳塔轿车油箱盖及行李箱盖开关线路图

电路说明：蓄电池经过 8 号熔断器始终作用在油箱盖（门）和行李箱盖开关上。当油箱盖开关或行李箱盖开关在"ON"位置时，电流作用在油箱盖控制器或行李箱盖电磁阀上，这时油箱盖或行李箱盖被打开；当用车门钥匙开行李箱时，行李箱盖继电器的线圈电路接通，行李箱盖继电器动作，电流作用在行李箱盖电磁阀上，行李箱盖打开。

4.7 雪铁龙汽车电路图的识读

4.7.1 雪铁龙电路图的识读方法

1. 雪铁龙车系电路图符号及含义

雪铁龙车系电路图中电路的连接和电器元件都有规定的画法,有的与其他车系相同或相似,有的则与众不同。雪铁龙车系电路图的符号及含义如表 4.27 所示。

表 4.27 雪铁龙车系电路图的符号及含义

二极管	熔断器	热断路器	屏蔽装置
蓄电池单格	电容器	电动机	双速电动机
交流发电机	电喇叭或扬声器	电子控制组件	继电器组件
零件框图(带原理图)	零件框图(无原理图)	零件部分框图	零件部分框图
指示器	热电偶	电极	氧传感器
接线柱 ( ) 备用头	NPN 三极管	PNP 三极管	联动线(轴)

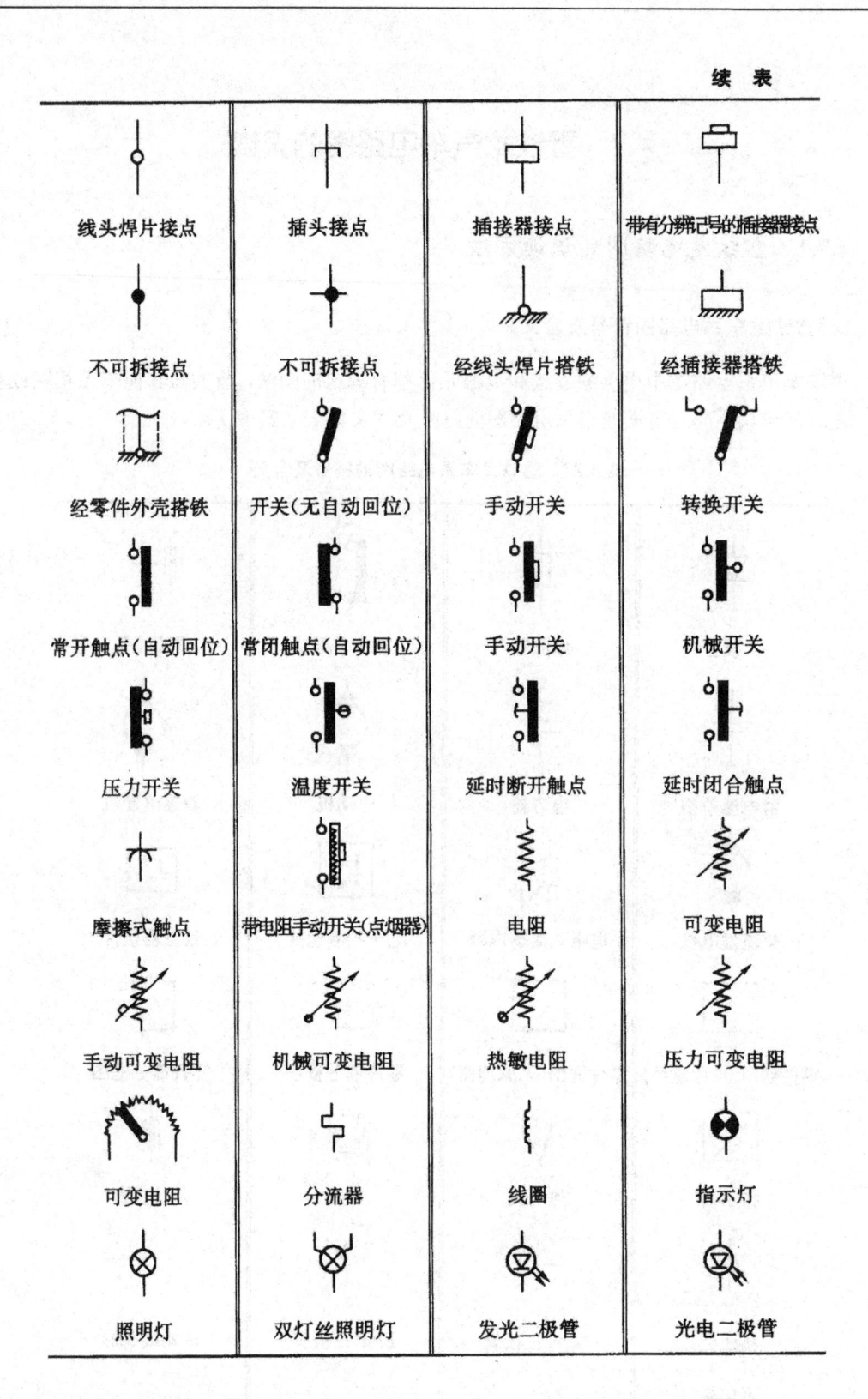

续表

线头焊片接点	插头接点	插接器接点	带有分辨记号的插接器接点
不可拆接点	不可拆接点	经线头焊片搭铁	经插接器搭铁
经零件外壳搭铁	开关(无自动回位)	手动开关	转换开关
常开触点(自动回位)	常闭触点(自动回位)	手动开关	机械开关
压力开关	温度开关	延时断开触点	延时闭合触点
摩擦式触点	带电阻手动开关(点烟器)	电阻	可变电阻
手动可变电阻	机械可变电阻	热敏电阻	压力可变电阻
可变电阻	分流器	线圈	指示灯
照明灯	双灯丝照明灯	发光二极管	光电二极管

2. 雪铁龙车系电路图的表示方式

（1）雪铁龙车系电路图的标示方法

雪铁龙车系电路图的标示方法如图 4.56 所示。

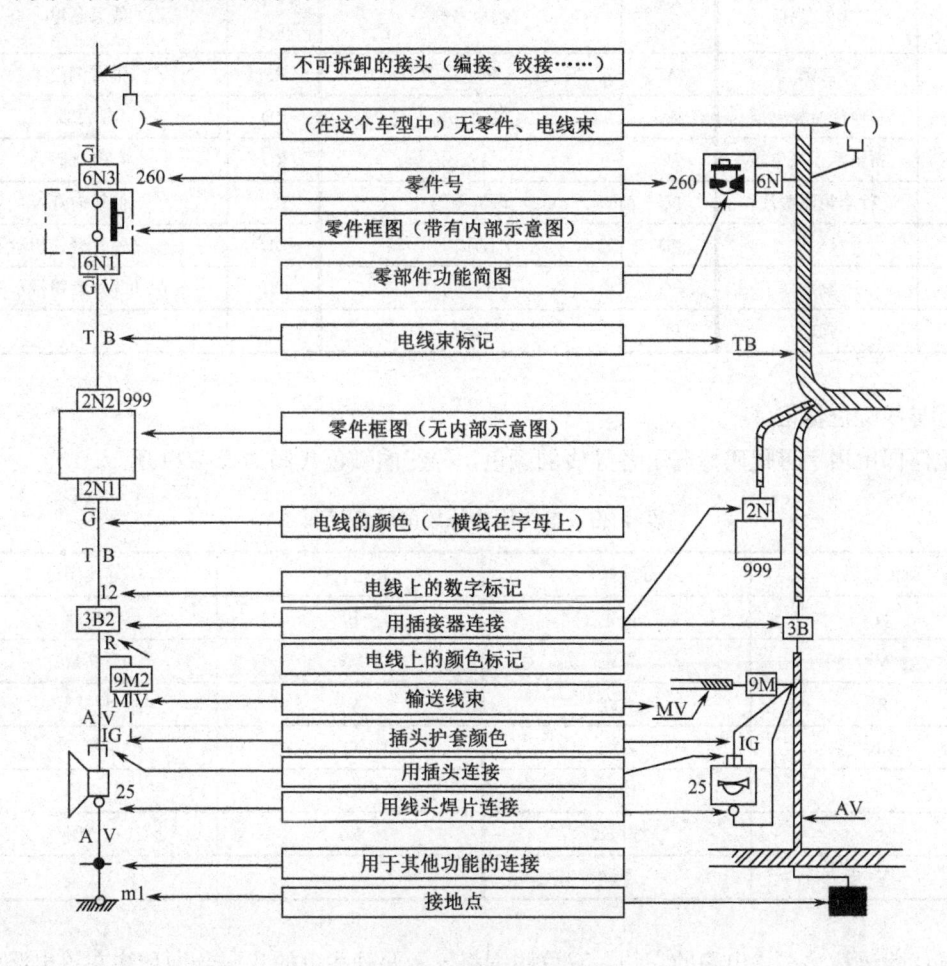

图 4.56　雪铁龙车系电路图的标示方法

（2）雪铁龙车系电路图的特点

①通常同时提供电路原理图和线路布置图，原理图和线路布置图用相同的标识；

②原理图中的导线同时标示了其颜色和所在的线束；

③原理图和线路布置图中标示了插接器和插头护套的颜色；

④线路布置图中直观地标示了接地点位置。

（3）雪铁龙车系电路图标注说明

①零件号

雪铁龙车系电路原理图和线路布置图中各电气元件均用数字编号，可通过图注或零件清单表查得该数字所表示的部件。

②线束标记

在电路图中各导线都标明其所在线束的代号，给寻找线路的方位和走向提供了方便。各线束代号如表 4.28 所示。

表 4.28 线束代号

线束代号	线束名称	线束代号	线束名称	线束代号	线束名称
AV	前部	MT	发动机（和电控喷油系）	PP	乘客侧门
CN	蓄电池负极电缆	MV	电动风扇	RD	右后部
CP	蓄电池正极电缆	PB	仪表板	RG	左后部
EF	行李箱照明灯	PC	司机侧门	RL	侧转向灯
FR	尾灯	PD	右后门	UD	右制动蹄片磨损指示器
GC	空调	PG	左后门	UG	左制动蹄片磨损指示器
HB	驾驶室	PL	顶灯		

③导线颜色标记

电路图中用字母代码标明了各导线的颜色，导线的颜色代码如表 4.29 所示。

表 4.29 电路图中导线的颜色代码

颜色代码	导线颜色	颜色代码	导线颜色
N	黑色	Bl	湖蓝
M	栗色	Mv	深紫
R	大红	Vi	紫罗蓝
Ro	粉红	G	灰色
Or	橙色	B	白色
J	柠檬黄	Lc	透明
V	翠绿		

导线代码标注在该电路的左边，双色线则将表示两种颜色的代码分别标注在该电路的两侧，左侧代码表示导线底色，右侧代码表示条纹颜色。有的导线颜色代码字母上方加了一横杠，用于区别线束代号。

(4) 插接器标记

雪铁龙车系汽车电路中各种插接器在电路图中均用线框表示，通过标注字母和数字来表示插接器的类型或颜色、插接器的插脚数和该插脚的位置等。不同类型的插接器的表示方法如图 4.57 所示。

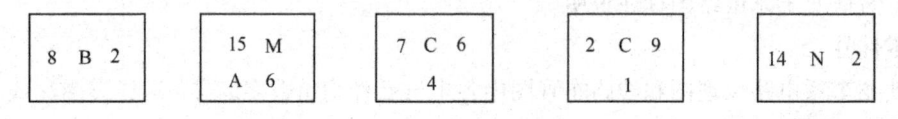

8 B 2	15 M 6 A	7 C 6 4	2 C 9 1	14 N 2
(a) 单排插接器	(b) 双排插接器	(c) 前围板插接器	(d) 前围板插接器	(e) 14 脚插接器

图 4.57 电路中插接器的表示

①单排插接器

插接器只有一排插脚或插孔，插接器及各插脚在电路图中的表示示例如图 4.57（a）所示，标注说明如下：

左边的数字表示脚（孔）数，此例"8"表示该插接器有 8 脚（孔）；

中间的字母表示颜色，此例"B"表示该插接器为白色；

右边的数字表示第几号线，此例"2"表示是该插接器中的第 2 号线。

②双排插接器

插接器有两排插脚或插孔，插接器及各插脚在电路图中的表示示例如图 4.57（b）所示，标注说明如下：

上排数字表示脚（孔）数，此例"15"表示该插接器有 15 脚（孔）；

上排字母表示颜色，此例"M"表示该插接器为栗色；

下排字母表示列数，此例"A"表示是该插接器中的 A 列；

下排数字表示第几号线，此例"6"表示是 A 列的第 6 号线。

③前围板插接器

前围板插接器位于风窗玻璃左下侧的车身内，用于前部线束和仪表板线束的连接，它共有 62 个插孔，如图 4.58 所示，由 8 个 7 脚接线板和两个 2 脚接线板与之连接。

前围板插接器及各插脚在电路图申的表示示例如图 4.57（c）和图 4.57（d）所示。图 4.57（c）说明如下：

上排左边数字表示脚（孔）数，此例"7"表示该插接器有 7 脚（孔）；

上排中间字母"C"表示是前围板插接器；

上排右边数字表示组数，此例"6"表示是第 6 组插接器；

下排数字表示第几号线，此例"4"表示是该插接器的第 4 号线。

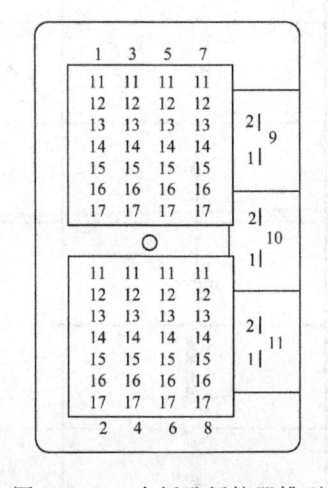

图 4.58　62 个插孔插接器排列

图 4.57（d）说明如下：

上排左边数字表示脚（孔）数，此例"2"表示该插接器有 2 脚（孔）；

上排中间字母"C"表示是前围板插接器；

上排右边数字表示组数，此例"9"表示是第 9 组插接器；

下排数字表示第几号线，此例"1"表示是该插接器的第 1 号线。

④14 脚插接器

该插接器位于发动机罩下左侧的熔断器盒内，用于前部 AV 线束与发动机 MT 线束的连接，呈黑色，插接器及各插脚在电路图的表示方法如图 4.57（e）所示，标注说明如下：

左边的数字 14 表示是 14 脚插接器；

中间的字母 N 表示插接器为黑色；

右边的数字表示第几号线，此例"2"表示是该插接器中的第 2 号线。

4.7.2 雪铁龙汽车电路图识读实例

神龙富康汽车电路图符号见表 4.30，读图示例见图 4.59。

表 4.29 神龙富康汽车电路图符号

	线头焊片接点		经插接器片接地
	插头接点		经零件外壳接地
	插接器接点		开关（无自动回位）
	带有分辨记号（防护槽）的插接器接点		手动开关
	不可拆接点（铰点）		转换开关
	不可拆接点（铰点）		常开触点（自动回应）
	经线头焊片接地		常闭触点（自动回位）
	手动开关		热敏可变电阻
	机械开关		压力可变电阻
	压力开关		可变电阻
	温控开关		分注器
	延时断开触点		线圈（继电器、电动阀）
	延时闭合触点		指示灯
	摩擦式触点		照明灯

续表

符号	名称	符号	名称
	电阻手动开关		双灯丝照明灯
	电阻		发光二极管
	可变电阻		光敏二极管
	手动可变电阻		二极管
	机械可变电阻		熔丝
	热熔断器		零件部分框图
	屏蔽装置		零件部分框图
	蓄电池单格		指示器
	电容器		电热器
	电动机		电极
	双速电动机		氧传感器
	交流发动机		接线柱
	发声元件（电喇叭、扬声器……）		NPN 三极管
	电子控制组件		PNP 三极管
	继电器组件		联动线（细点画线）
	零件框图（带有原理图）	( )	备用头
	零件框图（不带原理图）		

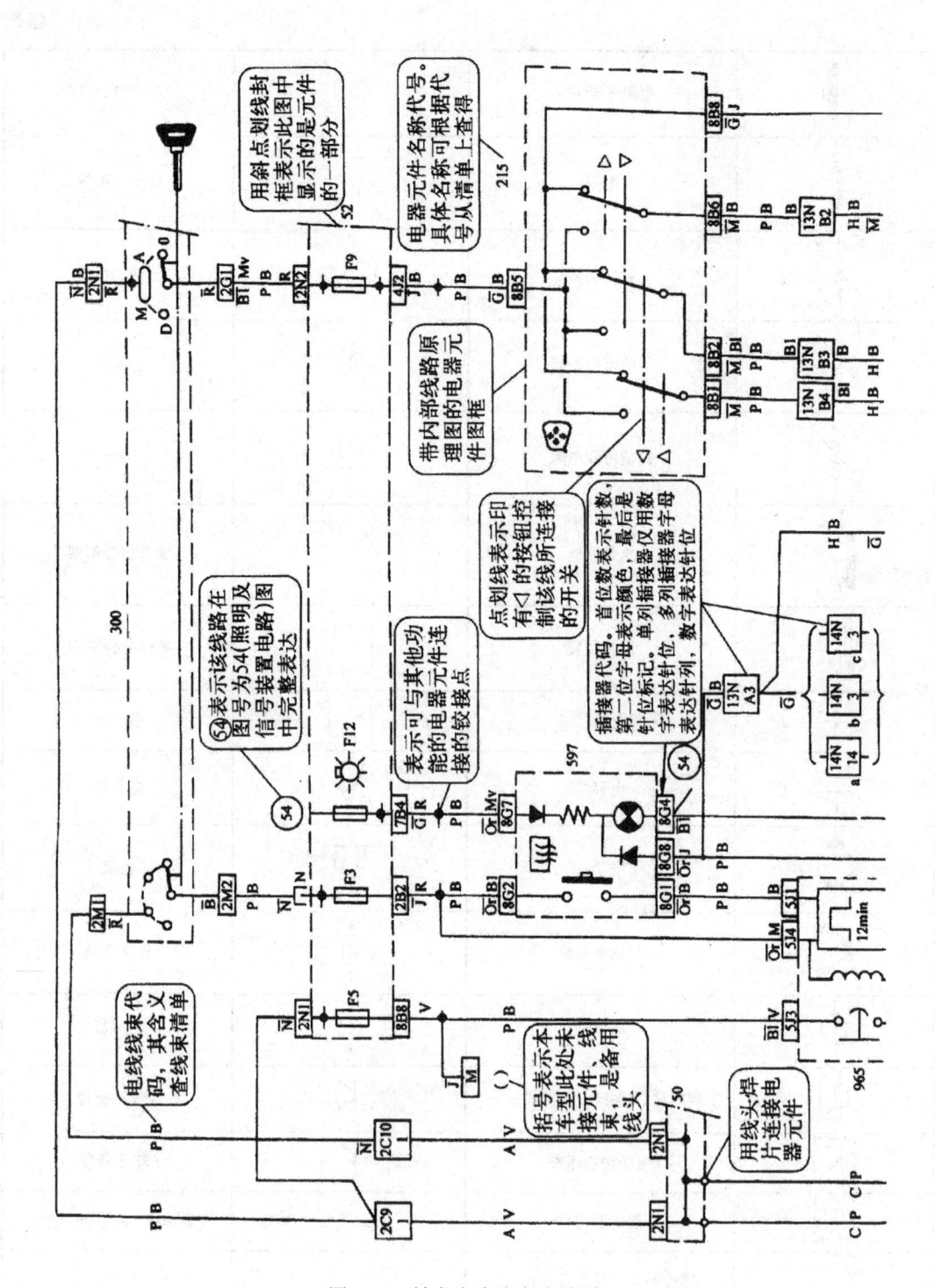

图 4.59 神龙富康汽车电路图

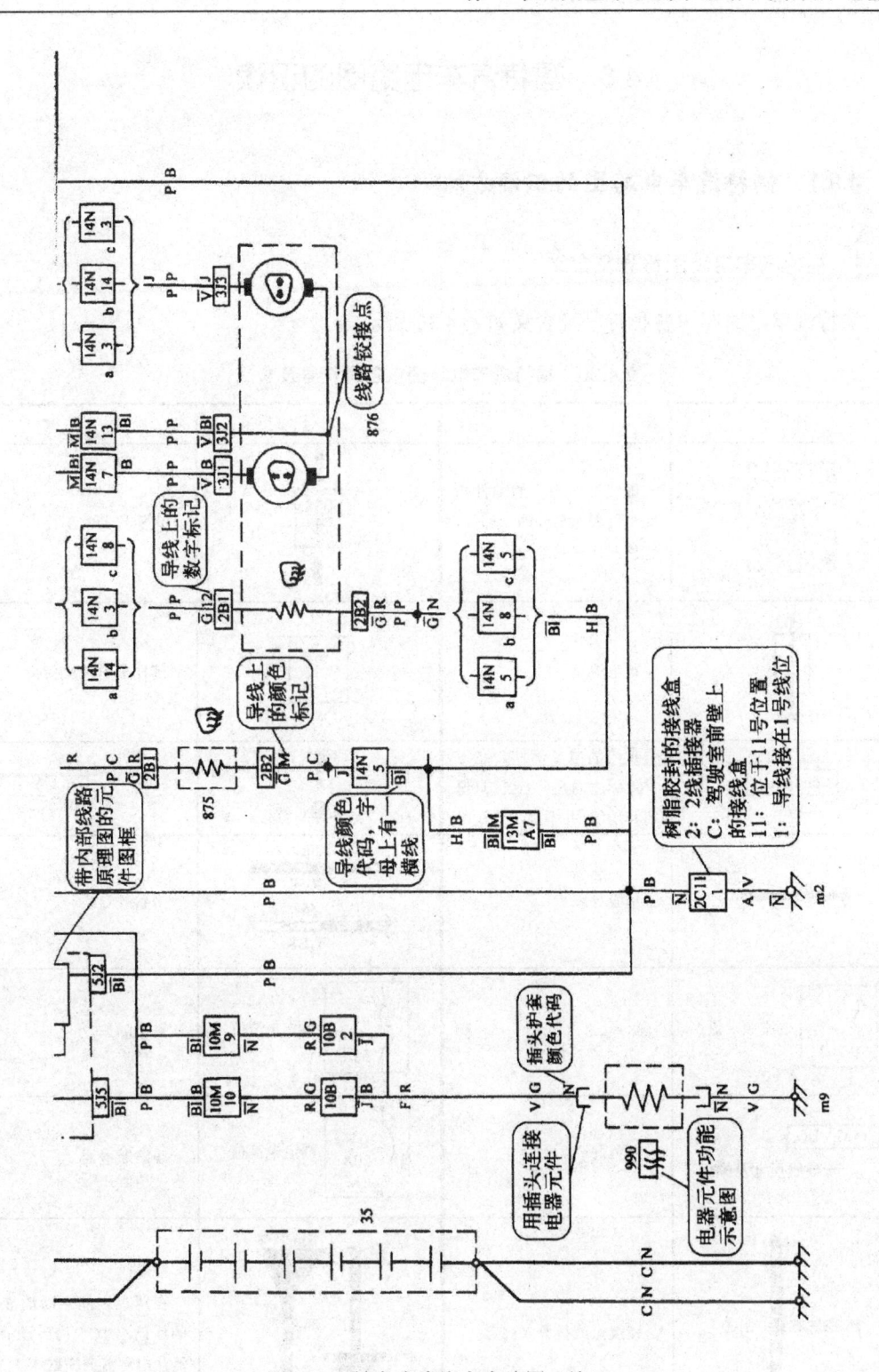

图 4.59 神龙富康汽车电路图（续）

4.8 福特汽车电路图的识读

4.8.1 福特汽车电路图的识读方法

1. 福特汽车电路图符号及含义

福特汽车电路图中各种符号及含义如表 4.30 所示。

表 4.30 福特汽车电路图中各种符号及含义

符号	含义	符号	含义
（虚线框）	虚线框所表示的部件指此页只表达部件的一部分，完整部件在其他地方表达	（带箭头方框）	带插接器的部件
（蓄电池符号）	蓄电池	（方框悬挂符号）	部件上的螺纹接头
Solid State	封闭的电子部件，在方框内标注的是何系统；只说明其功能，并不表示其线路	（搭铁符号）	搭铁点
275 Y	单股导线	881 R/W ; 554 Y/BK	带条纹导线
20A 电流额定值	熔丝	30A 额定电流值	最粗的熔丝
14 GA DG 导线尺寸及颜色	易熔线	20A c.b. 额定电流值	线路断电器
S100	铰接点或折叠式接点	来自电源 到用电器	在两页之间中断的导线的标记。"C"箭头显示电流从电源流向搭铁

续表

符号	含义	符号	含义
自动变速器/手动变速器 C305	可变更的线路	C105 插座 C100 销或刀形开关 单条或双条虚线指示左侧导线也通过同一插接器	串联式插接器
倒车灯	标注该导线的完整线路在其他图页	搭铁点	虚线表示该线路未完全在此图中表达,而是在其方框中的页码完整表达
	屏蔽线		联动开关。触点同时移动
	继电器		二极管,电流只能按箭头方向通过
	电容		晶体管
M	电动机		加热元件
	热敏电阻		可变电阻或分压器
	电磁线圈		开关
	磁场线圈		计量器
	单丝灯泡		双丝灯泡
	发光二极管		

4.8.2 福特汽车电路图识读实例

福特汽车电路图的识读示例如图4.60所示。

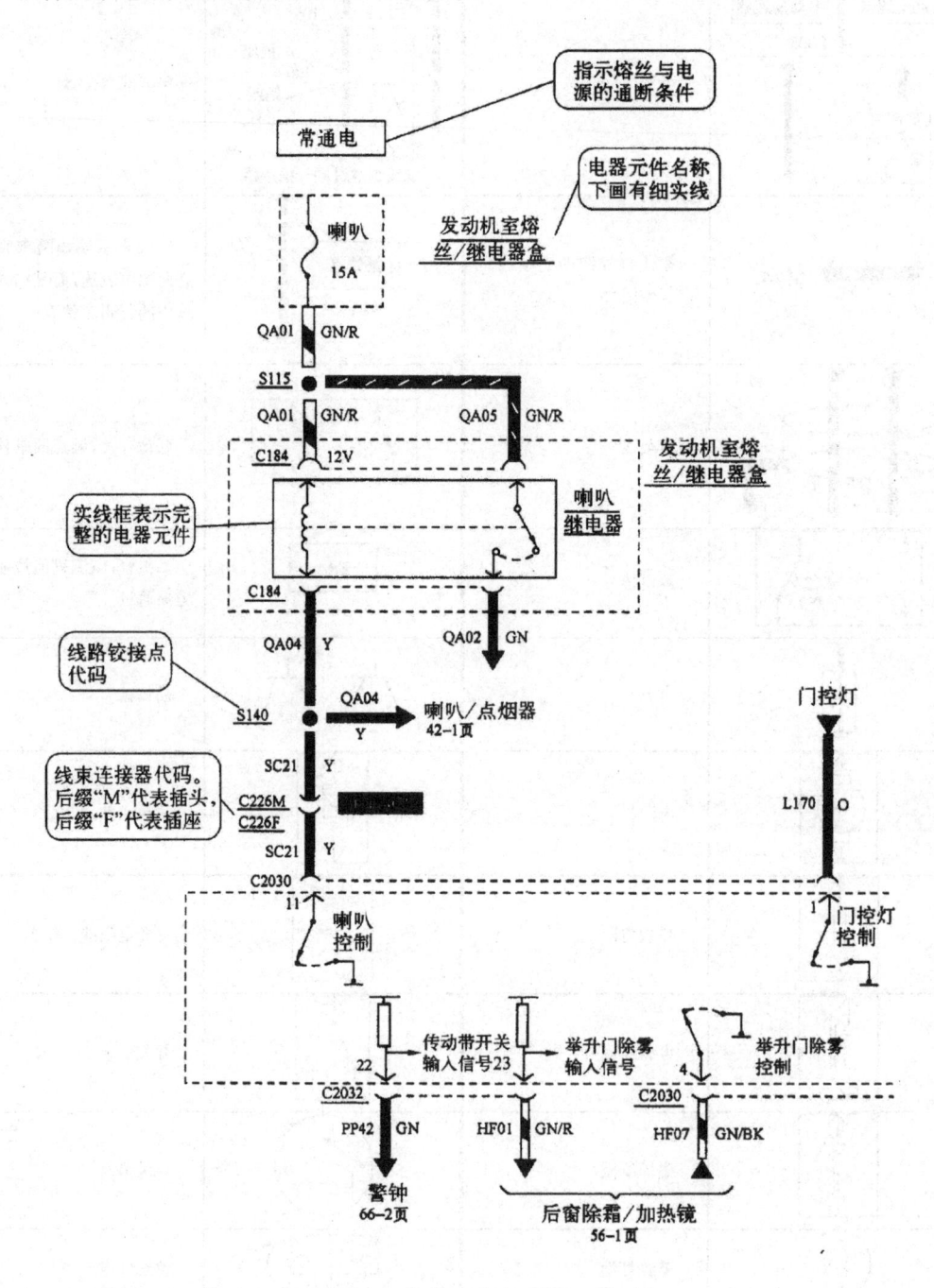

图 4.60 福特汽车电路图识读

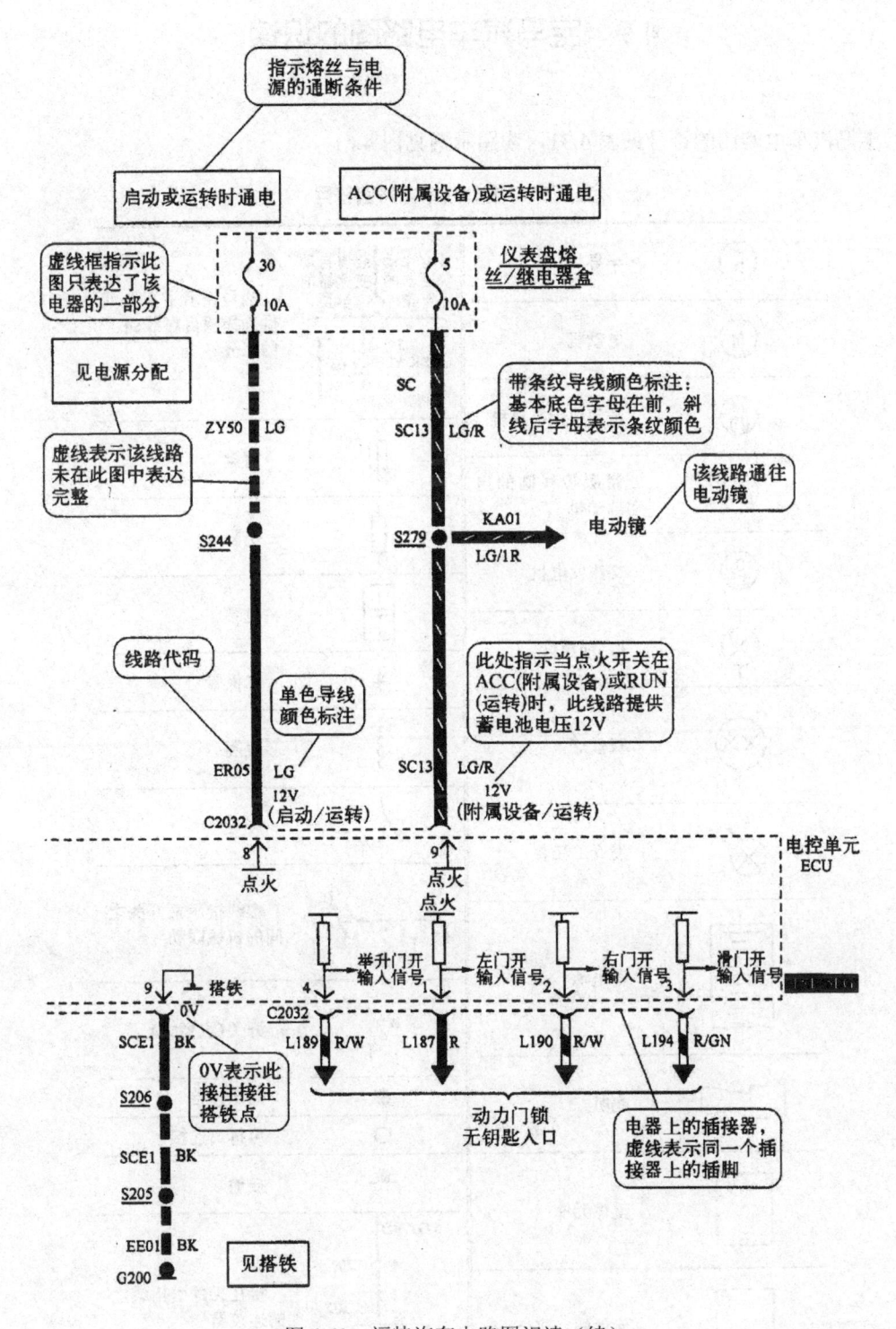

第4章 典型车系汽车电路识图方法

图4.60 福特汽车电路图识读（续）

4.9 宝马汽车电路图的识读

宝马汽车电路图的符号见表 4.31，读图示例见图 4.61。

表 4.31 宝马汽车电路图符号

符号	名称	符号	名称
Ⓚ	半导体	装有手动变速器的车型 | 装有自动变速器的车型 2.5 BK YL | 2.5 BK	括号表示了车上可供选择项目在线路上的区分
Ⓜ	电动机		
Ⓜ	鼓风机用电动机		
Ⓜ	带吸拉线圈的启动电动机	熔丝符号	熔丝
Ⓖ	交流发电机	电阻符号	电阻
⊗	灯、前照灯	电容符号	电容
⊗⊗	双丝灯	二极管符号	二极管
⊗↗	发光二极管	线圈符号	线圈
		开关符号	开关
蓄电池符号	蓄电池	虚线联动符号	虚线指示两开关之间的机械联动
		机械式开关符号	开关（机械式）
喇叭符号	喇叭	●	固定连接
		○	可拆离连接
		⏚	接地
整体元件框	整体元件	5 GY/RD 4 C209 0.5 RD	接在元件引出线上的连接器
虚线框	元件的一部分		

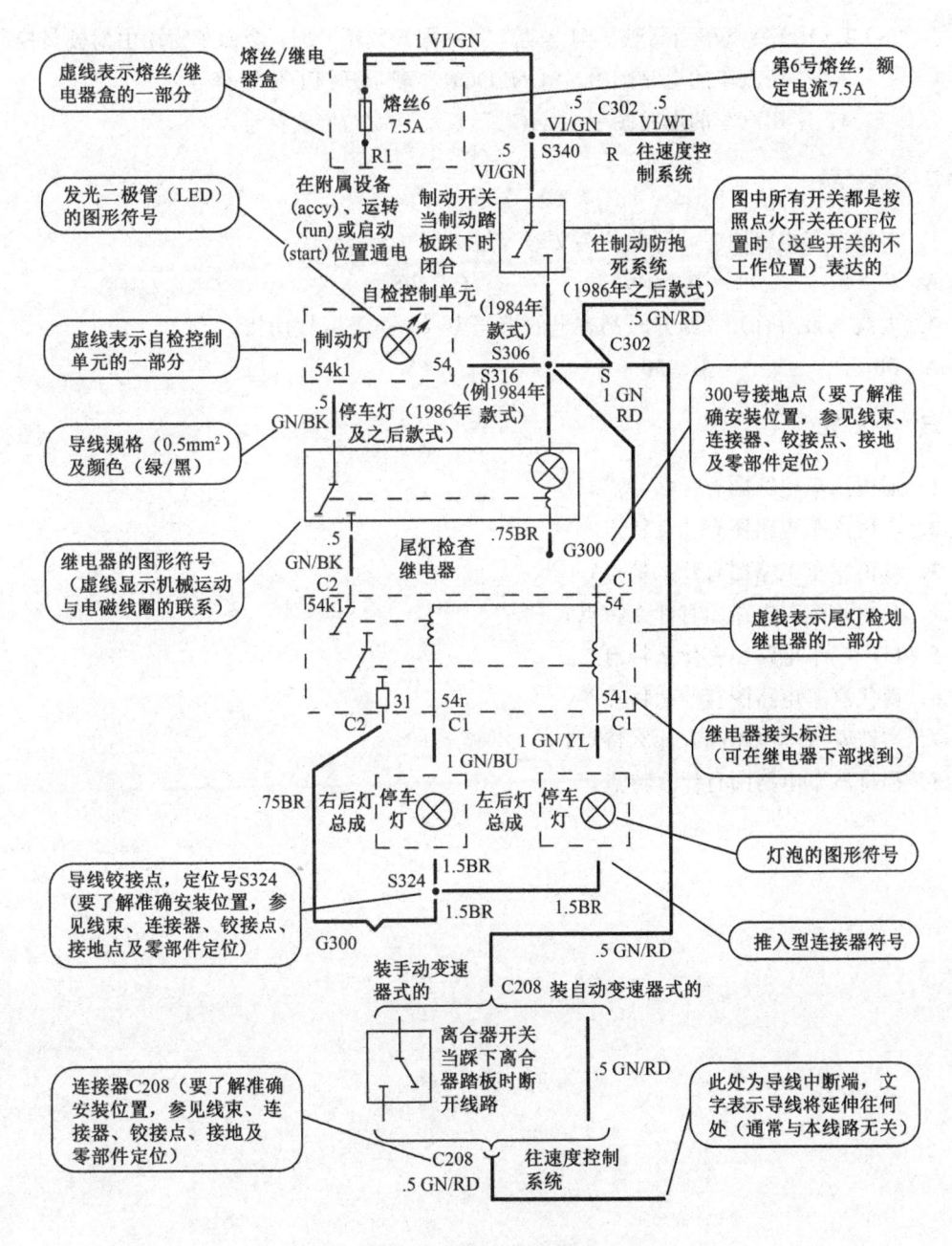

图 4.61　宝马汽车电路图的识读

习题 4

一、判断题

(　　) 1. 东风 EQ1090 型汽车起动电路由蓄电池、发电机、起动继电器、点火开关构成。

（　　）2. 五十铃汽车当驾驶员侧电动车窗锁固开关断开时，全部车窗均由驾驶员控制。
（　　）3. 丰田汽车的电路图中，"UNLOCK"表示开锁的位置符号。
（　　）4. 丰田汽车的电路图中，"ACC"表示开锁的位置符号。

二、选择题

1. 丰田汽车电路图中，开关的英文缩写是（　　）。
A．K   B．SW   C．WS
2. 大众车系所有开关断开时都有电的熔丝为（　　）号线所接。
A．30   B．50   C．15

三、问答题

1. 通用汽车电路图有什么特点？
2. 丰田汽车电路图有什么特点？
3. 本田汽车电路图有什么特点？
4. 马自达汽车电路图有什么特点？
5. 日产汽车电路图有什么特点？
6. 现代汽车电路图有什么特点？
7. 雪铁龙汽车电路图有什么特点？
8. 福特汽车电路图有什么特点？

第 5 章 汽车电路常见故障及诊断方法

本章内容概要

➢ 汽车电路常见故障及诊断方法

本章学习目标

➢ 了解汽车电路图常见故障诊断方法
➢ 掌握各汽车常见故障的诊断步骤

5.1 汽车电路常用故障诊断工具及诊断方法

5.1.1 汽车电路基本故障

汽车电路常见的基本故障有开路(断路)、短路、搭铁等。
(1) 开路(断路)故障如图 5.1 所示。

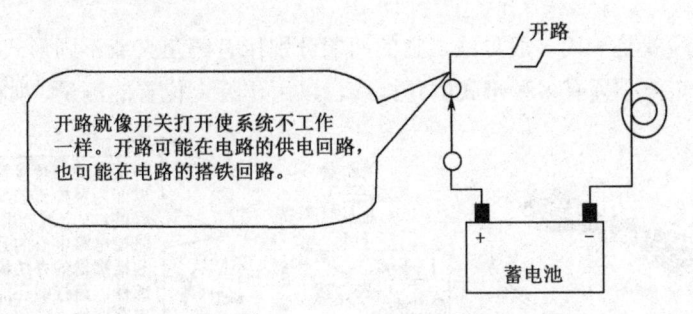

图 5.1 开路(断路)故障

(2) 短路故障如图 5.2 所示。

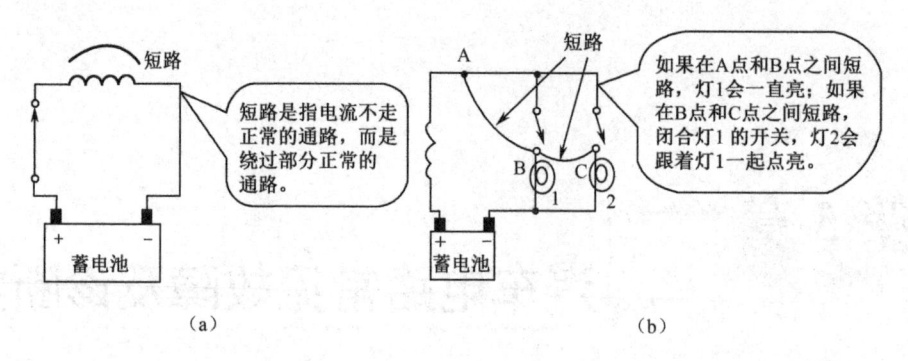

图 5.2 短路故障

(3) 搭铁故障如图 5.3 所示。

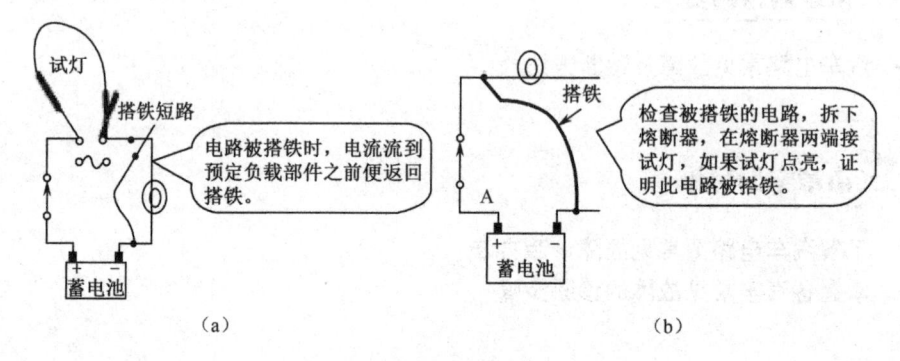

图 5.3 搭铁故障

5.1.2 常用的故障诊断工具

常用的故障诊断工具有：跨接线、试灯、试电笔、万用表（指针式、数字式）、示波器、点火正时灯、故障诊断仪等。

1. 跨接线

简单的跨接线就是一段多股导线，它的两端分别接有鳄鱼夹或不同形式的插头，它具有多种样式。工具箱内必须有多种形式的跨接线，以用作特定位置的测量，如图 5.4 所示。

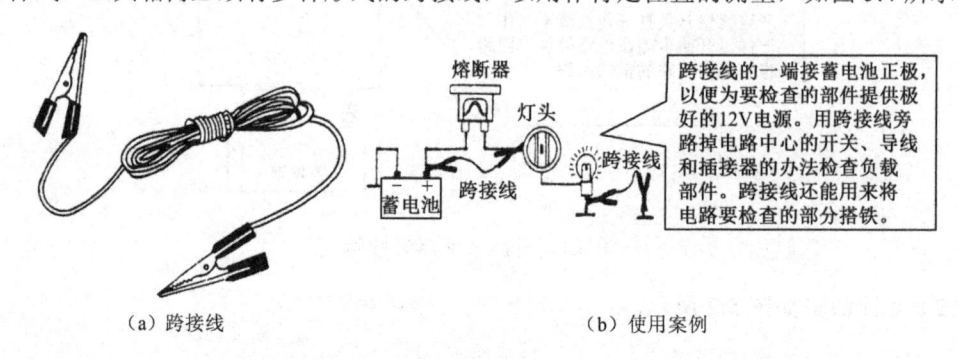

(a) 跨接线　　　　　　(b) 使用案例

图 5.4 跨接线及其使用

跨接线虽然比较简单，但却是非常实用的工具，它的作用只是起一个旁通电路的作用。使用时的注意事项有：

（1）用跨接线将电源电压加至试验部件之前，必须先确认被试部件的电源电压是否应为 12 V。如有的喷油器电源电压为 4V，如加上 12 V 电压就可能使喷油器损坏。

（2）跨接线不可错误地连接在试验部件"+"接头与搭铁之间。

2．试灯

试灯分有源试灯和无源试灯两种，如图 5.5 所示。有源试灯与无源试灯基本相同，它只是在手柄内加装了两节 1.5 V 干电池，用来检查电气电路断路和短路故障。

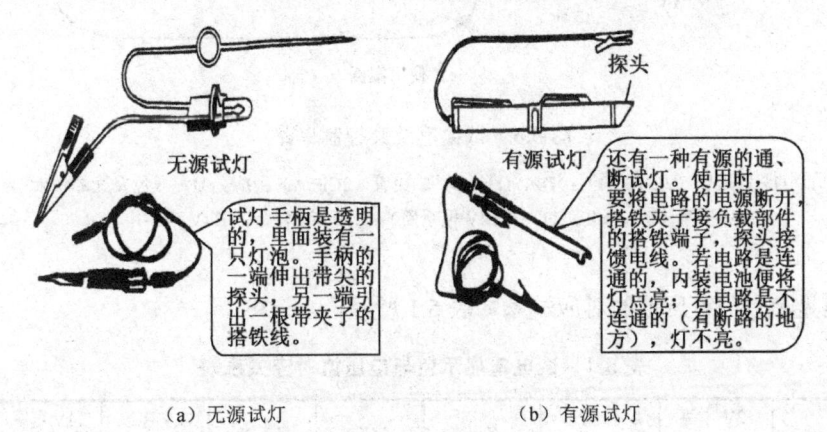

（a）无源试灯　　　　　　（b）有源试灯

图 5.5　试灯及其使用

（1）断路检查

首先断开与电气部件相连接的电源电路，将试灯一端搭铁，另一端接电路各接点（从电路首端开始）。如果灯不亮，则断路出现在被测点与搭铁之间；如灯亮，则断路出现在此时被测点与上一个被测点之间。

（2）短路检查

首先断开电气部件电路的电源线和搭铁线，将试灯一端搭铁，另一端与余下电气部件电路相连接，如灯亮，表示有短路故障（搭铁）存在，然后逐步将电路中插接器脱开，开关打开，拆除部件等，直到灯灭为止，则短路出现在最后开路部件与上一个开路部件之间。

3．试电笔

试电笔由试灯、导线、各种型号端头组成，如图 5.6 所示。它主要用来检查系统电源电路是否给电气部件提供电源。

(a) 试电笔

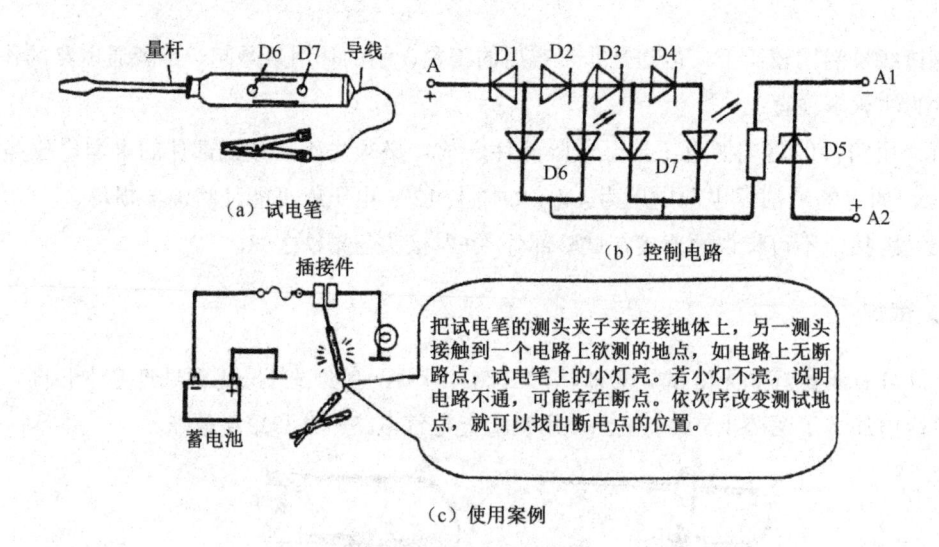

(b) 控制电路

(c) 使用案例

图 5.6 试电笔及其控制单路

D1、D5-稳压管（2CW21D）；D2、D3、D4-二极管（2CP6A）；D6、D7-双色发光二极管；
A-接量杆；A1-接鳄鱼夹（12V 电系用）；A2-接鳄鱼夹（24V 电系用）

试电笔显示色与电压值的对应关系如表 5.1 所示。

表 5.1 试电笔显示色与电压值对应关系表

视孔	显示色	12V 电系 (V)	24V 电系 (V)	备注	视孔	显示色	12V 电系 (V)	24V 电系 (V)	备注
D6	红	11	23	D7 不亮	D7	红	12	25	D6 显示橙绿色
	橙	12	24			橙	14	26	
	橙绿	12.6	24.6			橙绿	15	27	

4．万用表

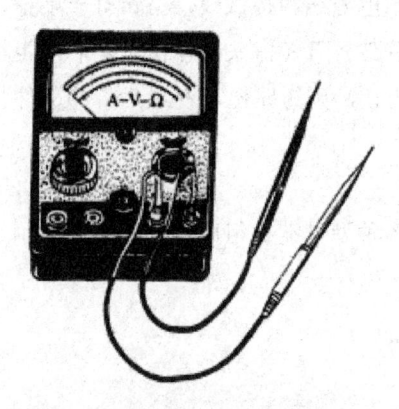

（1）指针式（普通）万用表

指针式（普通）万用表的外形如图 5.7 所示，其表盘符号及其含义详见表 5.2。

图 5.7 指针式（普通）万用表

表 5.2 指针式（普通）万用表表盘符号及其含义

符号	含义说明
A-V-Ω	安培-伏特-欧姆，即电流表-电压表-欧姆表
Ω	标尺，供测量电阻时使用
≃ 标尺	标尺，供测量交流电压和直流电压时用
10 V̲	标尺，供测量 10V 以下交流电压时专用
dB	标尺，以分贝为单位，用来测量音频电平

（2）数字式（新型）万用表

数字式（新型）万用表如图 5.8 所示，可测试直流电压、交流电压、喷油脉冲、二极管判断、电阻、电流、频率、转速、闭合角、百分比表、故障码等。其主要功能及技术参数见表 5.3。

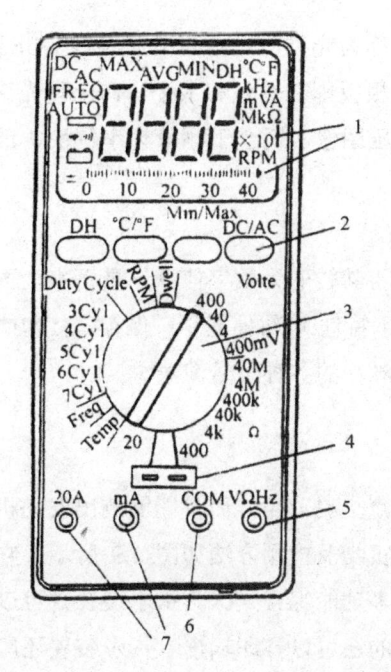

1. 4 位数字及模拟量（棒形图）显示器
2. 功能按钮
3. 测试项目（功能）选择开关
4. 测量温度插座
5. 测量电压、电阻、频率、闭合角、频宽比（占空比）及转速公用插座
6. 公用接地插座
7. 测量电流插座

图 5.8 数字式万用表

表 5.3 数字式万用表主要功能及技术参数

主要功能	技术参数
直流电压	0.4~400V（±0.5%），1000（±1%）
直流电流	400mA（±1%），20A（±2%）
交流电压	0.4~400V（±1.2%），750V（±1.5%）
交流电流	400mA（±1.5%），20A（±2.5%）
电阻	400Ω（±1%），0.004~4MΩ（±2%），40MΩ（±2%）
频率	0.004~4MHz（±0.05%），最小输入频率 10Hz
音频	电路通、断音频信号测试

续表

主要功能	技术参数
二极管的检测	±（1%rdg +3dgt）
温度的检测	-18~300℃（±3%），301~1100℃（±3%）
转速	150~3999r/min（±0.3%），4000~10000r/min（±0.6%）
闭合角	（±0.5°）
频宽比	（±0.2%）

注：括号内为测量误差。

5．示波器

示波器分为模拟式和数字式两类。

（1）模拟式示波器

模拟式示波器的显示屏上显示的电压波形称为光迹，是由阴极射线管（CRT）内移动的光束形成的。电子枪产生光束，CRT 内的电压极板则在垂直和水平方向上使光束发生偏转，形成光迹，其光迹是一种模拟式的"实时"电压图像。适合于测量频率较快、重复性好（周期稳定）的电压信号。

（2）数字式示波器

数字式示波器采集模拟的电压信号，然后将其转变为数字信息记录下来，再通过显示屏将其重现。比起模拟式示波器，该信息具有以下特性：可暂停显示、保存、打印或记录某个波形；可显示、捕捉慢速变化、周期不稳、单一脉冲的各种信号波形。

6．点火正时灯

点火正时灯不仅能用闪光法测出发动机的点火提前角，而且能够测出发动机的转速、触点闭合角以及电压、电阻等参数。点火正时灯实物及检测方法如图 5.9 所示，它既可以制成单一功能的便携式，又可以和其他仪表组合成多功能综合式。其指示装置既可以是表头式、数码管式，也可以是显示屏式，带有打印功能的还可以打印输出。指示装置还应有显示瞬时转速的功能，以便在规定转速下测得点火提前角。

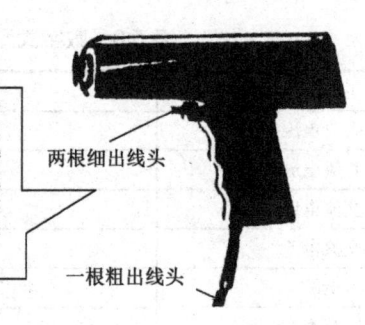

图 5.9 点火正时灯

7. 故障诊断仪

（1）OTC 故障诊断仪

OTC 故障诊断仪如图 5.10 所示，是一种便携式汽车电子系统测试及诊断设备，由美国 IAE 公司生产，"欧瓦顿勒"工具公司（OTC）销售。该设备的主要特点是体积小，操作方便，功能多，通用性好。使用它不仅能对发动机电子控制系统的参数进行动态测量，也能对底盘及其他电子系统进行测试和故障诊断，还能存储。

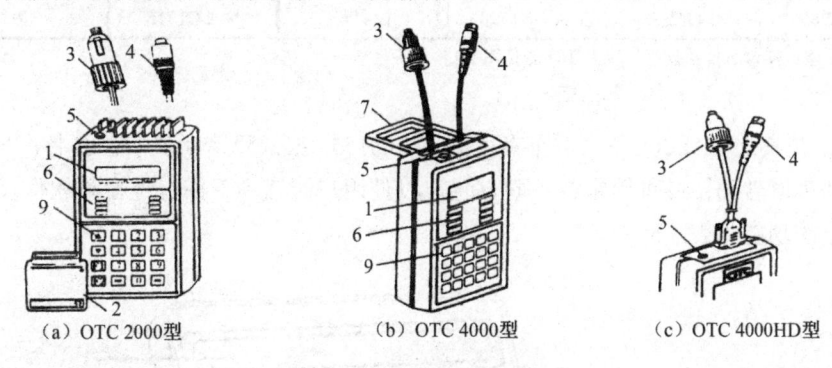

图 5.10 OTC 故障诊断仪

1-显示器；2-被测车辆（公司）的软件卡；3-电源插头（接蓄电池或点烟器）；4-插入被测车辆诊断插座；
5-打印机或计算机插口；6-指示灯（测试过程辅助信息）；7-支架；8-橡皮扩罩（图中未示出）；9-按键。

与 OTC 故障诊断仪插座配套使用的有诊断数据传输线缆和被测车辆的软件（存储）卡，诊断数据传输线缆配有多个插头（接头）。日本、韩国和美国等各大汽车公司生产的汽车均配有软件卡，这些卡在 OTC 故障诊断仪上都能使用。使用时，OTC 故障诊断仪需根据被测车辆的不同（不同国家、不同公司），换用不同的插头和软件卡。

（2）V.A.G1551/V.A.G1552 型故障诊断仪

V.A.G1551/V.A.G1552 型故障诊断仪，是桑塔纳（santana）2000 和奥迪（Audi）轿车电子控制系统的专用检测设备。

如图 5.11 所示即为桑塔纳 2000 系列轿车专用的 V.A.G1551 型故障诊断仪及主要附件（检测箱和连接器），详见表 5.4。

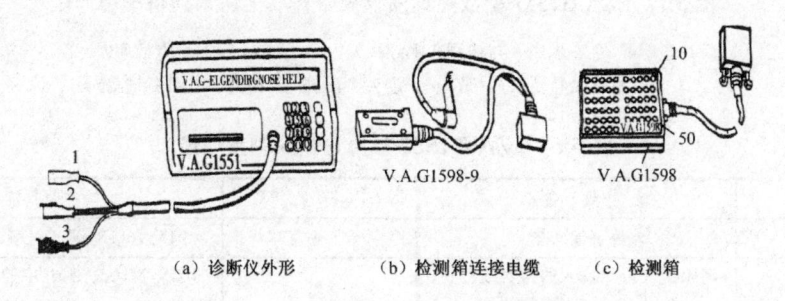

图 5.11 V.A.G1551 型故障诊断仪及附件（桑塔纳 2000 系列轿车用）

1-插头 1（L 线、K 线）；2-插头 2（灯线）；3-插头（正极、接地）；
10-第 1 行第 10 个孔（检测箱）；50-第 50 个孔（检测箱）

表 5.4　V.A.G1551 型故障诊断仪的主要附件

代号	名称	代号	名称	代号	名称
V.A.G1317	点火测试仪	V.A.G1348/3A	遥控器	V.A.G1598-9	检测箱连接电缆
V.A.G1318	压力测量表	V.A.G1526	手持式万用表	V.A.G1619	安全气囊检测仪
V.A.G1315	附加接头	V.A.G1527	发光管检测灯	V.A.G1630	数字式电压表
V.A.G1367	发动机检测仪	V.A.G1594	测量套件	VA.G1710	制动防抱死测试仪
1V.A.G1367/8	测试仪接线夹	V.A.GG1598	检测箱	V.A.G1715	万用表

注：V.A.G1551 型故障诊断仪键盘符号和主要功能见图 5.11。

图 5.12 是奥迪（Audi）系列轿车专用的 V.A.G1552 型故障诊断仪，它由上、下两个部分组成。上部可以转动，并可锁定在不同位置，以便用户阅读；下部有键盘和软件（程序）卡插座。键盘的功能见表 5.5。

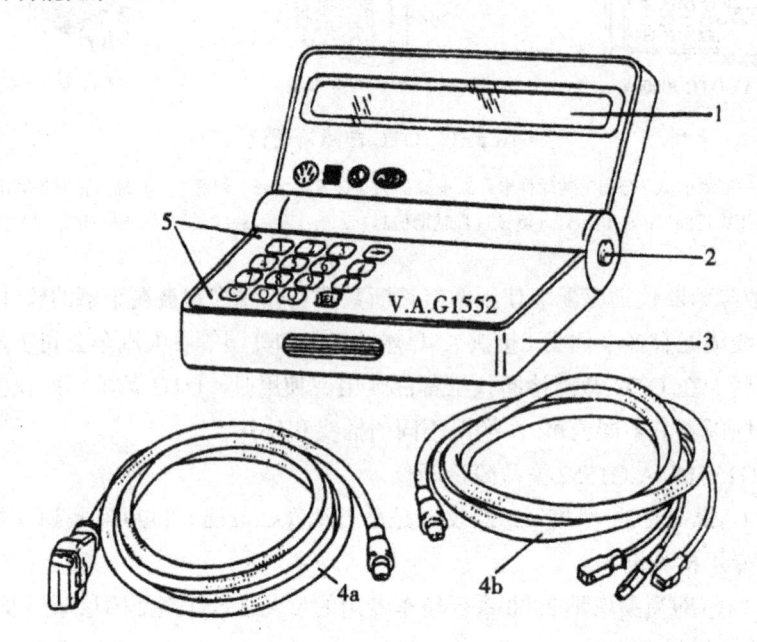

图 5.12　V.A.G1551 型故障诊断仪及附件（奥迪系列轿车用）
1-显示屏；2-插座（与被测车辆连接）；3-软件（程序）卡插座；
4-测试电缆及接头（4a-带 16 针接头；4b-带 2 针接头）；5-键盘

表 5.5　V.A.G1552 故障诊断仪键盘功能

符号	主要功能	符号	主要功能
0~9	数字输入键	→	向前方移动键（程序或文字）
C	清除键（清除输入的内容或终止正在运行的程序）	↑↓	修正键（改变 10 中的修正值，04 中的设定值，08 中的测量值）
Q	确认键	HELP	帮助键（获得操作上帮助的信息）

注：V.A.G1551 型故障诊断仪键盘符号和主要功能与此相同。

使用V.A.G1551/1552型故障诊断仪时，应先根据所测车型更换或选好软件卡，然后选择所对应的连接导线和接头，将专用故障诊断仪与被测车辆连接好。

首先，按"C"键选择操作模式，模式3为自检，模式1为车辆系统测试。在模式1下按"HELP"键，屏幕显示地址代码。地址代码清单见表5.6。

表5.6 地址代码清单表

地址代码	内容	地址代码	内容
00	自动检测步骤（查询并显示各系统故障存储的内容）	12	离合器
		14	车轮阻尼电器
01	发动机电子控制装置	15	安全气囊
02	动变速器电子控制装置（ECT）	27	仪表与显示
03	制动防抱死装置（ABS）	24	驱动防滑装置（ASR）
08	空调装置	41	柴油泵电器

其次，按"Q"键进行确认。在选择好所要测试的地址代码后，按"Q"键进行确认。此时，故障诊断仪将建立起与被测控制装置的数据联系，显示屏显示"测试仪传送地址代码XX"，而控制装置立即作出"控制装置标志"的应答。

例如：在模式1的状态下，输入地址代码"00"后按"Q"键，系统立即进入自动检测（自检）过程。即在故障诊断仪上能够自动读取存储的故障内容，故障被一个接一个地在显示屏上显示出来。

最后，按"→"键选择测试功能。当按下"→"键后，显示屏上就显示出功能清单代号。依照功能清单选择相应的代号并将其输入，即可进行功能测试。表5.7为功能代号与功能对照表。

表5.7 功能清单表

代号	功能	代号	功能
01	查询控制装置	06	结束输出
02	查询故障存储内容	07	控制系统编码
03	最终控制诊断	08	读取测量值
04	基本数据设置	09	读取单个测量值
05	清除故障存储内容	10	更新内容

5.1.3 常用的诊断方法

1. 汽车电气与电子系统故障诊断的一般程序

在对汽车电路进行检修时，可以采用"五步法"进行故障诊断。

第一步，验证车主（用户）所反映的情况

可以将有问题或有故障电路中的各个装置都通电试一试，查看车主（用户）所反映的情况是否属实，同时注意观察通电后的种种现象。在动手拆卸或测试之前，应尽量缩小故障产生的范围。

第二步，分析电路原理图

在电路图上划出有问题的线路，分析一下电流由电源负载入地的路径，弄清电路的工作原理。如果对电路原理还不太清楚，应仔细看电路说明及相关资料，直至弄清为止。对有问题的相关线路也应加以检查。每个电路图上都给出了共用一个保险、一个搭铁点和一个开关的相关线路的名称。对于在第一步程序中漏检的相关线路要试一下，如果相关线路工作正常，说明共用部分没问题，故障原因仅限于有问题的这一线路中。如果几条线路同时出故障，原因多半出在保险或搭铁线。

第三步，重点检查问题集中的线路或部件

对重点线路或部件进行认真测试，验证第二步所作出的推断。汽车电气与电子系统故障检修的快慢以及成功与否，关键在于排除故障的程序是否合理，分析是否正确，判断是否准确，方法是否得当。一般是按先难后易的次序来对有问题的线路或部件进行测试，并逐个排查。

第四步，进一步进行诊断与检修

诊断其方法很多，通常有直观法、检查保险法、刮火法、试灯法、短路法、替换法、模拟法等。

（1）直观法

直观法是直接观察（观看）方法的简称，它不使用任何仪器、仪表，靠检修者的直观感觉来检查和排除故障，当汽车电气和电子系统的某个部分发生故障时，会出现冒烟、火花、异响、焦臭、高温等异常现象。通过人体的感觉器官，听、摸、闻、看，对汽车电器进行外观检查，进而判断出故障的所在部位。这对于有一定经验的检修人员来说，不仅可以通过直观检查来发现一些明显的故障，而且还可以发现一些较为复杂的故障，从而大大提高检修速度。例如，汽车在行驶中，突然发现转向灯与转向指示灯均不亮的故障，用手一摸发现闪光继电器发烫，说明闪光器电路已经烧毁短路。

（2）检查保险法

保险或保险丝是熔断器或熔丝的俗称。当汽车电气或电子系统出现故障时，应查看保险是否完好，有些故障简单得就是保险丝烧断或处于保护状态。此时，通过检查保险，即能判断故障部位。如汽车在行驶中，若某个电器突然停止工作，同时该支路上的熔断器熔断，说明该支路有搭铁故障存在。某个系统的保险丝反复烧断，则表明该系统一定有类似搭铁的故障存在，不应只更换熔断器了事。

汽车上常用的电路保护装置有两种：一种是双金属片式电路断电器（简称"断路器"），另一种则是普遍应用的熔断器（即保险或保险丝）。但是，现在很多汽车（不论进口，还是国产）电路线束中都装有"易熔线"。易熔线有一根或几根，装在主电源线与熔断器盒之间，并且位于蓄电池附近。其功用主要是对主电源线进行保护。因而，在采用检查保险法进行诊断与检修汽车电路故障时，必须考虑对断路器和易熔线的检查。

（3）刮火法

刮火法又称试火法，通常应用于判断线束或导线有无开路。拆下用电设备的某一线头对汽车的金属部分（搭铁）碰试，根据火花的有无，判断是否开路。这种方法比较简单，是广大汽车电工经常使用的方法。搭铁试火法可分为直接搭铁和间接搭铁两种。

所谓直接搭铁，是未经过负载而直接搭铁产生强烈的火花。例如，怀疑照明总开关至制动灯开关一段线路有故障，可拆下制动灯开关上的线头直接搭铁碰试，如出现强烈火花，说明这段线路正常；如火花弱，说明这段线路中某一线头接触不好或有脏污；若无火花出现，说明这段线路有断路。

所谓间接搭铁，是通过汽车电器的某一负载而搭铁产生微弱的火花来判断线路或负载的情况。例如，将点火线圈低压侧搭铁，若火花微弱，说明这段线路正常，回路经过点火线圈初级搭铁；若无火花，则表明电路有断路。

注意：刮火法不宜用来检查汽车电子电路，以免损坏电子元器件。但必要时，可采用一段细导线（通过电流很小）来做刮火试验。

（4）试灯法

用一个汽车灯泡作为临时试灯，检查线束是否开路或短路，电器或电路有无故障等。此方法特别适合于检查不允许直接短路的带有电子元器件的电器。

例如，如果燃油系统不喷油，就可以简单地以试灯法来缩小故障范围。取下喷油器插头，在线束一侧的插头上相应于喷油器线圈的两个端子上接上试灯，打开点火开关，转动发动机，如果试灯随发动机的转动一闪一闪发亮，就表明故障不在控制器及其线束一侧，而集中在喷油器和油路；反之，则认为喷油器得不到喷油指令（电脉冲），故障在控制器及其线束一侧。

又如，蓄电池亏电，怀疑交流发电机不发电，可用试灯法进行测试。方法是：试灯的一端接交流发电机的电枢接柱，另一端接搭铁，如果试灯亮，说明交流发动机工作正常；反之则认为发电机不发电。另外，在检查汽车电系的断路时，可在被怀疑断路处跨接上试灯，若试灯亮，说明电路有断路；反之则认为电路正常。

使用临时试灯法应注意，试灯的功率不要太大，在测试电子控制器的控制（输出）端子是否有输出及是否有足够的输出时尤其要慎重，防止使控制器超载损坏，如上述用小试灯替代喷油器以测试其控制信号的例子。

（5）短路法

短路法又叫短接法，即用一根导线将某段导线或某一电器短接后观察用电器的变化。

例如，当打开转向信号灯时，发现左、右两边的转向信号灯出现闪烁微光，这时就可用导线将某一边的转向信号灯灯壳人为地进行搭铁，若这时只有另一只转向信号灯亮，证明此处搭铁不良；若仍然是两边的灯均亮，则认为此处搭铁良好。可对另一侧转向灯进行同样检查。

（6）替换法

替换法常用于故障原因比较复杂的情况，能对可能产生的原因逐一进行排除。其具体做法是：用一个已知是完好的零部件来替换被认为或怀疑有故障的零部件，这样做可以试探出怀疑是否正确。若替换后故障消除，说明怀疑成立；否则，装回原件，进行新的替换，直至找到真正的故障部位。

（7）模拟法

模拟法应用于对各种传感器、指示机构（表头）的判断。例如，在汽车停车中，发动机怠速运转使用空调较长的时间后，发动机水箱盖的高温保护盖开启，高压蒸汽喷射出来，可水温表指示并不高，显然是水温表系统故障。在确认线束连接良好后，为了判断是否表头故障，可以立即模拟水温传感器的输入。许多日本进口汽车的水温传感器为负温度系数（NTC）电阻，在110℃高温时，电阻只有20Ω左右，此时，可以取下传感器插头，在表头一端的输入脚与搭铁之间串联进一个5W汽车灯泡，点火开关ON，如果表头指示能达到红线或接近红线，则说明表头正常，应检查或更换传感器；否则，可认为表头不良。

对于输出电信号的传感器，也可进行相同的模拟，如以干电池模拟转速传感器产生的电信号等。

使用模拟法的局限性在于必须熟悉汽车的电路参数，且可获得的能用于模拟的输入信号工具有限，因此，也许该方法更适合于在检修间应用。

第五步，验证电路是否恢复正常

在对电路进行一次系统检查后，查看问题是否已经解决。如果故障出在电源上，应对各熔断器（保险丝）、电路断电器（断路器），甚至易熔线进行全面检查。

2．一般电路故障诊断与检修注意事项

检修汽车电气系统的原则之一是不要随意更换电线或电器，这种操作有可能损坏汽车或因短路、过载而引起火灾。同时还应注意以下各项：

（1）拆卸蓄电池时，总是最先拆下负极电缆；装上蓄电池时，总是最后连接负极电缆。

拆下或装上蓄电池电缆时，应确保点火开关或其他开关都已断开，否则会导致半导体元器件的损坏。

（2）不允许使用欧姆表及万用表的 R×100 以下低阻欧姆挡检测小功率晶体三极管，以免电流过载损坏它们。

更换三极管时，应首先接入基极，拆卸时，则应最后拆卸基极。对于金属氧化物半导体管（MOS），则应当心静电击穿，焊接时，应从电源上拔下烙铁插头。

（3）拆卸和安装元件时，应切断电源。如无特殊说明，元件引脚离焊点应在 10mm 以上，以免烙铁烫坏元件，且使用恒温或功率小于 75W 的电烙铁。

（4）更换烧坏的保险时，应使用相同规格的保险。使用比规定容量大的保险会导致电气损坏或产生火灾。

(5)靠近振动部件（如发动机）的线束应用卡子固定，将松弛部分拉紧，以免由于振动造成线束与其他部件接触。

(6)不要粗暴地对待电器，也不能随意乱扔。无论器件好坏，都应轻拿轻放。

(7)与尖锐边缘磨碰的线束应用胶带缠起来，以免损坏。安装固定零件时，应确保线束不要被夹住或被破坏。安装时，应确保接插头接插牢固。

(8)进行保养时，若温度超过 80℃（如进行焊接时），应先拆下对温度敏感的零件（如继电器和 ECU）。

以上各项若能遵守，定会保持汽车电气与电子系统工作正常，并能延长其使用寿命。

5.2 汽车电路常见故障及诊断流程

下面以大众 Polo 轿车为例具体介绍常见故障及诊断流程。

5.2.1 电源系统常见故障及诊断流程

电源系统由蓄电池及发电机组成，大众 Polo 轿车的蓄电池如图 5.13 所示，发电机如图 5.14 所示。

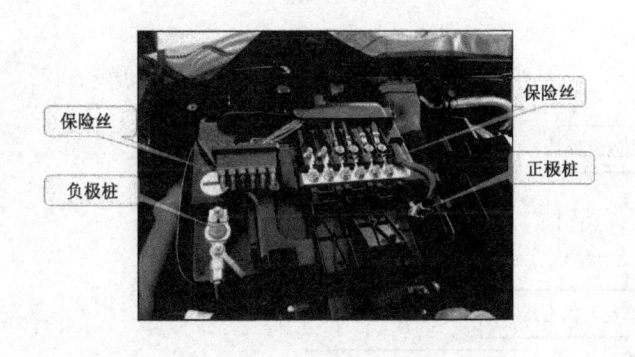

图 5.13　蓄电池 　　　　　　　　　　图 5.14　发电机

电源系统的故障及检修流程如下：

1．蓄电池常见故障

(1)故障现象：点火钥匙打到启动挡发动机不能启动。故障检测流程如图 5.15 所示。通过检查，在启动时，实测蓄电池电压为 6V 左右，为蓄电池亏电，如图 5.16（a）所示。进行补充电后，再进行负载检测，电压大于 9.6V，说明蓄电池可继续使用，原故障排除，如图 5.16（b）所示。

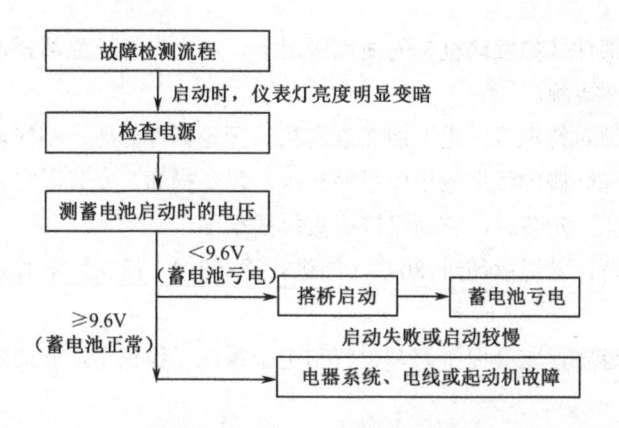

图 5.15　故障检测流程

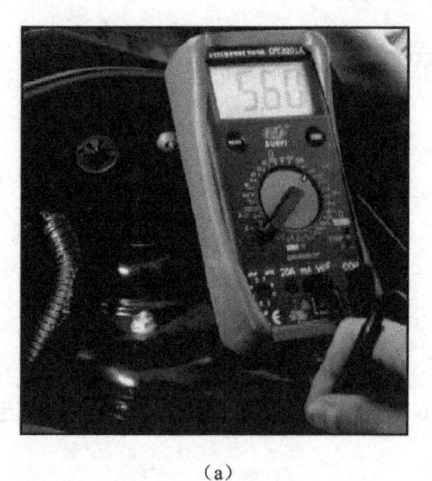

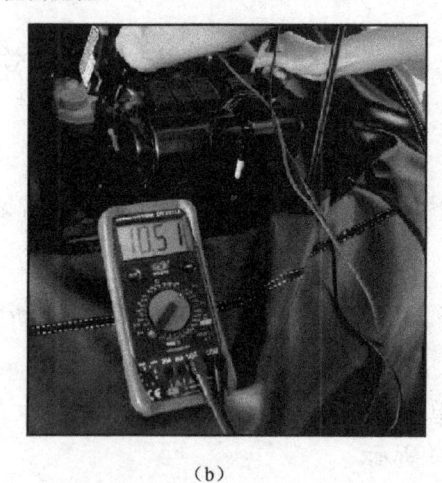

图 5.16　蓄电池电压实测图

（2）故障现象：启动时，听见"咔"一声再无动作。故障检测流程如图 5.17 所示。

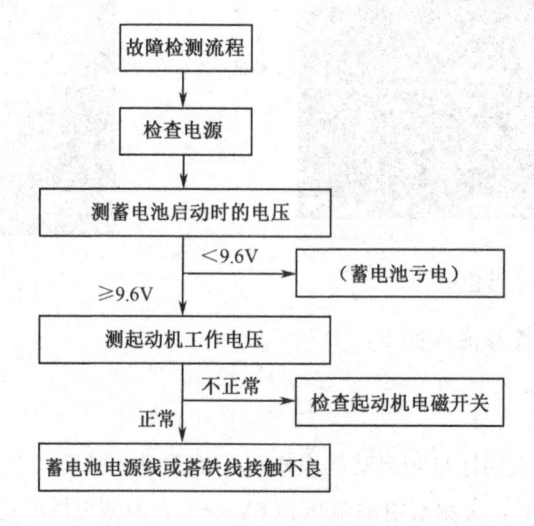

图 5.17　蓄电池故障检测流程

2. 发电机常见故障

（1）故障现象：起动发动机后，充电指示灯常亮，确定不充电。故障检测流程如图 5.18 所示。

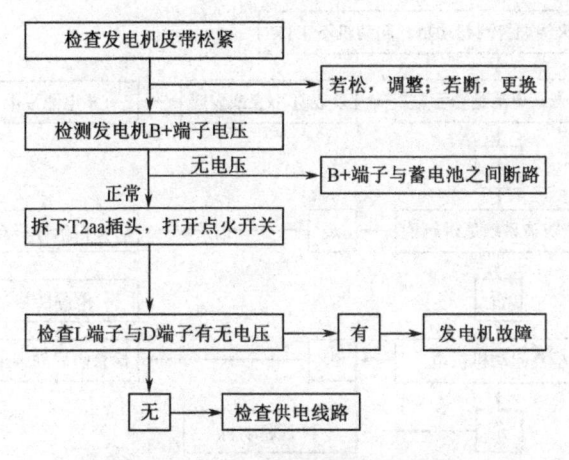

图 5.18　发电机故障检测流程（1）

（2）故障现象：起动发动机后，充电指示灯常亮，确定不充电。故障检测流程如图 5.19 所示。

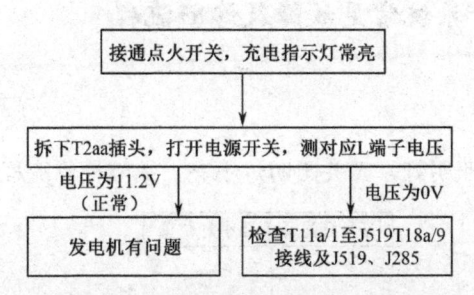

图 5.19　发电机故障检测流程（2）

（3）故障现象：发电机充电不稳故障。故障检测流程如图 5.20 所示。

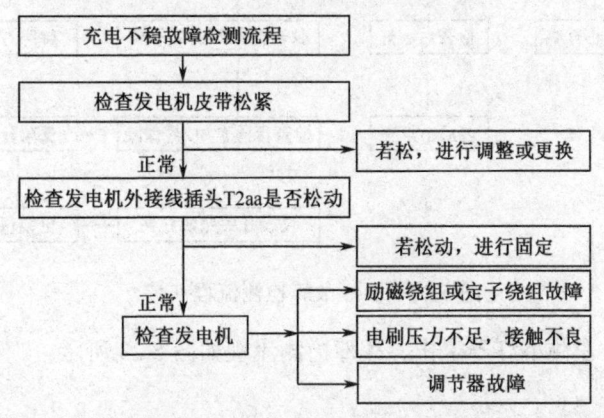

图 5.20　充电不稳故障检测流程

5.2.2 起动系统常见故障及诊断流程

故障现象：点火钥匙打到起动挡，起动机不工作。故障检测流程如图5.21所示。

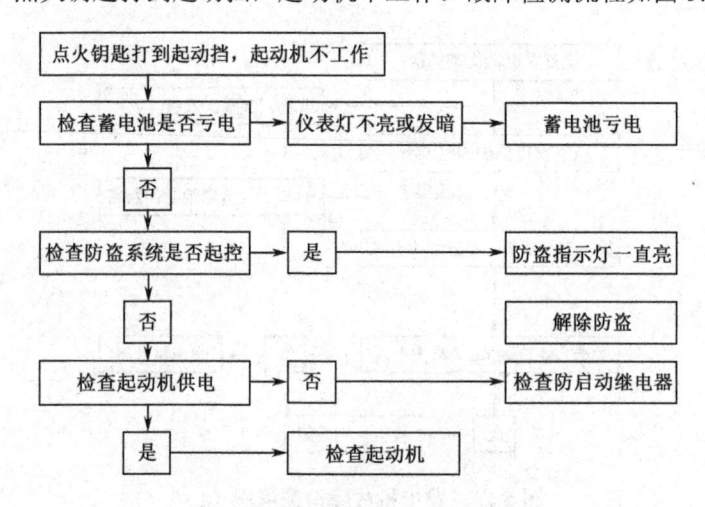

图 5.21 起动系统故障检测流程

5.2.3 照明与信号系统常见故障及诊断流程

1．小灯的故障与检修

（1）故障现象：仪表照明灯，开关照明灯不亮。故障检测流程如图5.22所示。

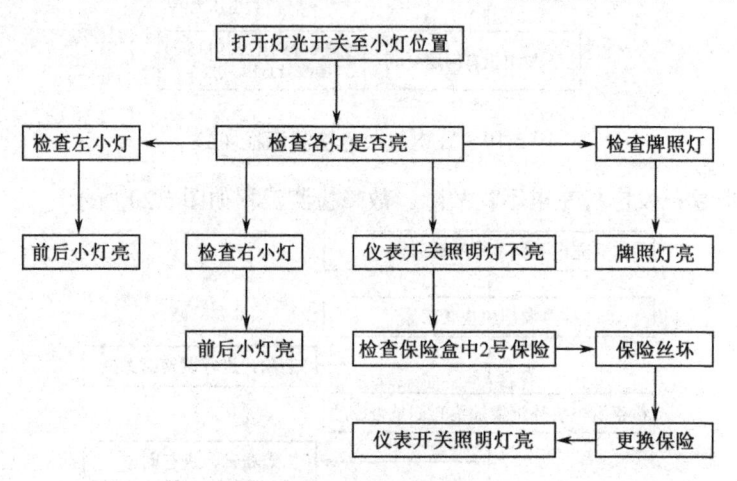

图 5.22 小灯故障检测流程（1）

（2）故障现象：左侧小灯不工作。故障检测流程如图5.23所示。

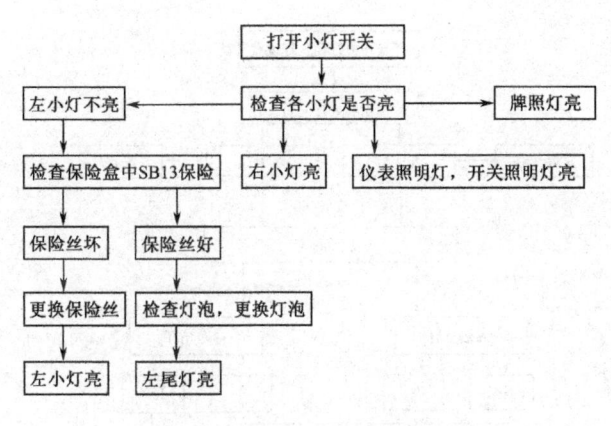

图 5.23 小灯故障检测流程（2）

（3）故障现象：右侧小灯不工作。故障检测流程如图 5.24 所示。

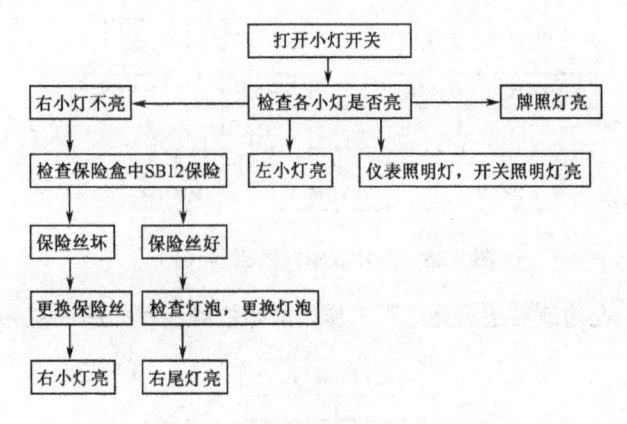

图 5.24 小灯故障检测流程（3）

（4）故障现象：某个小灯不工作。故障检测流程如图 5.25 所示。

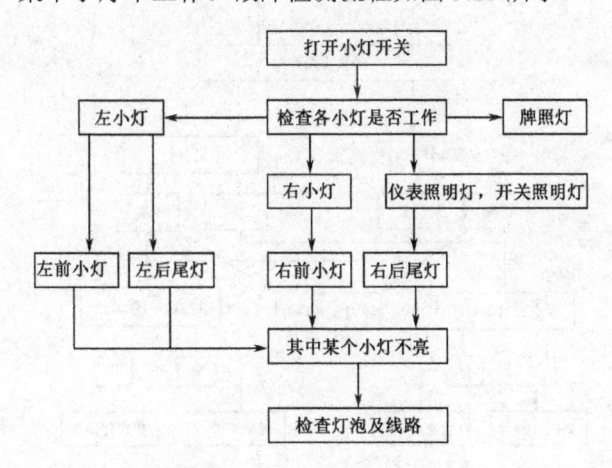

图 5.25 小灯故障检测流程（4）

2．前大灯的故障与检修

（1）故障现象：左边或右边远光灯不工作。故障检测流程如图 5.26 所示。

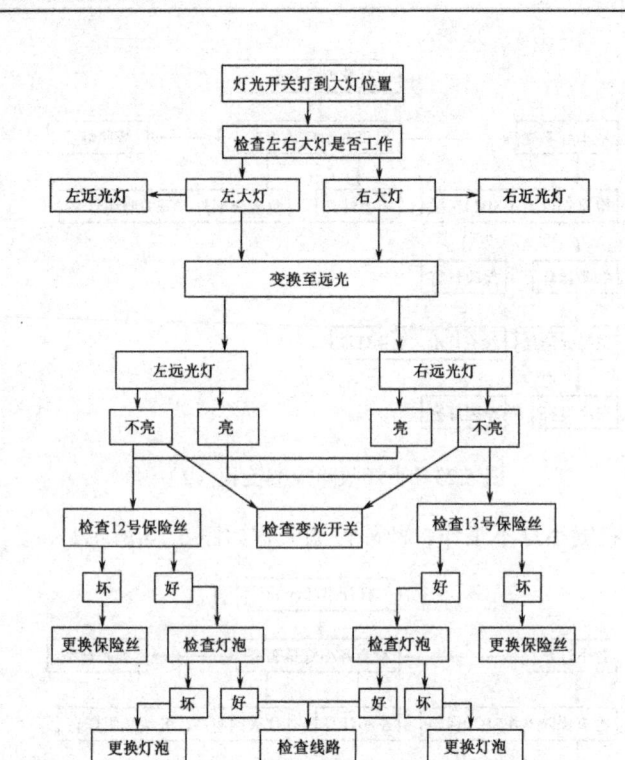

图 5.26 大灯故障检测流程（1）

（2）故障现象：左边或右边近光灯不工作。故障检测流程如图 5.27 所示。

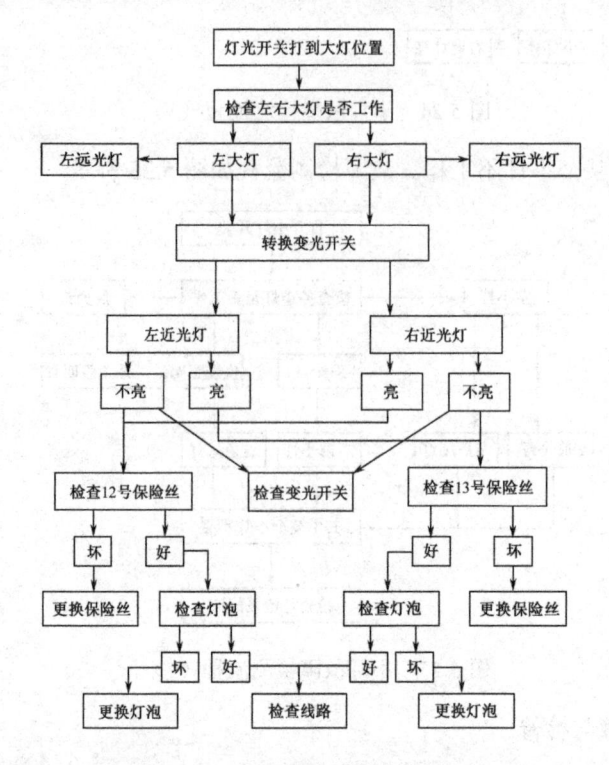

图 5.27 大灯故障检测流程（2）

第5章 汽车电路常见故障及诊断方法

3. 雾灯的故障与检修

（1）故障现象：前雾灯工作不良。故障检测流程如图 5.28 所示。

（2）故障现象：后雾灯不工作不良。故障检测流程如图 5.29 所示。

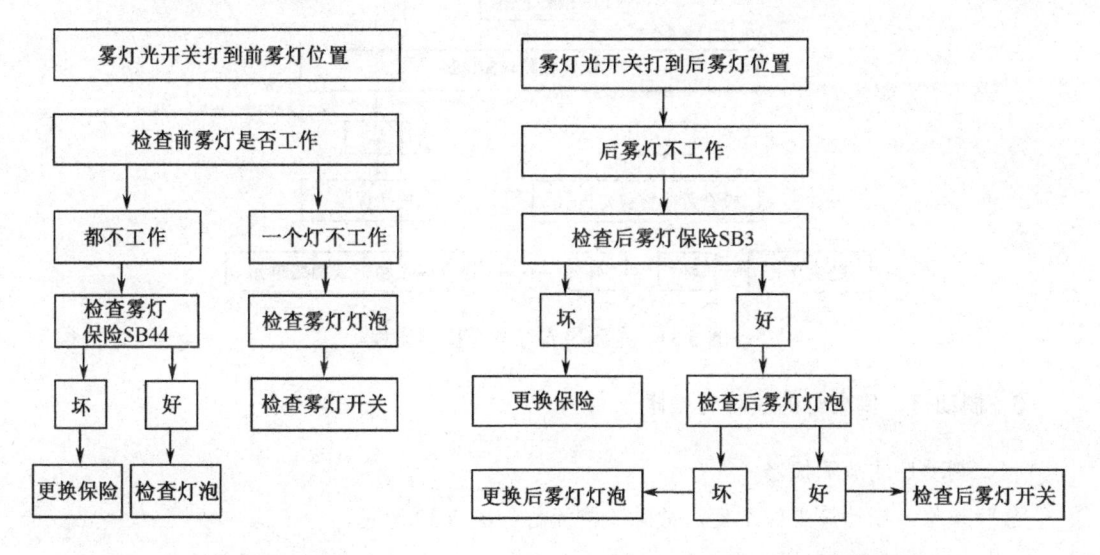

图 5.28 前雾灯故障检测流程

图 5.29 后雾灯故障检测流程

4. 转向灯的故障与检修

故障现象：转向信号灯工作不良。故障检测流程如图 5.30 所示。

5. 危险警告灯的故障与检修

故障现象：危险警告灯工作不良。故障检测流程如图 5.31 所示。

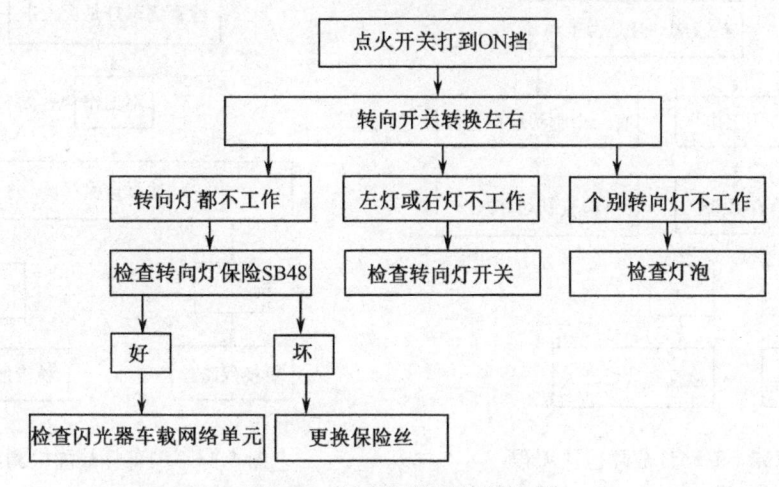

图 5.30 转向灯故障检测流程

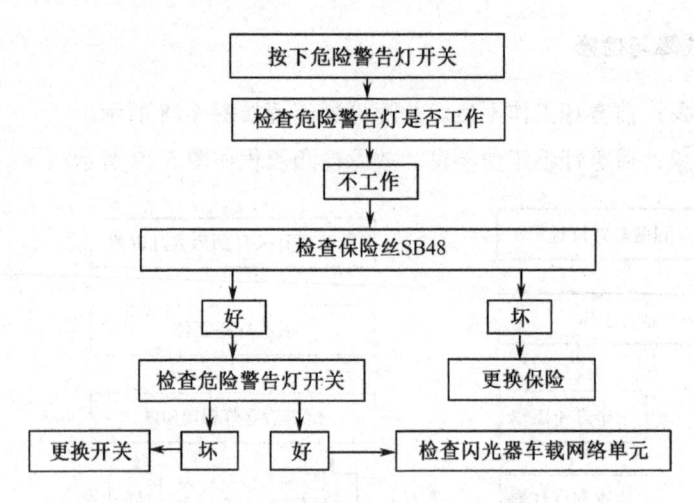

图 5.31　危险警告灯故障检测流程

6. 制动灯、倒车灯的故障与检修

（1）制动灯的故障检修

故障现象：制动灯工作不良。故障检测流程如图 5.32 所示。

（2）倒车灯的故障检修

故障现象：倒车灯工作不良。故障检测流程如图 5.33 所示。

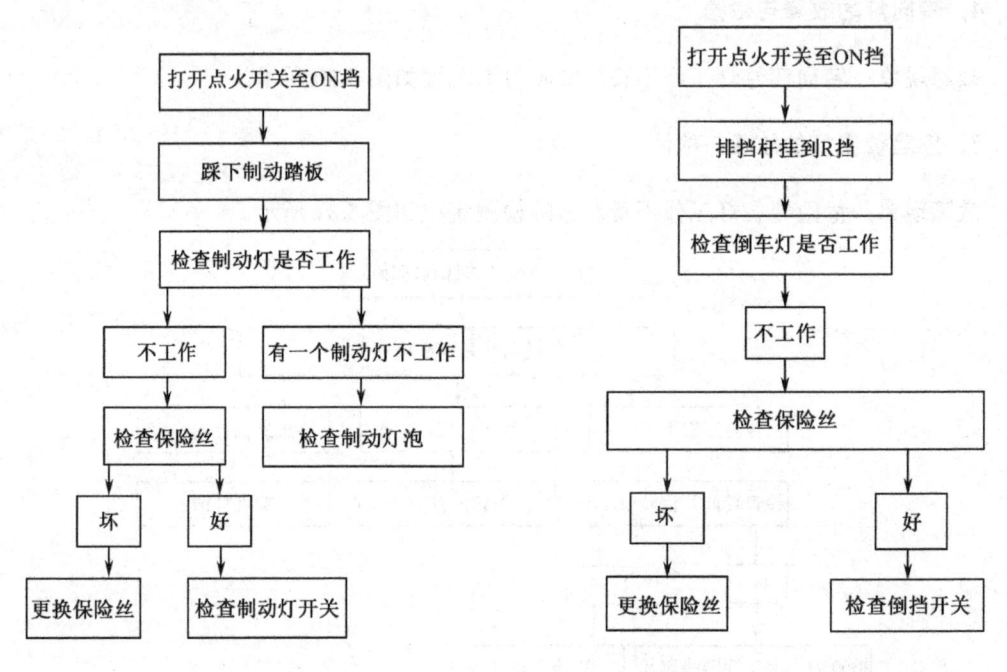

图 5.32　制动灯故障检测流程　　　　图 5.33　倒车灯故障检测流程

5.2.4 电动刮水器常见故障及诊断流程

（1）故障现象 1：雨刮器不工作。故障检测流程如图 5.34 所示。

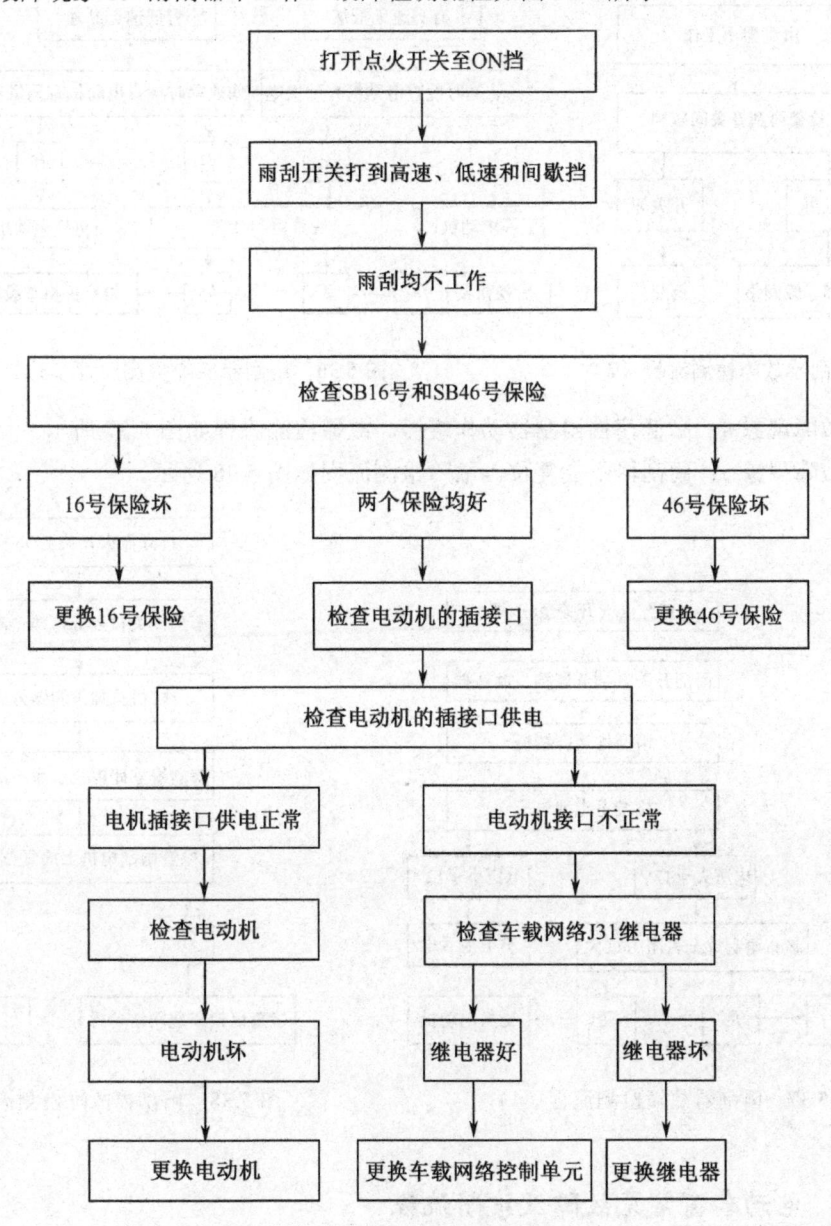

图 5.34 雨刮器故障检测流程（1）

（2）故障现象 2：间歇挡位雨刮器不工作。故障检测流程如图 5.35 所示。
（3）故障现象 3：雨刮器低速挡或高速挡不工作。故障检测流程如图 5.36 所示。

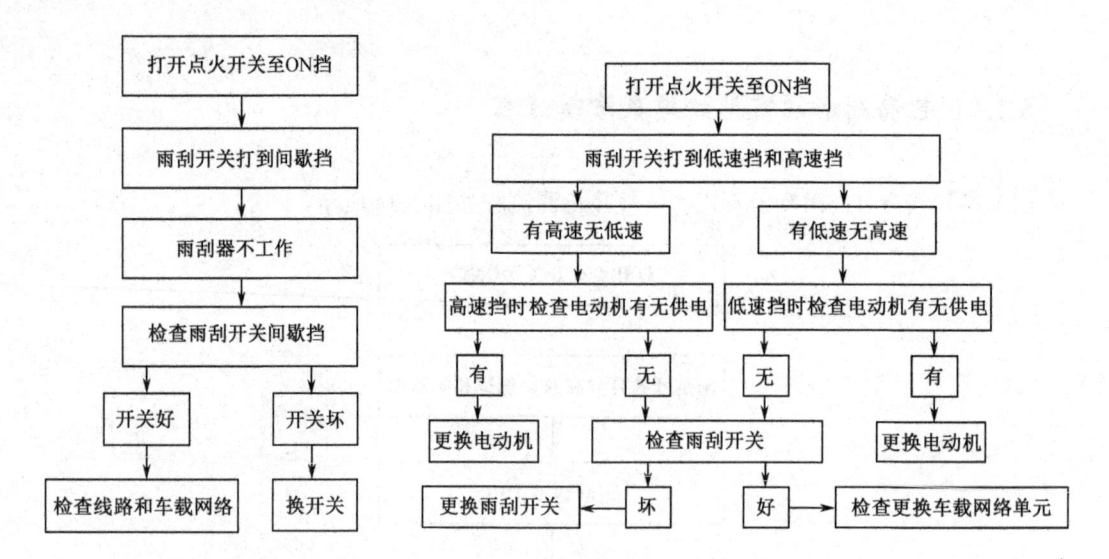

图 5.35 雨刮器故障检测流程（2）　　图 5.36 雨刮器故障检测流程（3）

（4）故障现象 4：高低速挡雨刮器动作缓慢。故障检测流程如图 5.37 所示。

（5）故障现象 5：雨刮器不能复位。故障检测流程如图 5.38 所示。

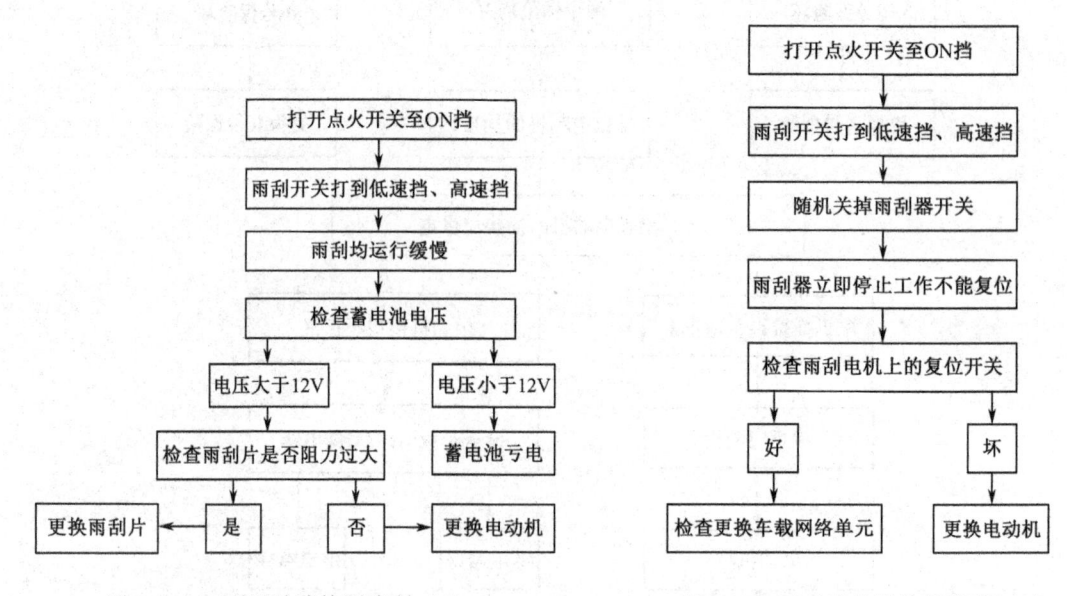

图 5.37 雨刮器故障检测流程（4）　　图 5.38 雨刮器故障检测流程（5）

5.2.5　电动车窗常见故障及诊断流程

（1）故障现象 1：按驾驶员侧车窗玻璃升、将开关，所有车窗玻璃不动作。故障检测流程如图 5.39 所示。

第 5 章 汽车电路常见故障及诊断方法

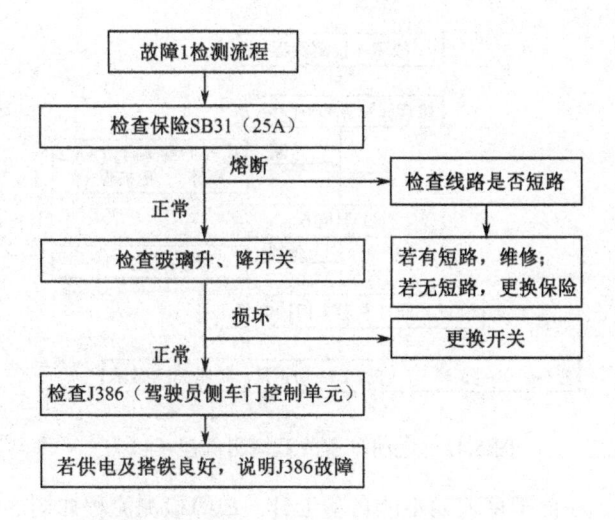

图 5.39 电动车窗故障检测流程（1）

（2）故障现象 2：按驾驶员侧车窗玻璃升、降开关，只有左前门车窗玻璃能升、降。故障检测流程如图 5.40 所示。

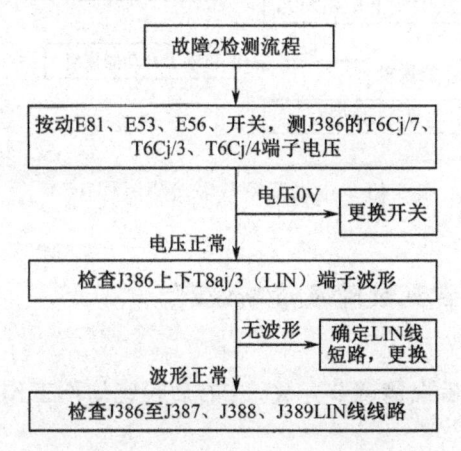

图 5.40 电动车窗故障检测流程（2）

（3）故障现象 3：按驾驶员侧车窗玻璃升降开关，只有左、右前门车窗玻璃能升降。故障检测流程如图 5.41 所示。

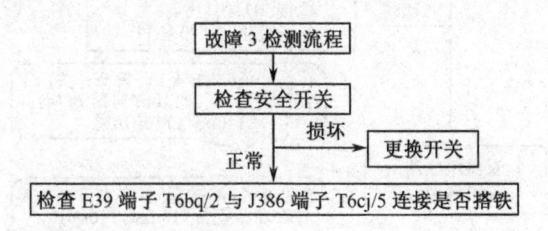

图 5.41 电动车窗故障检测流程（3）

（4）故障现象 4：左后车窗不能升、降。故障检测流程如图 5.42 所示。

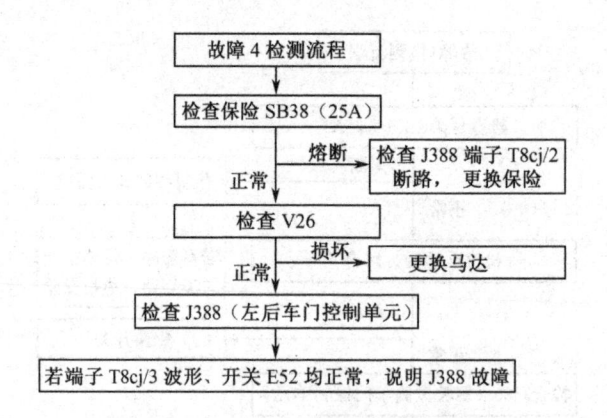

图 5.42　电动车窗故障检测流程（4）

（5）故障现象 5：左前车窗玻璃不能自动上升。故障检测流程如图 5.43 所示。

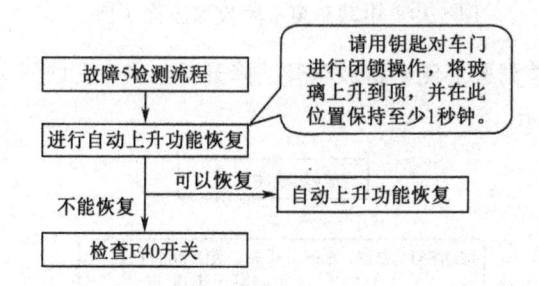

图 5.43　电动车窗故障检测流程（5）

5.2.6　电动后视镜常见故障及诊断流程

（1）故障现象 1：按动后视镜调节开关，左右后视镜均不工作。故障检测流程如图 5.44 所示。

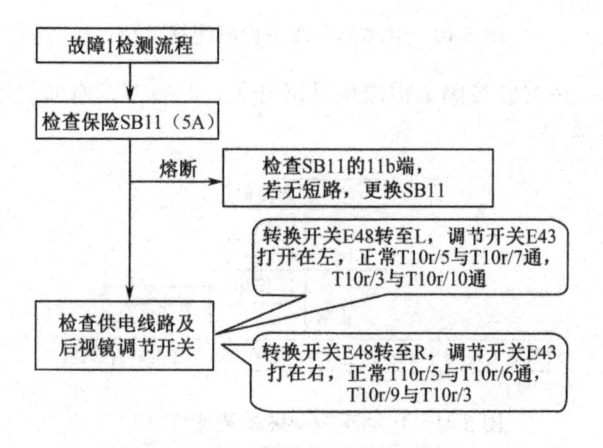

图 5.44　后视镜故障检测流程（1）

（2）故障现象 2：按动后视镜调节开关，左后视镜不工作。故障检测流程如图 5.45 所示。

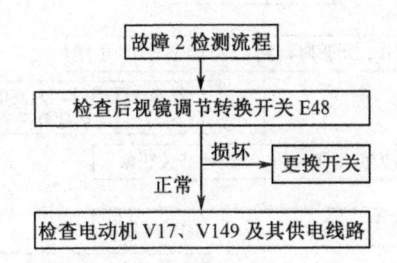

```
故障 2 检测流程
    ↓
检查后视镜调节转换开关 E48
    ↓损坏→更换开关
  正常
    ↓
检查电动机 V17、V149 及其供电线路
```

图 5.45　后视镜故障检测流程（2）

（3）故障现象 3：按动后视镜调节开关，左后视镜上、下调节失效。故障检测流程如图 5.46 所示。

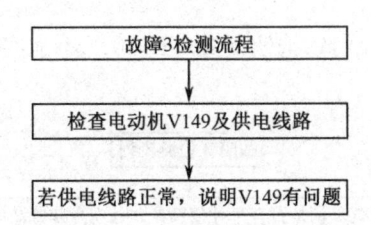

```
故障 3 检测流程
    ↓
检查电动机 V149 及供电线路
    ↓
若供电线路正常，说明 V149 有问题
```

图 5.46　后视镜故障检测流程（3）

5.2.7　中控门锁常见故障及诊断流程

（1）故障现象 1：中控门锁不工作。故障检测流程如图 5.47 所示。

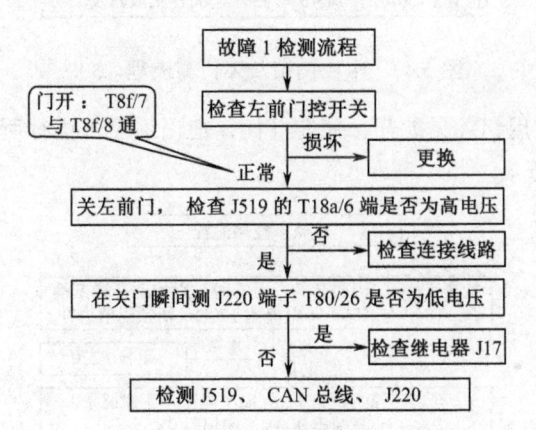

```
              故障 1 检测流程
                   ↓
门开：T8f/7    检查左前门控开关
与 T8f/8 通         ↓损坏→更换
                 正常
                   ↓
       关左前门，检查 J519 的 T18a/6 端是否为高电压
                   ↓否→检查连接线路
                  是
                   ↓
       在关门瞬间测 J220 端子 T80/26 是否为低电压
                   ↓是→检查继电器 J17
                  否
                   ↓
             检测 J519、CAN 总线、J220
```

图 5.47　中控门锁故障检测流程（1）

（2）故障现象 2：用钥匙开、锁门时，车窗玻璃不能升、降。故障检测流程如图 5.48 所示。

```
                  故障2检测流程
                        │
          用钥匙开、闭锁时，测F220端子T8f/4电压
                        │
                        ├──→ 若开、闭锁时，为高电压
                        │    （12V），说明钥匙开关有问题
                        │
             若为低电压（0V），说明开关正常
                        │
              检查J386端子T8aj/5开、闭锁时电压
                        │
                        ├──→ 若电压不为0V，检查信号线路
                        │
               若为0V检查J386、J386、
               J387、J388、J389LIN线网络
```

图5.48 中控门锁故障检测流程（2）

（3）故障现象3：操作中控门锁按钮开关（E150），不能实现车门开、闭锁。故障检测流程如图5.49所示。

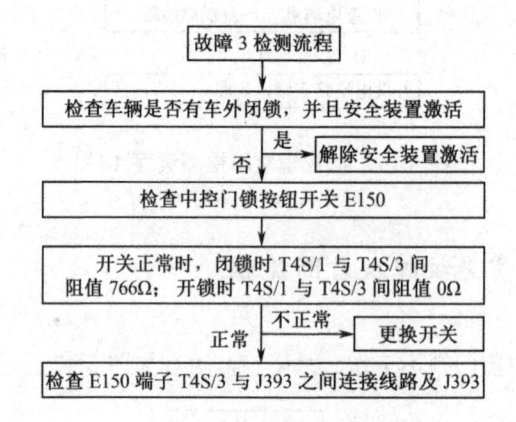

```
              故障3检测流程
                    │
      检查车辆是否有车外闭锁，并且安全装置激活
                    │
                是 ├──→ 解除安全装置激活
                  否│
              检查中控门锁按钮开关E150
                    │
         开关正常时，闭锁时T4S/1与T4S/3间
         阻值766Ω；开锁时T4S/1与T4S/3间阻值0Ω
                    │
           正常  不正常
             │    └──→ 更换开关
        检查E150端子T4S/3与J393之间连接线路及J393
```

图5.49 中控门锁故障检测流程（3）

（4）故障现象4：用钥匙只能开、锁左前门，但用遥控可进行所有车门开、闭锁门。故障检测流程如图5.50所示。

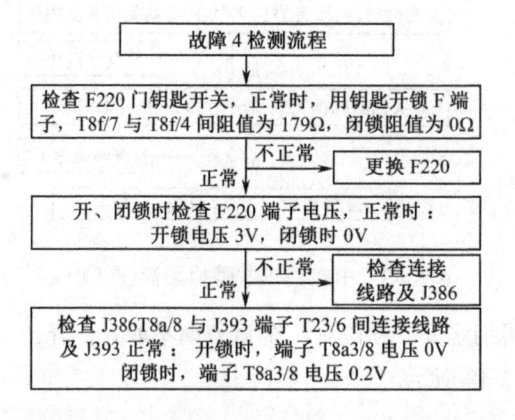

```
               故障4检测流程
                    │
      检查F220门钥匙开关，正常时，用钥匙开锁F端
      子，T8f/7与T8f/4间阻值为179Ω，闭锁阻值为0Ω
                    │
              正常 不正常
               │    └──→ 更换F220
        开、闭锁时检查F220端子电压，正常时：
        开锁电压3V，闭锁时0V
                    │
              正常 不正常
               │    └──→ 检查连接
               │         线路及J386
      检查J386T8a/8与J393端子T23/6间连接线路
      及J393正常：开锁时，端子T8a3/8电压0V
      闭锁时，端子T8a3/8电压0.2V
```

图5.50 中控门锁故障检测流程（4）

(5) 故障现象 5：左后车门不能实现开、闭锁门。故障检测流程如图 5.51 所示。

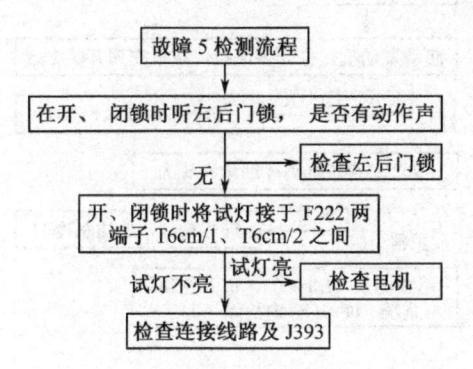

图 5.51　中控门锁故障检测流程（5）

5.2.8　空调常见故障及诊断流程

(1) 故障现象 1：空调间歇性无冷风。故障检测流程如图 5.52 所示。

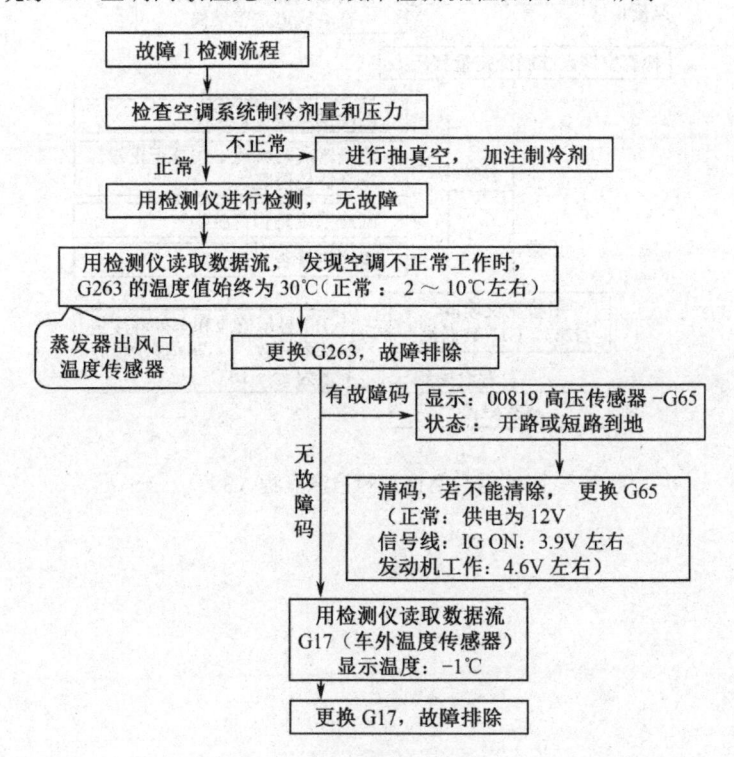

图 5.52　空调故障检测流程（1）

(2) 故障现象 2：空调不制冷。故障检测流程如图 5.53 所示。

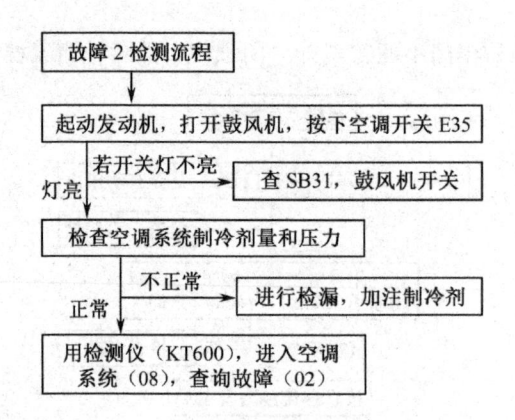

图 5.53　空调故障检测流程（2）

（3）故障现象 3：制冷不良。故障检测流程如图 5.54 所示。

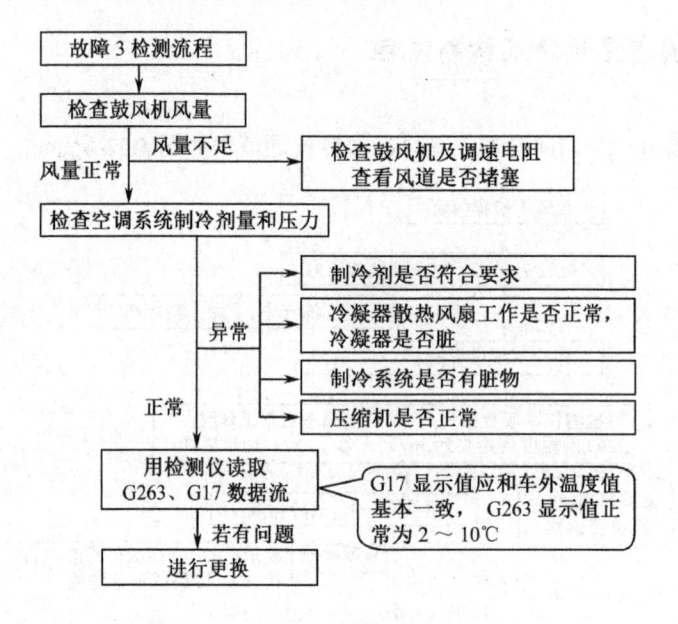

图 5.54　空调故障检测流程（3）

参 考 文 献

[1] 鲁植雄. 大众汽车电路图集[M]. 江苏科学技术出版社，2008
[2] 董宏国、袁一、刘金华、俞渭明. 汽车电路识读检修速查手册[M]. 电子工业出版社，2006
[3] 朱军、弋国鹏、石庆丰. 汽车电路分析[M]. 北京出版社，2014
[4] 吴文琳. 怎样读新型汽车电路图[M]. 中国电力出版社，2007
[5] 李缘忠、胡秋初、谢良维. 汽车电路识图[M]. 北京理工大学出版社，2012

反侵权盗版声明

电子工业出版社依法对本作品享有专有出版权。任何未经权利人书面许可,复制、销售或通过信息网络传播本作品的行为;歪曲、篡改、剽窃本作品的行为,均违反《中华人民共和国著作权法》,其行为人应承担相应的民事责任和行政责任,构成犯罪的,将被依法追究刑事责任。

为了维护市场秩序,保护权利人的合法权益,我社将依法查处和打击侵权盗版的单位和个人。欢迎社会各界人士积极举报侵权盗版行为,本社将奖励举报有功人员,并保证举报人的信息不被泄露。

举报电话:(010)88254396;(010)88258888
传　　真:(010)88254397
E-mail:　　dbqq@phei.com.cn
通信地址:北京市万寿路173信箱
　　　　　电子工业出版社总编办公室
邮　　编:100036